临池留真情

——近现代名人墨记 ㊄

李勇　闫巍　著

中国出版集团

东方出版中心

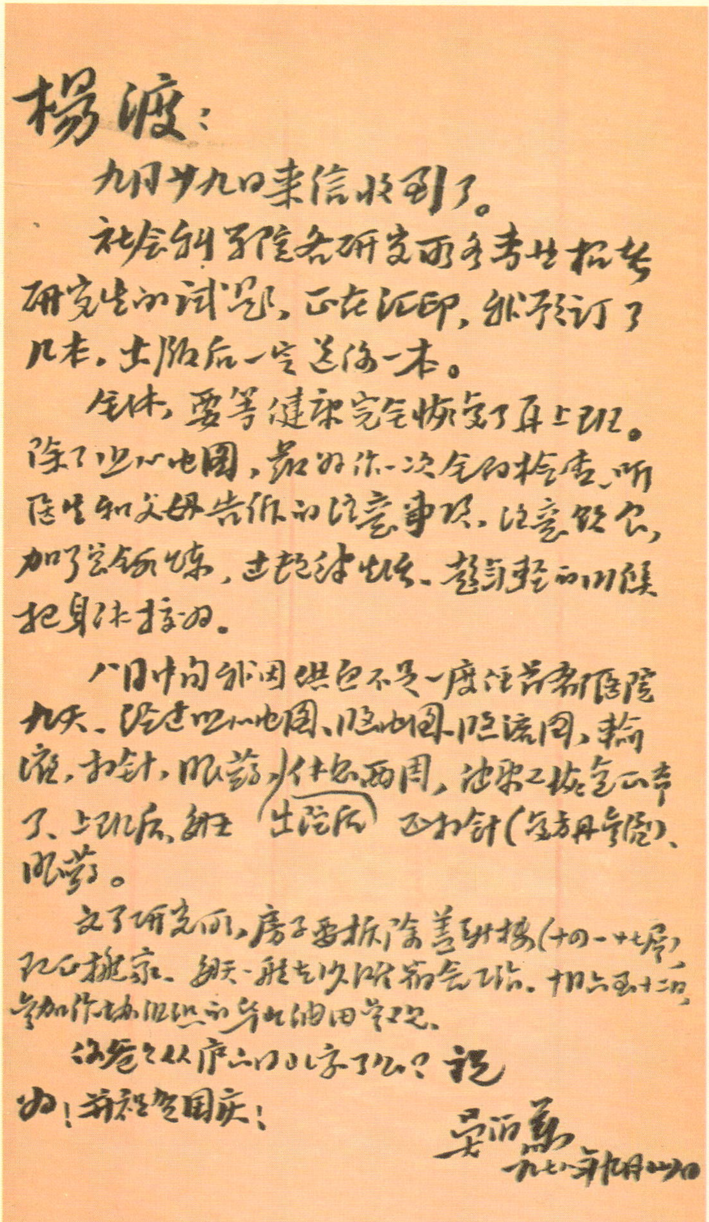

杨渡：

九月廿九日来信收到了。

社会科学院各研究所考生招考研究生的试题，正在汇印，我已订了几本，出版后一定送你一本。

身体，要等健康完全恢复了再上班。除了少心�…围，还如你一次会的检查，所医生和父母告你的注意事项，注意饮食，加强锻炼，走起过…，起…轻而…限把身体搞好。

八月中旬我因供血不足一度住省第一医院九天，除去少心…围、…如同…流同、输液、打针、服药火针…两周，池…之病气…了，上班后，班主…（出院后）…打针（…开…图）、服药。

文了研究所、房子要振济善到扬（十一…七房），九…搬家。…暇…次附首会…。相六来十凑，今加作协旧地市乡的油田…记。

…卷…从…小字…么？记。也！祝祝…国庆！

吴伯萧
九七…年九月…日

贊堯仁兄偉鑒猥以賤辰渥承

寵眷

醰情綺篤

增蓮華之光輝

嘉貺豐隆

惠瓊瑤而璀璨

懇懃稱祝愧不克當

美意推仁感昌有極　錕梓桑承乏橋櫟滋

謝
李

曹錕致孫烈臣信札（22.6.8cm×17cm×2）

懃徒增馬齒撫歲月以驚心感佩

鴻抱望

雲天而拜手專肅寸簡用展謝忱敬頌

勛綏惟希

朗照

　　　　愚弟曹　錕鞠躬

世续致孙烈臣信札（26cm×15.5cm×2）

維持民眾

治邊境之义安引睇

停雲傾心祝露續都門供職益切勞薪

自愸篤鈍無能時虞竭蹶遙羡

鴻圖丕振敬頌

升恆肅復恭請

釣綏

世續謹肅

贊堯大哥贊軍閣下適滂恩溥正
一言我
出閿委詢舍弟耀璞等毋過承
推愛紉感無似即作玉玉舍弟持赴
芇韓敬聽
羞委並囑其勤慎浚以善事
長者祈
時賜教誨為請順頌
台祺　　愚弟耀珊拜啓

齐耀珊致孙烈臣信札 (27.5cm×18cm)

秘字第二六五八號　會計司

南京齊耀琳電　九月廿九日

國務院財政部均鑒統密養電敬悉王總代表奉
命南下道経三吳純等恭領是邦招護本其職責
星（輶）供給東道（無）情欵待既出於至誠微末更
無待報領辱承關注感紉良深倘將來增需多
欵自當遵示報銷謹此會復惟希鑒察李純齊
耀琳感印

財政部

齐耀琳给国务院财政部电稿（43cm×27cm）

贊堯大哥替軍節下遙跂

雲麾屢聞

露布

蓋猷宏闡亭堠銷烽毎切忭忱頌展

惠示藉悉

鋒車夙駕近抵藩垣

経國安邊定饒

遠略

张志潭致孙烈臣信札（28cm×17.3cm×2）

儋帷小駐行返龍沙經緯萬端諸勞

肇畫

大勳待集福履成之　弟都門倥傯疲勞塵瀆

材慚靖獻時值艱危級戰

注存欽遲

教益朔雲便羽

時錫好音此復祗頌

台綏　如弟張志潭拜啟

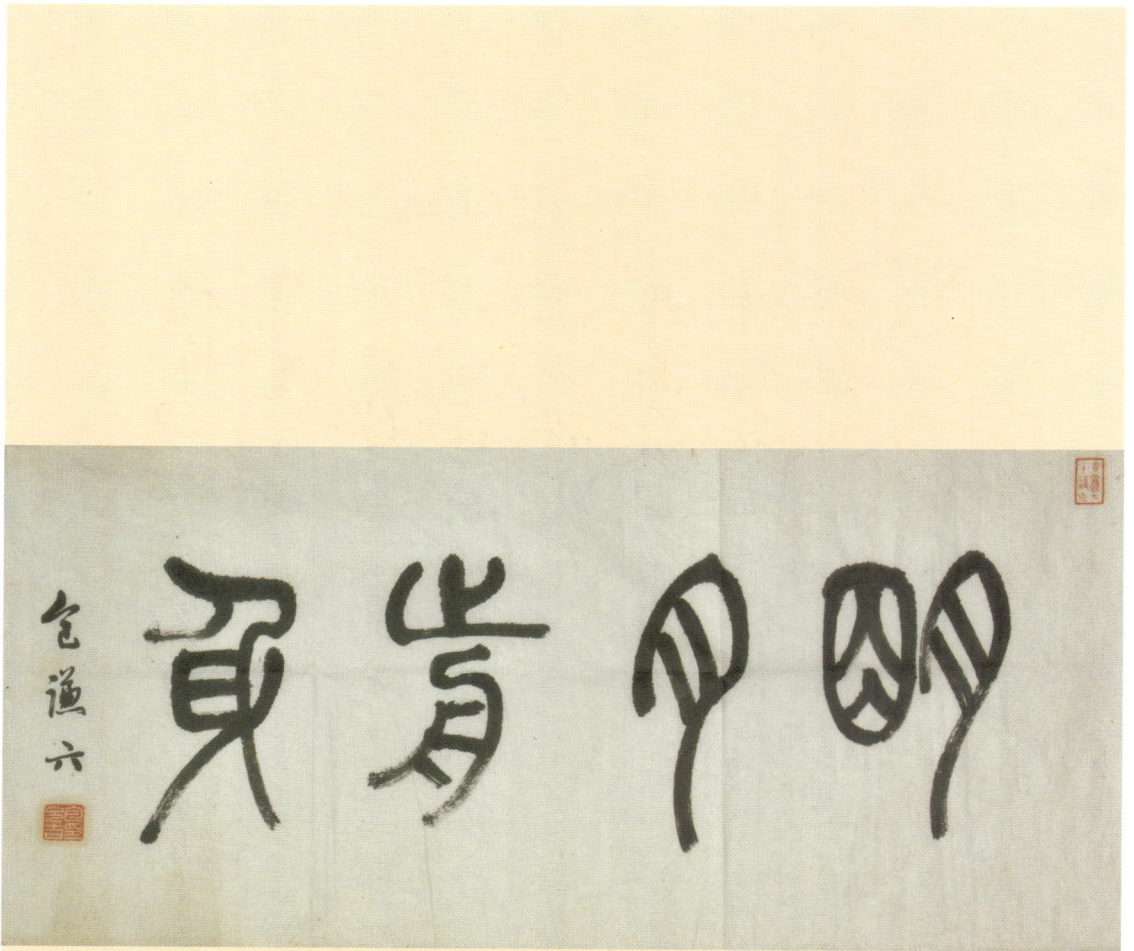

包谦六篆书横批（65cm×33cm）

003

報告 二月廿三日

關於歌詠競賽事，經於本月廿日邀請各有關同志

開了一次座談會，茲將該會議記錄附呈並抄發有關

單位並以局名義徵求總工會意見，

此呈

盧長 陳柯 特呈 拟同意 （印章）

局長 劉于夏 （签字）

室主任 羅浪 （印章）

4

陈白尘签批件（26cm×19cm）

李味青写意荷花 (67cm×33cm)

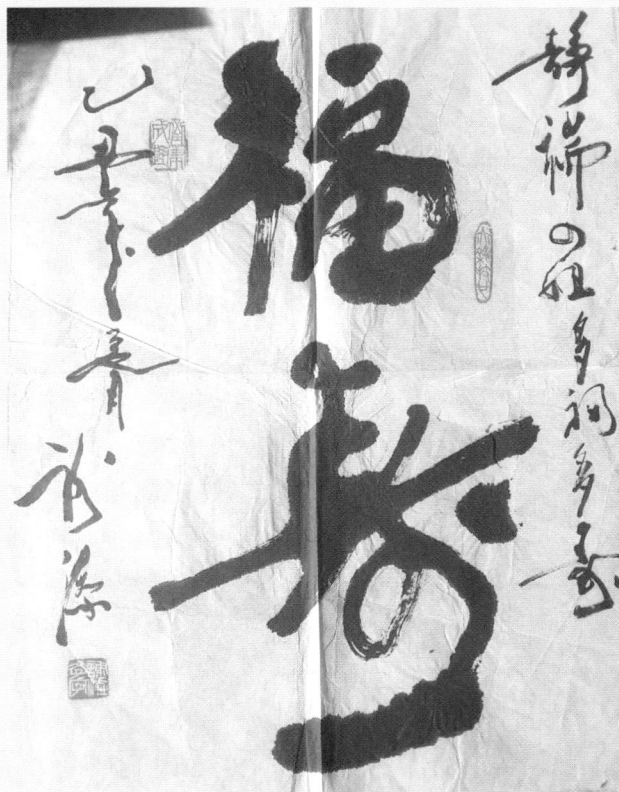

谢添倒笔书法（53cm×40cm）

胡铁生致王有忆、朱强强信札 (34cm×17cm)

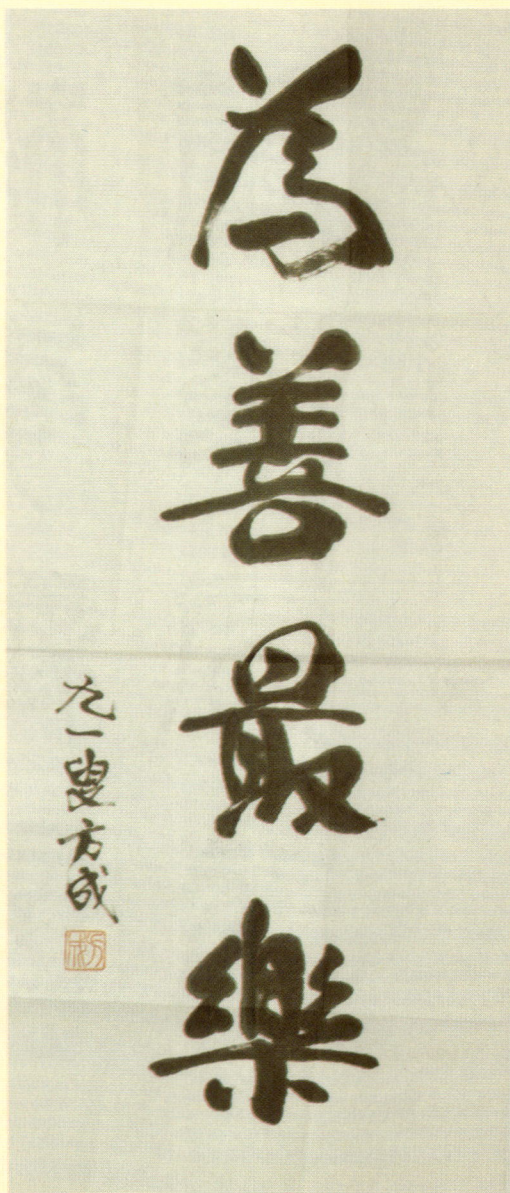

方成书法条幅（68.5cm×26.3cm）

16

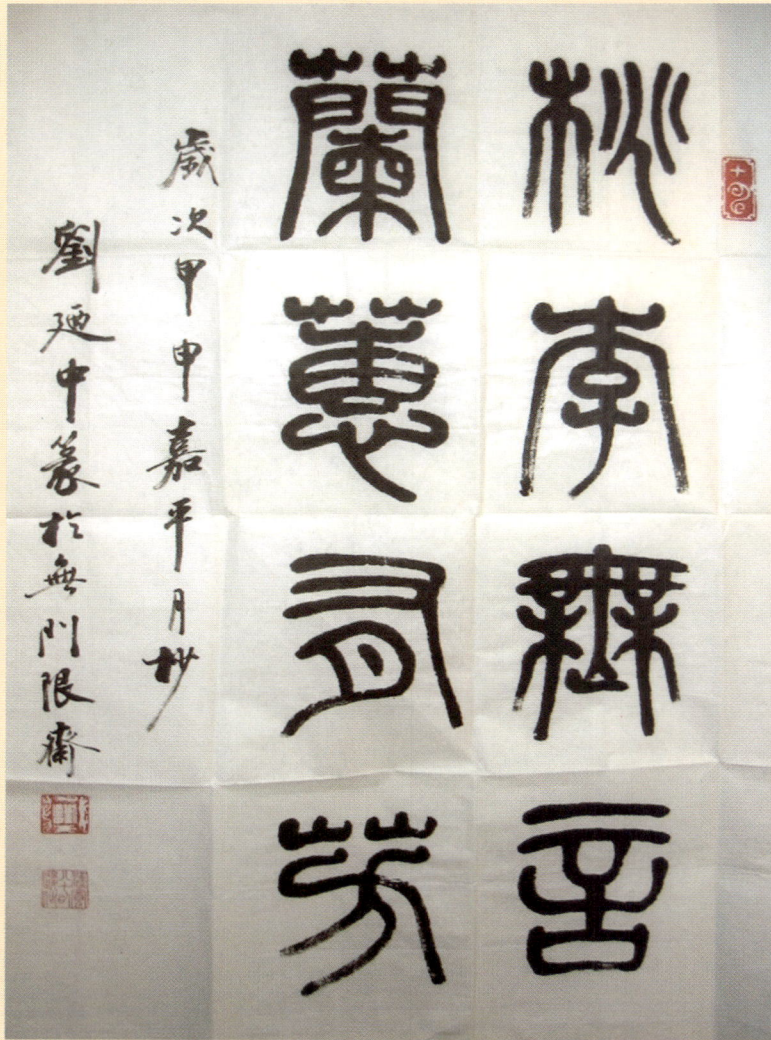

刘廼中篆书 (135cm × 67cm)

七律 中共建黨八十五周年祝辭

瞬火星之燎炬獻 燎原勢動遍神州

幾經曲折途終坦 多歷艱危志更遒

榮恥分明知向背 是非有法辨薰蕕

八旬晉五滄桑歷 無量前程償萬秋

劉廼中 兩千零六年七月一日

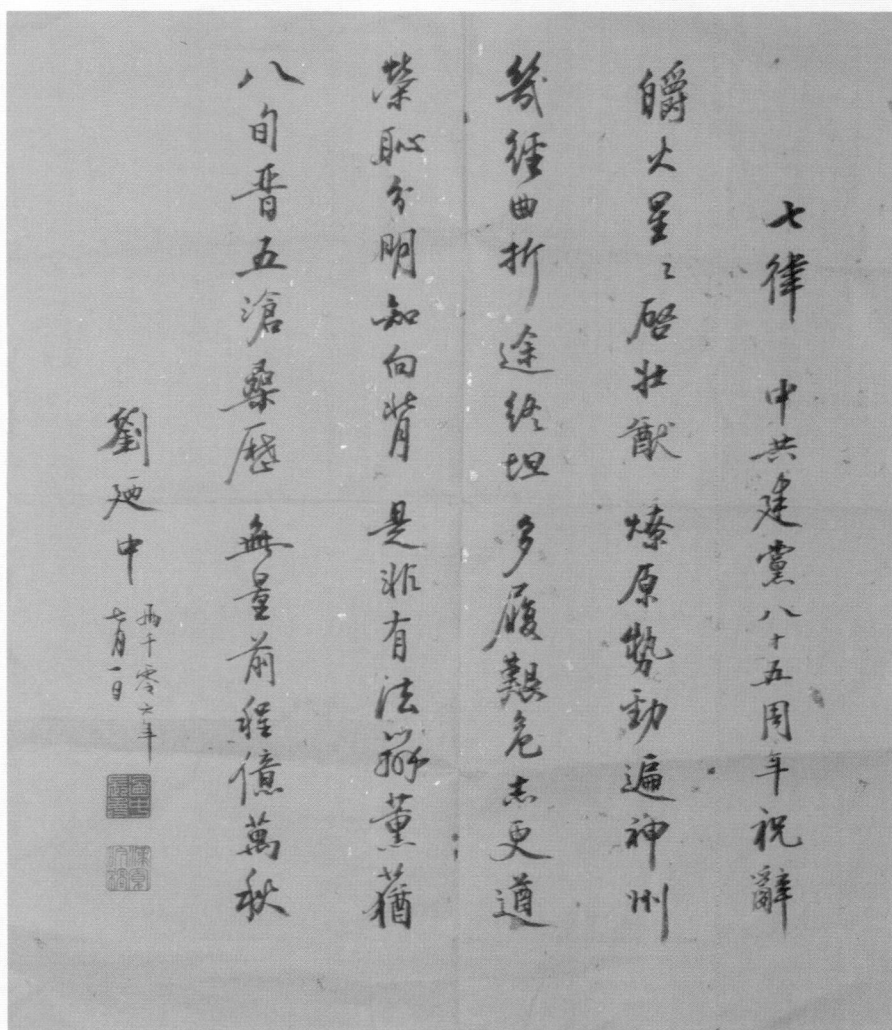

刘廼中自作诗书法条幅 (46cm×38cm)

万兆元、郭兰英夫妇合作雏鹰芭蕉图 (68.5cm×45cm)

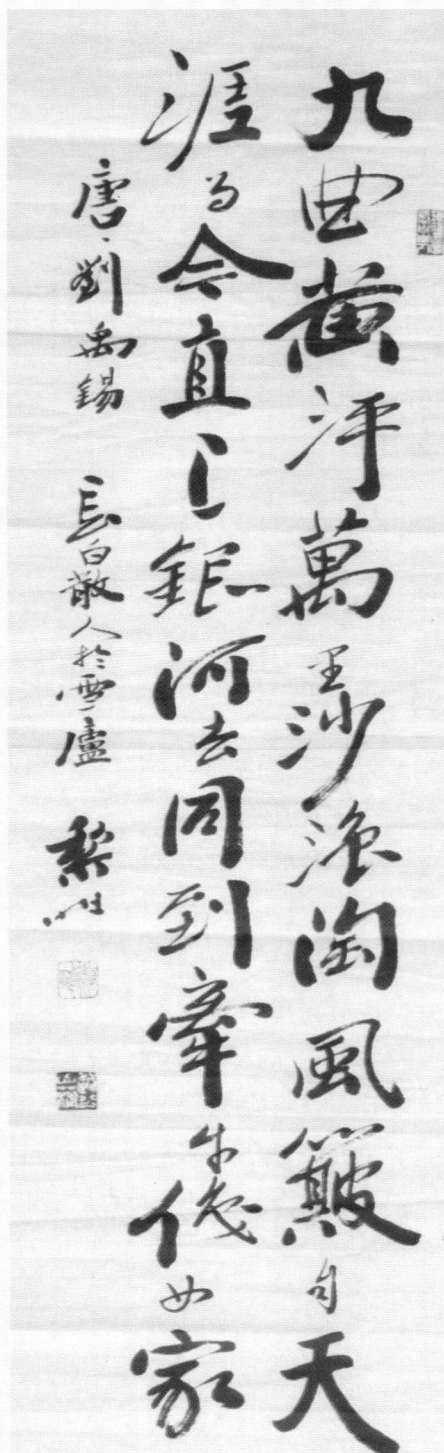

窦黎明书法条幅 (133cm × 35cm)

中华人民共和国文化部

曹禺老师：

大函敬悉，承蒙关心，我将把您的意思告知艺研院注意。

同时，我仍要声明，行政领导注意自己的"权"的限度，不可能万事请领导批示解决。如目前若干关于房改的诉讼(的纠纷)了，我就硬是不能主动双方用法律或诉讼来裁判这些房产的纠纷。最后，法院以法律为准判以某为依据才了些了，这表现了任何一位个人了能有的权限向性偏差。

故此，我不能对房产表示什么，尤其在艺研院亦订尚无向房了的情况下。目前，艺研院

王蒙致曹禺信札（26.5cm×19cm×2）

中华人民共和国文化部

用来王树房子，受到舆论界很大压力，他们是要尽早搬出的。

早就说去看您，拖延至今，深感失礼。请谅。

秋安　并问

玉茹大姐　安祺！

王蒙　敬上
9月3日

牛汀同志：

　　您好。

　　寄赠写了您指定的诗

稿，不曾下功夫练字，只是用

毛笔随意写成，称不得书法，

毛笔字而已。请珍收。

　　祝痛快，新年顺遂。

　　　　　　　　陈忠实

　　　　　　　　元·1

8511　　　　　　　　　　20×20=400

陈忠实致牛汀信札（26.6cm×19cm）

霭眉不飞鹤

庚寅春三月

飞龙之题於

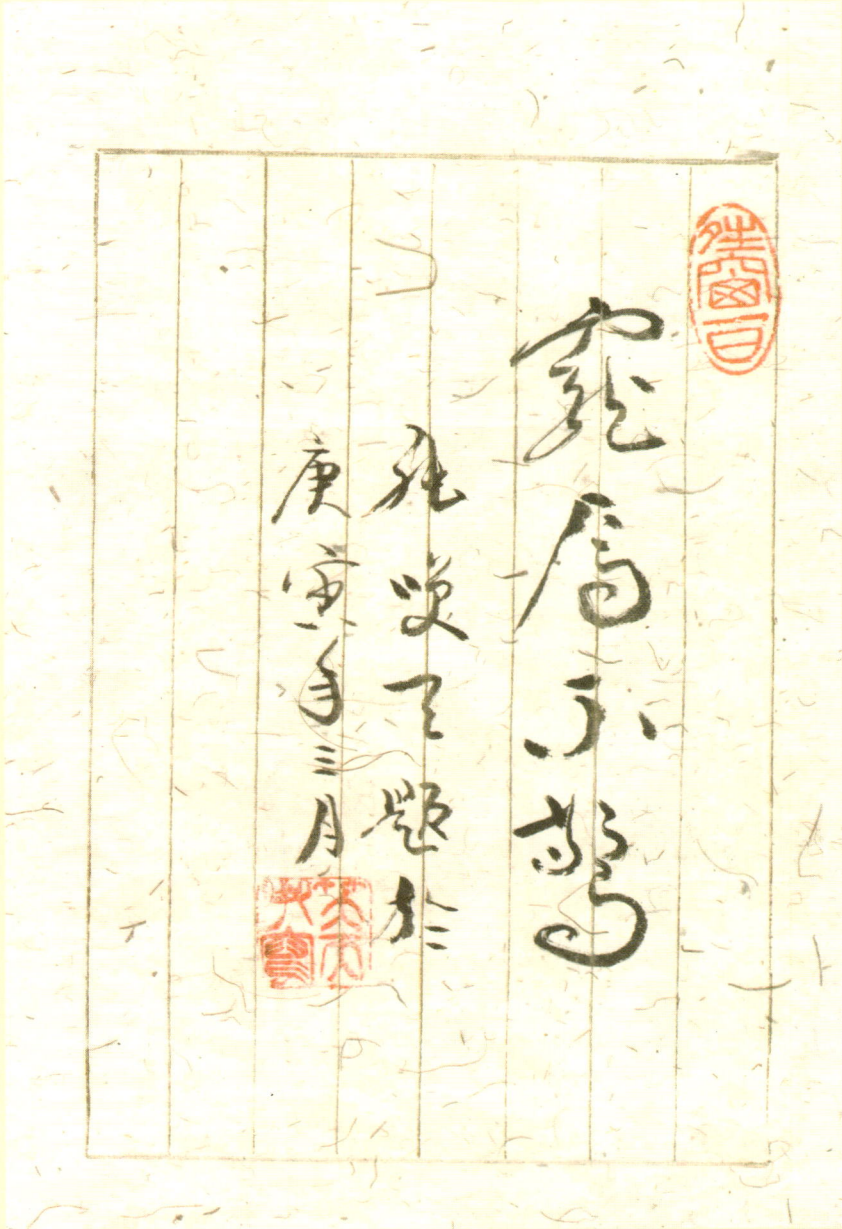

张笑天书法（28.8cm×19cm）

张笑天致汪流信札 (26.8cm×19.3cm×2)

将来您孙孩宫内
经，在任识别，还是
不当罷友
同往，任军寧近
必有此意下次来
京时当考虑至。
宝不赘，谨此
专致
王靜上
中育村

张桂铭国画（64cm×43cm）

张桂铭贺卡

国家体育运动委员会运动员管理局

玉昌：

你好！北京我已安全回来了。

昨天太晚，所以没去看。我很想义

侠他们。这报已赴省，我想太争气，

而此原工作也都得了去做。

本来我帮彭加目以回川，但即将

开人大，程的就要报到，因此这次

石能回京，也不能到上海了。开人大

我本想包不参加的，但这次是以来

付出的问答题，因此不力有些遗憾。

尽早我主此争下一场，也以赢了

两场。下星期因报已到加出，就

去上海敬像一场与草小川的棋。

（本来我上以赢的原工作对大意，败了

国家体育运动委员会运动员管理局

已购由革小叫上。）

这样上海少了一场，即由以岛以否义上山那一场，水字丰飞彭的杞八名，玖么这场少一个人。我的研究一下，但已海以手岛一人，国此传涉收到比任岭安规一下。

另保你以岛孝去妇特侦。

丁8枢悦
6.13.

徐善循画作《竹子节节高》（96cm×34cm)

目 录

序（高洪波）/ 1

曹　锟（1862—1938）：不当汉奸的北洋政府最后一任大总统 / 1

世　续（1852—1921）：清末军机大臣 / 3

齐耀琳（1862—1949）、齐耀珊（1865—1954）：

　　　　　　　一门双贵、名重一时的兄弟进士 / 5

李　纯（1874—1920）：长江三督之首 / 12

徐树铮（1880—1925）：北洋名将　书法家 / 15

叶恭绰（1881—1968）：开发东北的最早规划者和实践者 / 18

张志潭（1883—1936）：举人　官员　书法家 / 22

钟敬文（1903—2002）：民俗学家　诗人 / 25

吴伯萧（1906—1982）：散文大家 / 27

包谦六（1906—2007）：学者　书法家 / 30

陈白尘（1908—1994）：戏剧家　教授 / 33

魏传统（1908—1996）：巴山儒将　书法家 / 36

李味青（1909—1997）：曾与齐白石齐名的画家 / 39

胡铁生（1911—1997）：独创"胡体字"的书法家 / 42

王辛笛（1912—2004）："九叶派"诗人 / 45

唐　瑜（1912—2010）："二流堂"主 / 48

张光斗（1912—2013）：水利专家　两院院士 / 53

王西彦（1914—1999）：作家　教授 / 55

谢　添（1914—2003）：演员　导演 / 58

周而复（1914—2004）：作家　书法家 / 61

周巍峙（1916—2014）：音乐家　中国文联主席 / 66

方　成（1918—　）：漫画大家 / 69

彭燕郊（1920—2008）：诗坛大家 / 73

许良英（1920—2013）：科学史学家　中国的爱因斯坦传人 / 78

许觉民（1921—2006）：文学评论家 / 83

刘廼中（1921—2015）：北国江城的文化地标 / 88

杨振宁（1922—　）：诺贝尔物理学奖获得者 / 96

常香玉（1923—2004）：豫剧表演艺术家 / 99

爱新觉罗·毓嶦（1923—2016）：末代恭亲王　书法家 / 102

黄永玉（1924—　）：土家族画家、作家 / 106

陆文夫（1928—2005）：作家　美食家 / 112

余光中（1928—　）：台湾诗人 / 116

郭兰英（1929—　）：歌唱家　画家 / 119

窦黎明（1930—2013）：草根书家 / 122

韩　羽（1931—　）：画家　评论家 / 129

王　蒙（1934—　）：作家　文化部长　茅盾文学奖获得者 / 132

章含之（1935—2008）：毛泽东的英文老师 / 138

刘宗汉（1936—　）：书法家　学者 / 142

十世班禅（1938—1989）：藏传佛教领袖　国务活动家 / 145

张桂铭（1939—2014）：新海派画家 / 148

张笑天（1939—2016）：作家　影视文学家 / 152

卢玮銮（1939—　）：香港作家　教育家 / 156

古　剑（1939—　）：作家　藏书家 / 160

陈忠实（1942—2016）：不朽的"关中农民作家" / 165

陈祖德（1944—2012）：围棋大师 / 169

史铁生（1951—2010）：干净、圣洁的作家 / 173

汪国真（1956—2015）：现代诗人 / 177

徐善循（1960—　）：画家　教授 / 181

后记 / 189

序

文人的爱好

高洪波

　　自古以来的文人，大多有独特嗜好。这些嗜好的养成，如饮酒的李白、赌博的龚自珍，好像与落拓的天性有关。而别的嗜好，像李清照和赵明诚搜集天下奇古文字、金庸收藏各类围棋和棋具，以及徐霞客游览名山大川，都属于后天一种兴趣的敦促所至，俗称"有瘾"。

　　对于爱好收藏的文人来说，对某一器物雅好的搜集实在是不可抵御的诱惑。诱惑就是诱惑，这两个字足以解答一切。

　　歌德曾兴致勃勃地宣布过："收藏家是幸运的。"据我所知，巴金、唐弢两位老人喜好藏书，还有姜德明紧随其后，他们由著书到藏书，这个阶段一定跨越得十分有趣。夏衍以集邮、养猫为乐事，有大小邮集几十册，在集邮领域，夏衍是同文学一样的权威。天津老作家孙犁是位石迷，据说他常常到海边觅石。不过我想更多的是一种悠悠的情趣。孙犁曾说过："人在寂寞无聊之时，爱上或迷上了什么，那种劲头，也是难以常情理解的。"他对奇石的迷恋，尽在这数言之中。

　　李勇、闫巍收集作家、学者信札、手稿，一通通有时间分量的书札，一件件有文化重量的手稿，经历了很多曲折，最后在李勇、闫巍的怀抱里安家了。

　　只知道收集，不知道研究，是遗憾的。李勇、闫巍一边收集，一边研究，先后出版了四册《流淌的人文情怀——近现代名人墨记》，其中有他们对巴金、老舍、沈从文、聂绀弩、臧克家、叶圣陶、丁玲、曹禺、公木、吴祖光、浩然、张中行、杨沫、梁斌等作家的书札、手稿的研究，他们考据史实，论述书法，由文及人，由人观史，对所收集的每一位作家书札的来龙去脉，仔细推敲，陈述真情；对作家的每一份手稿，从时间到字迹，寻觅作家写作时的状态，甚至在手稿中判断作家的性格和思想。

对作家、学者，还有其他名人书札、手稿的收集，李勇、闫巍也是"有瘾"的，这是文人的爱好。本来他们可以把这些珍贵的藏品密封起来，等待升值，但他们觉得这样做是自私的行为，因此，他们围绕一通书札、一份手稿，写出一篇篇随笔，公开发表，结集出版，让它们成为公共的文化资源。文人应该有这样的精神。这也是收藏的意义。

李勇、闫巍所著的《流淌的人文情怀——近现代名人墨记（五）》即将出版，值得庆祝。李勇、闫巍的兴趣不减，写作的热情很高，就祝他们在写作的道路上越走越宽广吧。

是为序。

2017 年 3 月 15 日

于北京

曹锟

（1862—1938）

不当汉奸的北洋政府最后一任大总统

　　民国初年，袁世凯、黎元洪、冯国璋、徐世昌、曹锟等先后当过大总统，曹锟是民国第五任、也是北洋政府最后一任大总统，因"贿选"而声誉扫地，被冯玉祥发动"北京政变"而赶下台，后寓居天津租界，但出身贫苦的曹锟在四夫人刘凤玮的支持下，多次拒绝日本人和汉奸的威逼利诱，坚决不当日伪的傀儡，保住了晚节，令人敬佩。下图是曹锟的信札：

　　赞尧仁兄伟鉴：

　　　　猥以贱辰渥承，宠眷（醲）情，绮笃增蓬荜之光辉，嘉贶丰隆，惠琼瑶而璀

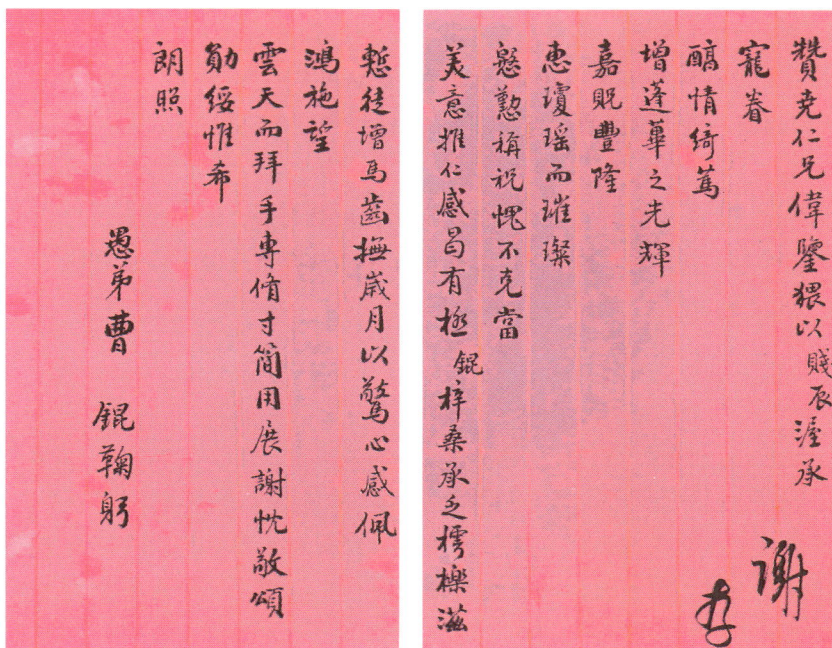

曹锟致孙烈臣信札
（26.8 cm×17 cm×2）

璨，殷勤称祝，愧不克当，美意推仁，感曷有极。锟梓桑承乏，樗栎滋惭徒增马齿，抚岁月以惊心，感佩鸿施，望云天而拜手，专修寸简，用展谢忱。

敬颂

　　勋绥　　惟希朗照

　　　　　　　　　　　　　　　　　　　　　　愚弟　曹锟　鞠躬

　　曹锟的这通信札，是写给吉林省督军孙烈臣（1872—1924，字占鳌，别名赞尧）的，毛笔直书在 2 页粉宣八格纸上，行楷字体，力厚思沉，拙中含姿、生色中带有稚气。

　　曹锟，字仲珊，生于天津大沽口，小时读私塾，15 岁时因家里负担重而辍学到集市、乡间贩布。20 岁时应征入李鸿章的军队，后入天津武备学堂，毕业后任毅军哨官，后升为统制，1919 年被拥为直系军阀首领。1922 年第一次直奉战争后，曹锟成为把持北京中央政府的实力派人物，其独霸北京政府政权的野心急剧膨胀。他采用贿赂议员的办法当选中华民国第五任大总统，因此引爆了第二次直奉大战。由于直系大将冯玉祥的倒戈，发动"北京政变"，将曹锟软禁在延庆楼。1926 年，曹锟的直系爱将吴佩孚与奉系张作霖言和，将冯玉祥驱逐出京，曹锟才重获自由。而后，看破红尘、厌倦了风云的曹锟回到家乡天津隐居。

　　曹锟从青年时就喜爱书画，师宗南唐的董源和明代的董其昌，尤善画梅和榜书一笔虎。下野后更是以书画、会友消遣，尤与著名书画家齐白石交往深厚，曹锟的许多印章都为"布衣齐璜"所刻。

　　1931 年，日本侵占东北、华北，妄图建立伪政权以达到"以华制华"的目的，日本特务头子土肥原贤二多次派日本人去曹宅邀其出山，均遭曹锟严词拒绝；又派曹锟的老部下齐燮元、伪河北省省长高凌蔚等去曹宅劝请，也都被曹锟拒绝。曹锟的四夫人刘凤玮对曹锟说："就是每天喝粥，也不要出去给日本人办事。"对此，曹锟深表认可。

　　1938 年，曹锟在天津病逝，重庆国民政府发布训令，追授曹锟为陆军一级上将：

　　　　……曹锟息影津沽，抱道自重，……遭奸佞之巨测，威胁利诱，逼迫纷承，而该上将正气凛然，始终峻拒，不挠不屈，通国具瞻，且于疾革弥留之际，以抗战胜利为念，忠诚纯笃，志节昭然，尤见军人之风范……

　　　　　曹锟（1862—1938），字仲珊，毕业于天津武备学堂，任毅军哨官、北洋军第三镇统制官、陆军第三师师长，后成为直系首领，1923 年当选中华民国大总统。在执掌北京政府期间，授意公布了《中华民国宪法》，完成了民主制宪。

世续

（1852—1921）

清末军机大臣

在清末宣统时期，世续是九位军机大臣之一，也是最后一代军机大臣，另外八位是：爱新觉罗·奕劻、张之洞、那桐、鹿传霖、戴鸿慈、吴郁生、爱新觉罗·毓朗和徐世昌。下图是世续的信札：

赞尧督军伟鉴：

　　远承惠翰，迺蒙谦饰，非常仰企，仁晖弥觉，驰依倍切。恭维，勋高大树，望重长城，拯济时艰，作东方之保障，维持民众，治边境之乂安，引睇停云、倾心祝露，续都门供职，益切劳薪，自惭驽钝无能，时虞竭蹶，遥羡鸿图丕振。

敬颂

　　升恒肃复，恭请

　　　钧绥

世续　谨肃

世续的信札是写给吉林省督军孙烈臣的，毛笔直书在 2 页红八格纸上，正楷字体，端庄肃瑾，威严郑重，有皇家风范；用笔干净利落、果断娴熟，其书法功底不浅。

世续，字伯轩，索勒豁金氏，隶内务府满洲正黄旗人，光绪元年（1875）中举人后，任内务府郎中，擢武备院卿，授内阁学士，光绪二十二年（1896）任总管内务府大臣兼工部侍郎。1900 年，八国联军以"保护使馆"名义，入侵北京镇压义和团，慈禧、光绪等一干人逃亡陕西西安，世续临危受命，留在京城升任理藩院尚书，负责联络八国联军，保护内宫和坛庙，但却没能阻止八国联军再次火烧圆明园（八国联军将 1860 年英法联军火烧圆明园后残存的 13 处皇家宫殿建筑再次掠夺焚劫）。1901 年，卖国条约《辛丑条约》签订后，慈禧、光绪返京，赏世续黄马褂，并调任吏部兼都统衔。1904 年，世续被授体仁阁大学士，1906 年兼任

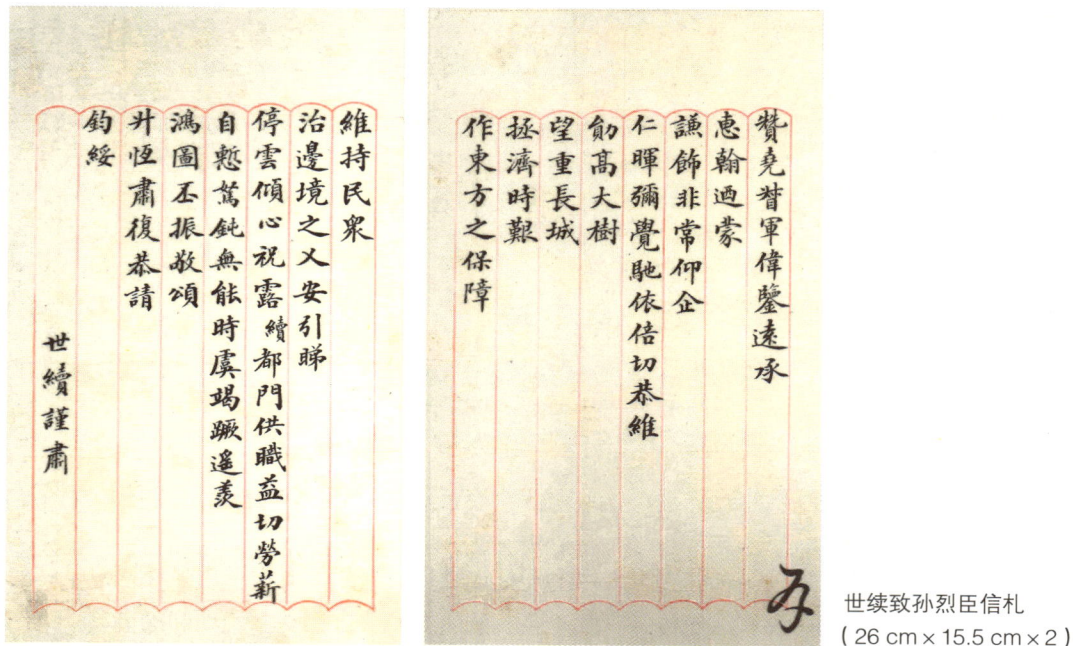

世续致孙烈臣信札
（26 cm×15.5 cm×2）

军机大臣。1908 年，清朝廷内部一些满族亲贵和汉族官僚认为袁世凯权势如日中天，因此发起了倒袁运动，世续和另一军机大臣张之洞曾力劝摄政王载沣不要驱离同为军机大臣的袁世凯，虽未成功，但却促成袁世凯以回籍医治足疾的名义体面地出缺，回天津"养疴"。

慈禧、光绪帝死后，世续曾力谏清政府应立年长的人为国君，而不应该立幼儿为皇帝，但未被采纳，清朝廷再次将道光皇帝的曾孙、光绪皇帝之弟醇亲王载沣 3 岁的长子爱新觉罗·溥仪立为嗣帝，即宣统皇帝。其后，世续因病告假三年，直到1911 年重新入宫官复原位，仍兼总管内务府大臣。辛亥革命爆发后，世续力主清帝逊位，并受隆裕太后之命，参与磋商优待清帝及皇室人员的有关条件。清政府派袁世凯同南方革命党人和谈成功后，世续仍居宫中任总管内务府大臣并受命接修崇陵工程。1917 年张勋复辟，世续极力阻止，坚决反对。

世续晚年参与编纂修《德宗实录》（德宗皇帝即光绪皇帝），《德宗实录》是《大清历朝实录》（简称《清实录》，该实录共 4 484 卷，主要记载封建帝王的言论和活动）的一部分，共 597 卷，是德宗皇帝统治时期的大事记（其完整的定稿本现藏于北京大学图书馆）。书成之时，世续一病不起，于 1921 年病逝，受赠太师，谥文端。

世续（1852—1921），索勒豁金氏，字伯轩。满洲正黄旗人。清举人，曾任体仁阁大学士兼军机大臣，民国后任总管内务府大臣等职。

齐耀琳、齐耀珊
（1862—1949）　　　　（1865—1954）
一门双贵、名重一时的兄弟进士

从清朝光绪十六年（1890）起，在吉林省的一个叫孟家岭四台子的小村子（原隶属于吉林府伊通州，后划入梨树县），先后有一家叔伯兄弟四人考中进士：

齐耀珊，光绪十六年（1890）庚寅科进士；

齐绅甲，光绪十八年（1892）壬辰科进士；

齐忠甲，光绪二十年（1894）甲午科进士；

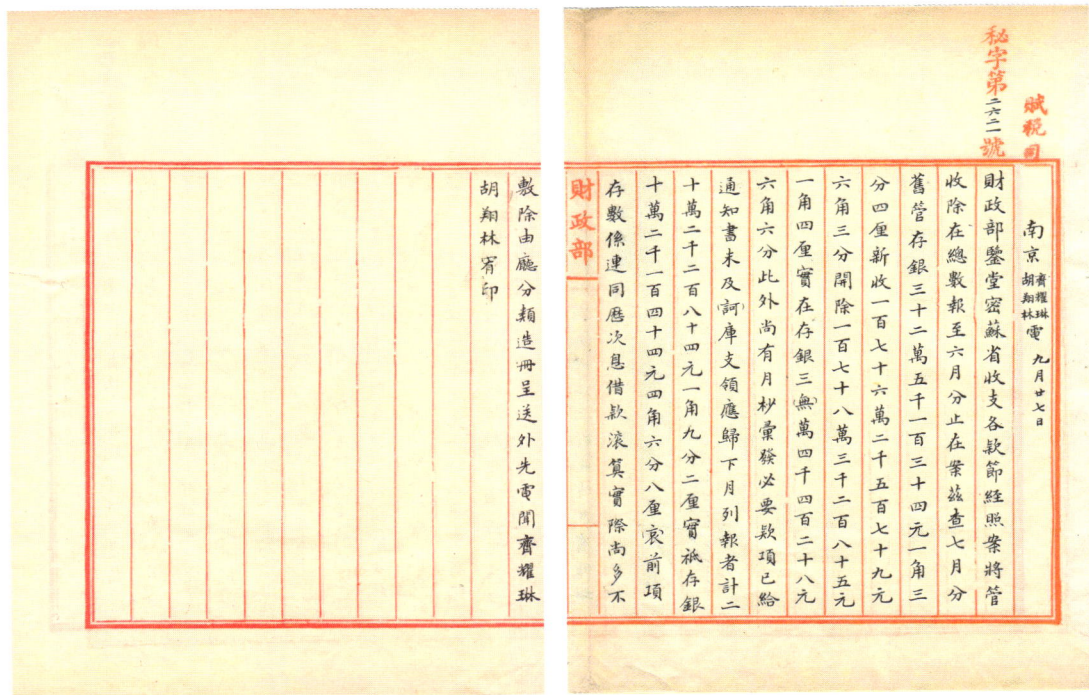

图 1　齐耀琳给国务院财政部电稿（43 cm×27 cm×2）

齐耀琳，光绪二十一年（1895）乙未科进士。

为此，清廷为齐家挂了三块金匾，一块上书"四弟同庚"；一块上刻"桑影绵长"；另一块是"家教可风"。而面对朝野的褒奖，齐家的掌门人齐老全却异常地平静、低调、淡然，他常以"丹桂有根偏生书香门第，黄金无种竞长勤俭人家"鞭策子孙好好读书，正当做人，克勤克俭。正因如此家教，齐耀琳后来成为清末翰林院庶吉士、民国后的江苏省省长，被称为"齐大省长"；齐耀珊成为清末二品江海关道兼洋务总办，民国后的浙江省省长、山东省省长，被称为"齐二省长"。一家有两兄弟同朝任两省省长，可谓：一门双贵。

图1是齐耀琳在江苏省任上给国务院财政部的电稿：

南京齐耀琳、胡翔林电　九月廿七日

财政部鉴：

堂密，苏省收支各款，节经照案，将管收。除在总数报至六月分（份）止在案。兹查七月分（份），旧管存银三十二万五千一百三十四元一角三分四厘，新收一百七十六万二千五百七十九元六角三分。开除一百七十八万三千二百八十五元一角四厘，实在存银三（无）万四千四百二十八元六角六分。此外，尚有月杪汇发必要款项已给通知书，未及（词）库支领，应归下月列报者，计二十万二千二百八十四元一角九分二厘，实抵存银十万二千一百四十四元四角六分八厘，（哀）前项存数，系连同历次息，借款滚算，实际尚多不敷，除由厅分类造册呈送外，先电闻。

齐耀琳　胡翔林　宥印

其二（图2）：

南京李纯　齐耀琳电　九月廿九日

国务院财政部均鉴：

统密，养电敬悉，王总代表奉命南下，道经三吴，纯等忝领，是邦招护，本其职责，星（轺）供给东道（无）情款待，既出于至诚微末，更无待报。领辱承关注，感纫良深，倘将来增需多款，自当遵示报销。谨此会复，惟希鉴察。

李纯　齐耀琳　感印

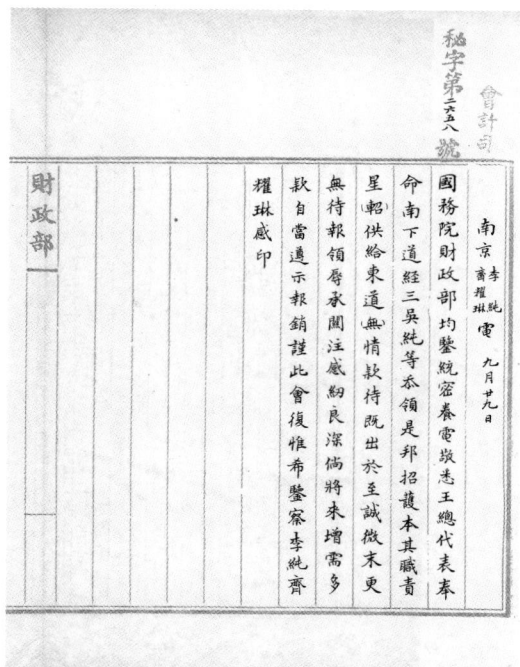

图2　齐耀琳给国务院财政部电稿（43 cm×27 cm）

以上两通电稿，是民国八年（1919）齐耀琳在江苏省长任上呈给国务院财政部的。其一是齐耀琳与财政厅长胡翔林（字彼雲、号海驴，光绪十七年举人）向财政部汇报江苏省 7 月份财政收入情况的电稿，在一页多的文稿上将一省的一个月收入、支出和结余情况开列得清清楚楚，可谓笔笔有宗、精确到厘，其认真精准程度令人惊奇。其二是齐耀琳与督军李纯（1867—1920，字香山），向财政部申请来江苏视察的王总代表的接待费报销事宜的电稿，文字不多，却有礼有节，恰到好处，可见民国之初公务接待制度之完备，经费管理之严格。

　　齐耀琳，字震岩，生于清同治元年（1862），光绪二十一年（1895）乙未科进士，受翰林院编修、庶吉士。由戊戌年（1898）散馆，选拔直隶曲周知县，期间经常微服私访，体察民众疾苦，为百姓作主。他秉承齐家家训，勤政廉政，经常"披星戴月，理民诉讼，使无冤抑"，即使是同僚幕友，也断然禁止受贿，当地民众称其为"齐青天"。他还募捐练勇，严厉稽查不法之徒，曾逮捕截获粮匪贩数十人，立置重典。又亲自带领乡勇，联络东乡民团，以资震慑，使曲周一方安定。据《曲周县志》载：齐耀琳离任时，百姓列队相送。齐耀琳登轿时，有人拔其靴一只，供奉在县衙大堂之上，以示接任者效法。由于齐耀琳政绩卓著，不断升迁，后入李鸿章幕府，与袁世凯关系密切。他先后担任河北遵化直隶州知府、保定知府、天津道尹，并于宣统元年（1909）任直隶按察使，1911 年任江苏布政使，后任河南布政使、河南巡抚、盐务大臣，1913 年任吉林民政长，1914 年任江苏省省长，在省长任上节俭持政，其财政费经常节余，一文不占，尽数上缴国库；他还极力主张以才用人，从未因亲属旧谊而邀任私人。在清末民初官吏贪污、贿赂、任人唯亲盛行的生态环境下，齐耀琳一尘不染，深得百姓拥护，是与众不同的清官。他情趣高雅，政务之暇喜作诗文，工书法，极力反对应酬等庸俗之风。图 3 是齐耀琳手书的节录唐代李邕撰并书的《唐故云麾将军右武卫大将军赠秦州都督彭周公谥日昭公李府君神道碑（并序）》，即《李思训祖道碑》（也称云麾将军碑）：

　　束以名教，阻于从游，博览群书，精虑众艺，非忠益之论，不关于言；非侯之谟，不介其意；罜子赞禹，甘生相秦，莫可得而闻己。近关而出，罔知所从，临河而还，后将安出，敷祐话言，所以广德化；扇扬和气，所以畅仁心。
　　落款："羡鲁先生雅正　七十九叟齐耀琳"。
　　钤朱文印章："震岩齐耀琳"。

　　齐耀琳的书法以馆阁体为基，师宗二王，脉承唐人，追随宋元的尚意、复古之风，碑帖功夫深厚，以楷书、行书见长，尤其是暮年的行楷，用笔沉雄、瘦劲遒丽、行笔果敢简洁，铁画银钩，给人以炉火纯青、自然老道之感，尤其是这幅书录李邕的《李思训祖道碑》，作此条幅时齐耀琳已七十九岁，人书俱老，堪称其书法妙品。

　　1921 年，齐耀琳辞去省长职务，退出政坛任天津耀华玻璃公司总董。

　　图 4 是齐耀珊的信札：

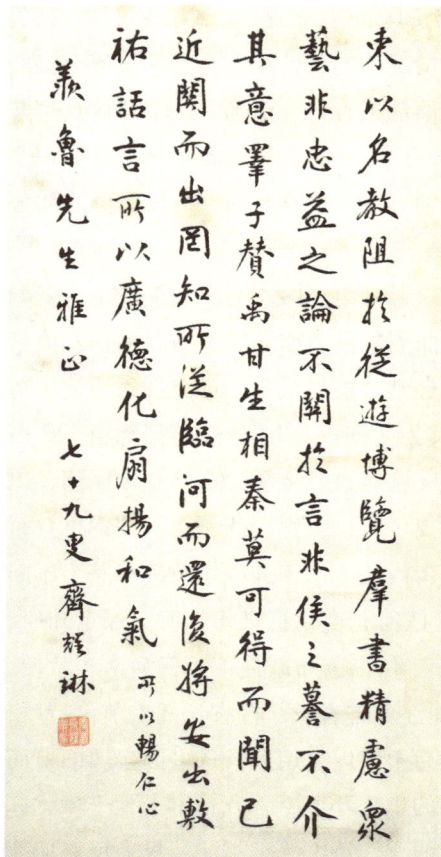

图3 齐耀琳手书《李思训祖道碑》
（87.5 cm×40.5 cm）

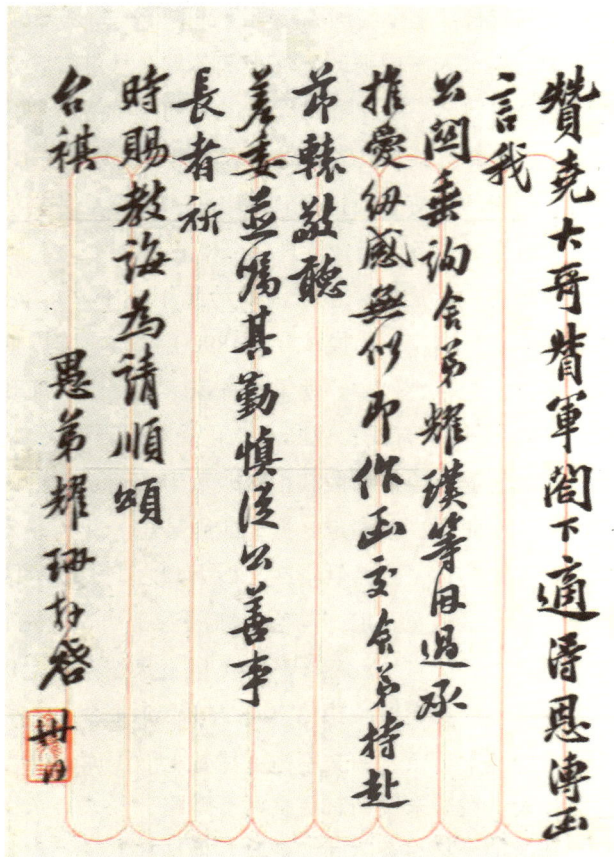

图4 齐耀珊致孙烈臣信札（27.5 cm×18.3 cm）

赞尧大哥督军阁下：

　　适得恩溥函，言我公关，垂询舍弟耀璞等，因过承推爱，纫感无似，即作函交舍弟持赴节辕，敬听差委，并嘱其勤慎从公，善事长者。祈时赐教诲为请。

顺颂

　　台祺

　　　　　　　　　　　　　　　　　　　　愚弟　耀珊　拜启

　　　　　　　　　　　　　　　　　　　　　　　　　　卅日

　　钤朱文印章："齐耀珊"。

　　齐耀珊的这通信札是写给孙烈臣的，毛笔直书在一页红八格宣纸信笺上，行书字体，其书师法二王，厚道淳朴，气骨浩然，结构严谨，质朴无华，堪称佳品。

　　图5是齐耀珊在浙江省长任上与督军卢永祥（1867—1933，原名卢振河、字子嘉）哀悼

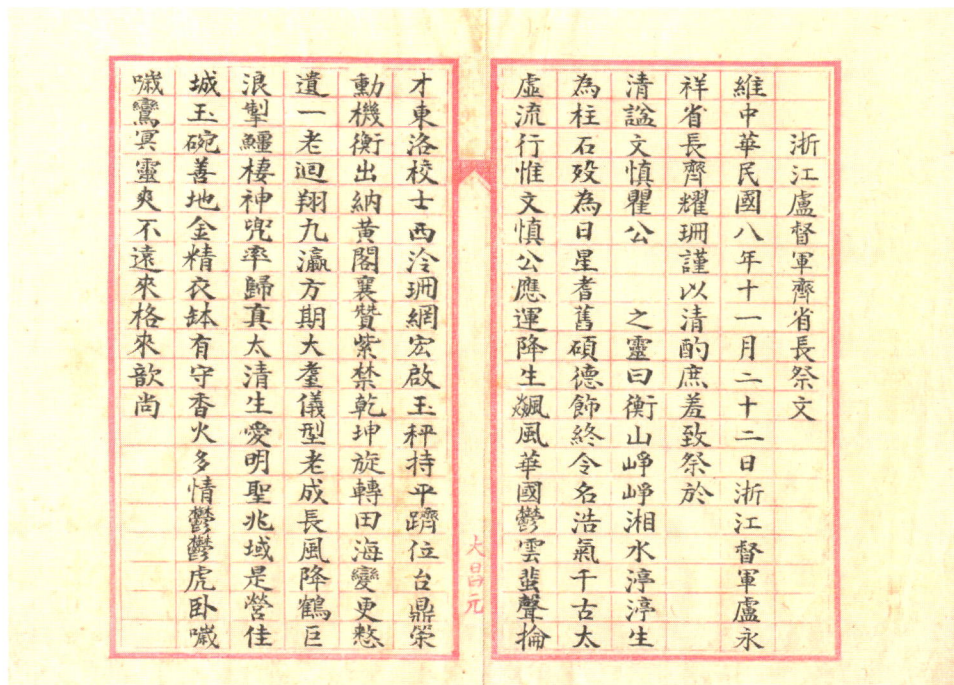

图 5　齐耀珊、卢永祥祭瞿鸿礼文（26 cm×28.8 cm）

晚清军机大臣瞿鸿礼（1850—1918，字子玖，号止庵）的祭文：

浙江卢督军齐省长祭文

　　维中华民国八年一月二十二日，浙江督军卢永祥、省长齐耀珊谨以清酌庶羞致祭于清谥文慎瞿公之灵，曰：衡山峥峥，湘水淳淳，生为柱石，殁为日星，耆旧硕德，饰终令名，浩气千古，太虚流行，惟文慎公，应运降生，飙风华国，郁云蜚声，抡才东洛，校士西泠，珊纲宏启，玉秤持平，跻位台鼎，荣动机衡，出纳黄阁，襄赞紫禁，乾坤旋转，田海变更，憖遗一老，回翔九瀛，方期大耋，仪型老成，长风降鹤，巨浪掣鳄，栖神兜率，归真太清，生爱明圣，兆域是营，佳城玉碗，善地金精，衣钵有守，香火多情，郁郁虎卧，哕哕鸾冥，灵爽不远，来格来歆尚。

　　齐耀珊，字照岩，齐耀琳之弟，生于清同治四年（1865），光绪十五年（1889）举人，次年联捷庚寅科进士，授内阁中书，委署侍读。后任湖北巡抚署文案、武昌保甲总办、宜昌府知府、汉口清文局总办、湖北荆宜道、汉黄德道。此后又任江汉关道兼洋务总办、湖北地方官督练所教练总办、湖北提学使，加二品衔。民国成立后，齐耀珊于1913年任北京盐务筹备处处长，后任约法会议员、参政院参政。1918年任浙江省省长，1920年任山东省省长，1921年后任北京政府内务总长兼饥饿救济会总理、京师市政督办、商务银行总裁、农商总长兼署教育总长、粮食调查委员会会长。步兄长齐耀琳的后尘，从 1922 年 6 月起，齐耀珊不再担任政府职务，任农商银行总裁，居于天津。1927 年起出任张作霖安国军政治讨论委员会委员，北京古学院经史研究会研究员，这是"七七事变"后，寄寓北京的老派学人创办的以提倡古学、潜研旧籍为学术宗旨，对稀见史籍进行重新编纂、校勘和辑佚，以使国粹得以留存的结社组织，其中不乏当年在戊戌变法中较为激进的人物，这些老派学人中的一些有志之士，在沦陷的平津，拒绝去日伪机构任职，保持住了民族气节。

　　齐耀珊、齐耀琳兄弟热心于教育和公益，1919 年中华书局出版了杨钟钰（杨章甫）居士编著的《寰球名人德育宝鑑》一书，时任浙江省长齐耀珊为该书作序并复函，后改任江苏省长的齐耀琳又曾复函。齐耀珊的序文如下：

　　　　德育之名见于《戴·礼本》，中国固有之，《教术·易》曰："进德"，《诗》曰："懿德"，《书》曰："三德九德"，《周官》曰："六德"，《大学》曰："明德"，《中庸》曰："达德"。同此世界之谓也。修道谓教充三谓也，春秋时，民德高厚，所防者祗大德之闲降，至战国杨墨各趋极端之说，横行于世。故《孟子》以正人心为入德之门，叔世以来，彝伦修斁，道德沦丧，礼教凌夷，习染既汙，人格几失。此杨君章甫德育宝鑑一书，所以为苦海慈善航昏衢智烛也。书中所载皆环球人见道之言，浅而易悟，切而易遵，诚正修齐，肇基于是，可见至德要道无判，中外无分，古今学者，知识幼稚，耳目见闻不外孝弟，越礼犯分者自鲜半山有云，先入之言为主，盖得其道则可为圣贤，失其道几希禽兽。有心人所心，淳淳劝告者岂好辩哉。亦欲有以道其先耳。是为序。

伊通齐耀珊撰

齐耀琳的复函如下：

范青先生左右：

　　展诵惠函，备劳锦注，循环三复，铭篆五中，台端职司监英，综核才长，国课民生两资利赖。佩慰奚如。贵友杨君所著德育宝鑑，展读一过，方今世道日漓，民风浇薄，得是书以流传，足以正人心，而维纲纪，其禆益实非浅鲜。达承惠赐，感谢良殷，专复敬颂。
台祉

愚弟　齐耀琳敬启

齐耀珊的复函如下：

范青仁兄阁下：

　　顷奉惠书并德育宝鑑，读之至慰。年来，不重道德久矣，杨君编辑实足挽人心而回劫运，容当设法多印以广流传并以副仁人，君子救世之苦心。关外春寒，我公兴居何似，至念至念，手复并候。

台祉

齐耀珊　顿首

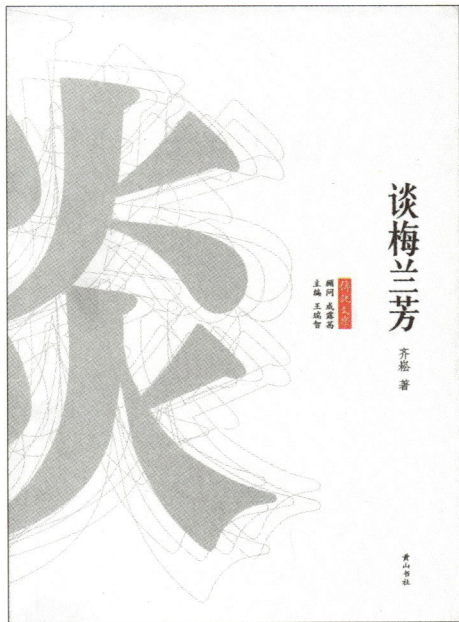

图6　齐耀珊后嗣齐崧著《谈梅兰芳》

　　齐家兄弟晚年寓居天津、北京，经营实业，研读史经、著书立说，且与同时寓居北京的"吉林三杰"成多禄、徐鼐霖、宋小濂和前吉林省议会议长齐朗轩等常聚于吉林会馆。其后代也秉承家风，自强敦学，忠厚为人，勤俭敬业，无论在科学技术和文学艺术方面都学有所成，许多人还留学、创业于海外，成为某一领域的专家。图6是齐耀珊的哲嗣齐崧所著、由黄山书社出版的《谈梅兰芳》一书。齐崧，1921年生于北平，早年毕业于南开中学、燕京大学。后赴美深造，获密歇根大学经济学硕士，并在哈佛大学从事研究工作，而后在财经界任职多年，曾任台湾工矿公司、物调会及电力公司协理及正管理师，后又奉派去美国进修，发表论文多篇，并译有《电业概论》一书。他还利用业余时间研习京剧技艺及理论，均有卓越体识，先后在台湾《传记文学》杂志发表研究京剧大师梅兰芳的文章十余篇，后被黄山书社编辑出版，齐崧可谓齐氏兄弟后人中的成功代表之一。

　　齐耀琳（1862—1949），字震岩，光绪二十一年（1895）进士。曾任翰林院编修、庶吉士，曲周知县、河南巡抚、盐务大臣、吉林民政长、江苏省省长代督军，天津耀华玻璃公司总董，北京古学院经史研究会研究员。

　　齐耀珊（1865—1954），字照岩，光绪十六年（1890）进士，授内阁中书，委署侍读，后任湖北巡抚署文案，湖北地方督练公所教练处总办，湖北提学使，加二品衔。后又任北京盐务处处长、约法会议员、参政院参政、浙江省省长、山东省省长、商务银行总裁、农工商总长兼署教育总长、农商银行总裁、北京古学院经史研究会研究员。

李纯

（1874—1920）

长江三督之首

　　江苏督军李纯、江西督军陈光远（1873—1939）、湖北督军王占元（1861—1934）被称为北洋冯国璋直系军阀的"长江三督"，李纯又被称为"长江三督"之首，是直系军阀中地位仅次于冯国璋的二号人物。下图是李纯致赞鳌的信札：

　　赞鳌仁兄督军大鉴：

　　　项以生朝，猥叨厚贶。桂堂月满，邻光分四照之辉，遽使星临，嘉惠逾百朋之锡。芬流戎幕，彩焕宾筵。厚爱有加，固辞不获。就维家传，兵法世著。令名敷新政于龙沙，扬宏威于鱼海，翘詹伟度，曷胜颂私。弟遭际时艰，孱躯多病，更复何心言寿，致增从者之劳。乃承琼玖，纷投不遗在远，踌躇至再，未敢坚却，致负隆情。惟前席留宾，未克躬申疑曲，礼文疏略，有慢使节，抱歉实深。知己如兄，当荷鉴原于格外也。专复申谢。

　　敬颂

　　　勋绥顺贺

　　　　节釐百益

　　　　　　　　　　　　　　　　　　　　弟李纯　敬启

　　　　　　　　　　　　　　　　　　　　九月廿六日

　　李纯的信札写在三页"江苏督军公署用笺"上，毛笔直书，行书字体，是二王的根基，章法布置参差多变却浑然一体，洒脱自然，尽得魏晋遗风；有赵孟頫的韵味，用笔圆转遒丽、结构严谨、风骨内含、逸致翩翩、十分精到，堪称民国手札之精品。

　　李纯，字秀山，天津人，爷爷和父亲都是以卖鱼为生的小商贩，李纯年幼时过继给大伯李荣庆为嗣，后随嗣父到北塘投靠二姐夫谭清远，靠开小杂货铺维持生计。1889 年，谭清远

江蘇替軍公署用牋

第頁

世著令名

戴新設於龍沙,
揚宏威於魚海翹詹
偉度,曷勝頌私。弟遭際時艱,屢軀多
病,更復何心言壽玆嬪
往者之勞迩承
贏玖,約投不遺在遠,臻緒玉耳,未敢堅
却,玆負

謝寿

江蘇替軍公署用牋

第頁

贊鰲仁兄替軍大鑒頃以生朝禋叨
厚貺桂堂月滿,
鄴光分四照之輝;
遽使星臨,
嘉惠逾百朋之錫。
芬流戎幕彩焕賓筵。
厚愛有加,固辭不獲就維
家傳兵法

江蘇替軍公署用牋

第頁

隆情椎前席留賓,未荒彤申欵曲禮
文疏略育慢
使節托歡賓深知己如
兄當荷
鑒原於格外也壽頂申謝敬頌
勳綏順賀
節麾百益

弟李纯敬啟　九月廿六日

李纯致赞鳌信札（30.3 cm × 19.5 cm × 3）

投靠清军著名将领聂士成任管带，李纯随之入营当差，从此开始了军旅生涯。1891年，李纯经谭清远报送入天津武备学堂二期，1895年毕业后被留堂任靠班（班长）并协助教练军操。1895年袁世凯在天津小站操练新军，李纯随之前往任教练。1902年，袁世凯奏设军政司在保定编练常备军，李纯任教练处提调，而冯国璋正是教练处总办，是李纯的顶头上司，因为李纯是袁世凯小妾杨氏的同乡，所以备受冯国璋的青睐。1903年初，李纯升任京旗常备军骑兵营管带。1905年，李纯参加清军和阗秋操，在大操场上唱操，声震全场，被袁世凯称赏，随即升任第一镇第二协第三标统带，驻军北苑，从此成为袁世凯的亲信。1912年，袁世凯任临时大总统，李纯被授为陆军中将，改任中央陆军第六师师长。袁世凯死后，黎元洪大总统任命李纯为江西督军兼浦口商务督办。1913年，北洋政府令李纯加陆军上将衔，是民国期间以师长职务得加上将衔的第一人。1917年，副总统兼江苏督军冯国璋进京任代理大总统，特任李纯为江苏督军，成为"长江三督"之一，为冯国璋直系的嫡系势力。此时的中国，军阀混战，李纯身在其中，昔日曾极力打击国民党的李纯致电孙中山，盼销兵氛，并一再阻止段祺瑞"武力统一"政策的实施，主张和平统一。1920年，北京政府授李纯陆军上将，后被任命为江苏督军兼长江巡阅使，后改称为"苏皖赣巡阅使"，又要授他为将军府"英威上将军"名号，李纯不肯接受。

李纯热心教育，曾在津、冀、鲁等地捐建三所"秀山小学"，南开学校初创时，他捐款50万元，南开大学为其修建了"秀山堂"。李纯任江苏督军期间，江苏各界发动了反对李纯的干儿子、财政厅厅长李文和贪污风潮，李纯非常失望，进而悲观绝望，于1920年10月11日突然给江苏省长齐耀琳等留下五封遗书后死于督军府内，年仅46岁，官方宣布的死因是"忧国忧民而自杀身亡"。然而，社会上众说纷纭，有的说是精神抑郁自杀而死；有的说他倡导议和，因南北议和调解失败，大失所望自杀而死；有的说他忧国忧民，一说起军阀混战、民不聊生就泪流满面，久而久之，积郁而死；还有人说是李纯的帮办齐燮元与李纯的小妾合谋杀害了李纯，制造了自杀现场，等等。总之，扑朔迷离的李纯之死，至今仍是个谜。

　　　　李纯（1874—1920）字秀山，天津府人，天津武备学堂二期毕业，曾任清军教练、管带、统带、统领、协都统等；民国后任总统官、统制官、中将师长、上将、江西民政长、督军兼浦口商务督办、江苏督军等。

徐树铮

（1880—1925）

北洋名将　书法家

　　外蒙古自古是中国领土，在沙皇俄国的威逼利诱和少数王公的唆使下，一度宣布"独立"，后来取消独立，实行自治。1919 年，北洋政府西北筹边使兼西北边防军司令徐树铮率领步兵两个旅、骑兵一个团挥师进驻外蒙古库伦，他将外蒙古伪政权的"内阁总理"巴德马多尔济请到自己的司令部，并将其他王公及哲布尊丹巴活佛等软禁起来。1919 年 11 月，外蒙古正式上书中华民国总统徐世昌，呈请取消"自治"，废除中俄"蒙"一切条约、协定，回到祖国怀抱。徐树铮为保卫国家主权和领土完整，一方面将军队派驻外蒙各地；另一方面请晋商等商务团体到外蒙各地以繁荣商业促进外蒙经济发展，完成了对外蒙的统一。徐树铮收复外蒙，受到了全国各界的赞誉，被与左宗棠收复新疆之举相提并论。下图是徐树铮致孙烈臣的信札：

　　玉杯金缕，方铭宝鼎之勋；柏叶椒花，宜献兰饶之颂。先承电贺，感歎交萦。
敬维赞尧仁兄督军：
　　抚物咸亨，膺时多福。雪衣赋瑞旧钦，顾盼生姿朱珮。迎年新见，玑衡有耀。
　　树铮忝膺使命，远稽塞垣。祝砥柱于中天，欢腾五内；望江山其如画，春洽万家。际兹蜡燕丝鹅，坐娱清醉；愿托苍鸿赭鲤，俱寄遐思。
祇颂
　　年厘，兼请勋祉。诸维荃察不备

弟　徐制　树铮　顿首

　　徐树铮的这通信札是写给吉林、黑龙江督军兼行省长事的孙烈臣的，毛笔直书在 3 页宣纸信笺上，楷书字体，用笔谨慎，工整洒脱，笔画劲拔、笔力遒劲，结构体势奔放，点画精致，结体庄和，娟秀精美，典雅而富于韵味，不像出自武将之手，而像文人之笔。其实，徐树铮文武双全，且留学日本，中西合璧，积累了很深的人文修养。

徐树铮，字又铮、幼铮，号铁珊，江苏省徐州府萧县（今属安徽）官桥镇醴泉村人，自幼聪颖过人，才华横溢。3 岁识字，7 岁能诗，13 岁中秀才，17 岁补廪生，有神童之称。1901 年，他弃文从武到济南，上书山东巡抚袁世凯，未得到赏识。后被推荐给段祺瑞并由段保送到日本陆军士官学校，学成归国后追随段祺瑞，先后任段的军事参谋、总参谋等职，

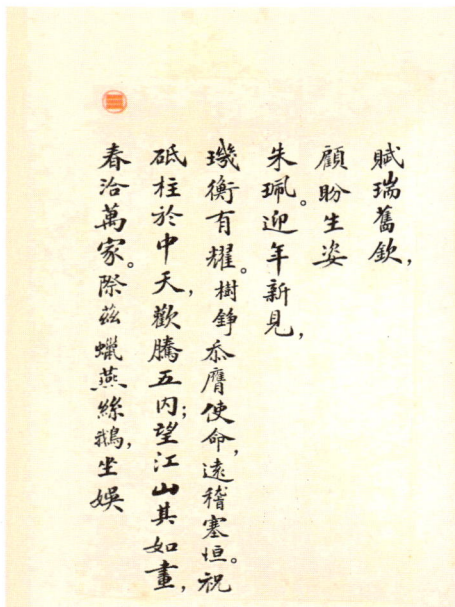

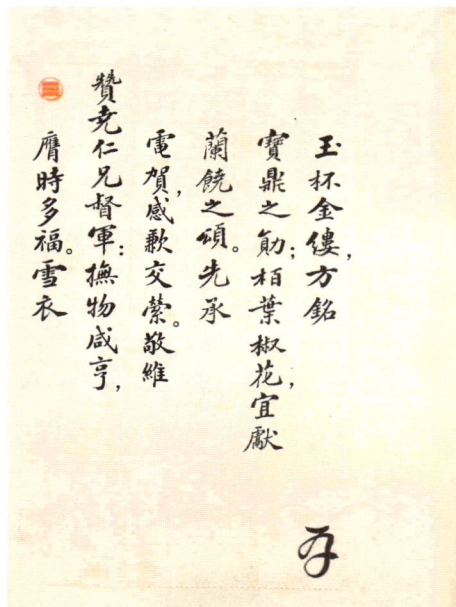

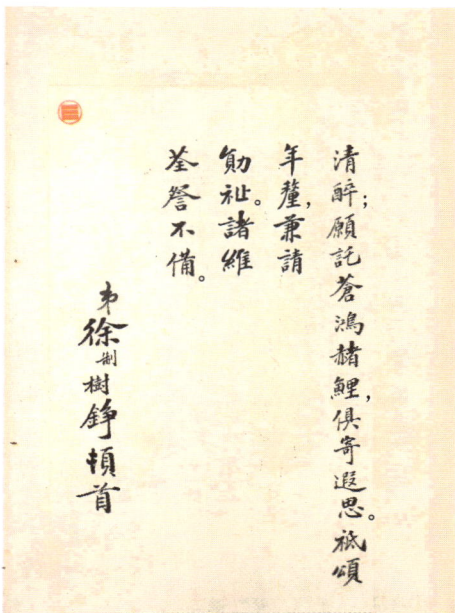

徐树铮致孙烈臣信札（30.3 cm×19.5 cm×3）

1914 年，徐树铮任陆军部次长，时年 34 岁，是次长中最年轻者。段祺瑞任黎元洪政府国务院总理后，徐树铮任国务院秘书长。1918 年，徐树铮先斩后奏，以《惩治盗匪法》为名，枪毙了冯玉祥将军的舅舅、与徐同为北洋袍泽、曾任军政执法处处长的陆建章，为自己日后遭遇不测埋下了祸根。1919 年，徐树铮兼任西北筹边使，升为上将，任上收回外蒙，而且在外蒙修建公路，引种蔬菜，创办日报，加强中华文化教育等，做了许多有益的事，被孙中山称为堪比汉代"不入虎穴、焉得虎子"的班超和"犯强汉者、虽远必诛"的陈汤等卫戍边疆之名将。

徐树铮是北洋名将，人称"小徐"，是为了与曾任民国大总统的"大徐"徐世昌区分开来。徐树铮还是书法家，他的书法遒劲，自然，我们可从他写给孙烈臣的信札读出其书法的功力。徐的诗词雅致，精通经史，孙中山逝世后，在欧洲考察的徐树铮用电报发回挽联，被称为挽联之冠：

> 百年之政，孰若民生，

> 十稔以还，使无公在，正不知几人称帝，几人称王。

徐树铮还广交名流，与林琴南（即林纾，1852—1924，举人、著名翻译家、古文家）、张謇（1853—1926，状元，著名实业家、教育家、书法家）相交甚笃。徐树铮还擅长昆曲，能自辑曲谱，还曾与俞振飞等名角同台。1925 年，徐树铮访问英国时，在皇家学院以"中国古今音乐沿革"为题进行演讲，著名的《泰晤士报》对其大表钦佩。张学良将军曾称徐树铮是"上马杀贼，下马露布"之豪士。

然而，北洋军阀间的勾心斗角和直皖两系的激烈斗争使徐树铮的仕途多次惊险丛生，加之他自恃有才、傲物跋扈的性格缺陷，为其人生悲剧埋下了伏笔。1925 年 12 月，从欧洲考察回国的徐树铮在上海与军阀孙传芳会晤，商议直、奉、皖三系联合对抗冯玉祥和准备北伐，段祺瑞以京津局面混乱电嘱其暂缓赴京。但徐认为考察回国，理应赴命，于是赴京复命后，于 12 月 29 日晚乘专车离开北京南下，途经廊坊车站被冯玉祥部下张之江派人劫持，并于次日遭枪杀，时年 45 岁，一代将星从此陨落。

徐树铮（1880—1925），字又铮、幼铮，号铁珊，江苏萧县（今属安徽）人，秀才出身。1905 年被保送到日本士官学校，毕业回国后任段祺瑞部军事参议及第一军总参谋长、国务院秘书长、陆军次长等职，著有《建国铨真》《视昔轩文稿》《兜香阁诗集》《碧梦庵词》等。

叶恭绰

(1881—1968)

开发东北的最早规划者和实践者

　　1920年，叶恭绰被北洋政府任命为特派劝办实业专使，设总公所于北京，设分所及问询处于各地，又在东北主办铁路及水力发电厂、各种实业公司、专门学校，振兴机械、化工及农矿业。可以说，叶恭绰是开发东北的最早规划者和实践者之一，下图是叶恭绰写给吉林省督军孙烈臣的信札：

赞帅麾下：

　　捧节东驰，快联谈讌；招邀周备，挚爱殷勤；感荷之情，实逾百倍。比谂风清，关塞日丽，旌幢开府，雄都屏藩。中夏东京，列将首隆，特进之班，南国群侯。率奉师表之望，瞻驰愿颂，快慰何如。一昨回都，晋谒主座，备陈伟绩，深慰厪怀。经即电达铃辕，计登籤掌。弟简书寅畏，驿路奔驰，免效道人木铎之徇；敢诩郡国辒轩之采。所幸仰望光明，获亲教益。何意东风欲合，又催西辙之回止。今江水遥瞻，尚望南针之锡。谨抒微悃。

敬颂

　　勋绥

　　　　　　　　　　　　　　　　　　　　愚弟　叶恭绰　拜启
　　　　　　　　　　　　　　　　　　　　　　　五月三日

　　叶恭绰的这通信札，毛笔写在三页红八格纸上，楷体直书，有馆阁体的方正、光洁之美，又不拘泥于乌黑、紧密的刻板、拘谨，美观、整洁、大方；其辞语谦恭、优雅，对孙烈臣治理地方的功绩赞赏有加，但又不夸张、奉承。据史料记载，1920年1月，叶恭绰自欧美考察归来，出任特派劝办实业专使。同年3月，叶恭绰出使东北考察实业发展情况，在谈到如何振兴东北实业时，提出"首在交通，交通舒畅，金融流动，百业始有突进之望矣"。从此

伟绩深慰
历悚鲤即电达
铃辕计登
签宁平简书寅畏驿路奔驰勉效通人木铎之
徇散诩郡国辅轩之来所幸仰望
先明获亲
教益何意东风歇合又催西辙之回止今江水迢瞻
尚望

特派勘辨实业专使总公所用笺

谢

赞帅庵下捧节东驰快捷
谈谍招邀周备
挚爱恳挚感荷之清实逾百比谳
风清关塞
日丽旌幢开府雄都屏藩中夏东京列将青崖
特进之班南国举侯率奉
师表之望瞻驰颂快慰何如一昨西都晋谒
主座备陈

特派勘辨实业专使总公所用笺

朝针之锡谨抒微悃敬颂
勋绥

愚弟叶恭绰拜启　五月三日

特派勘辨实业专使总公所用笺

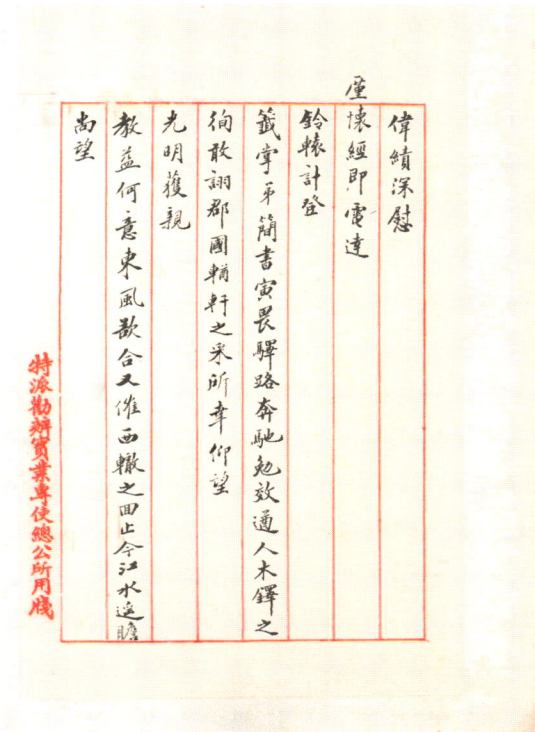

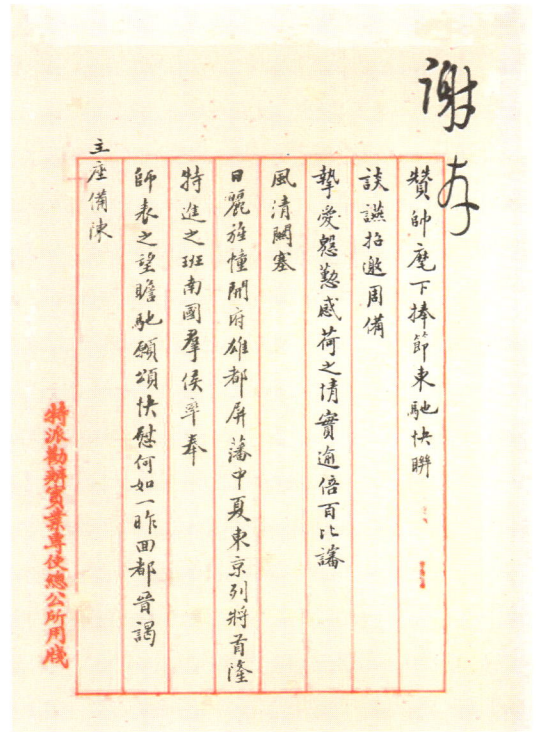

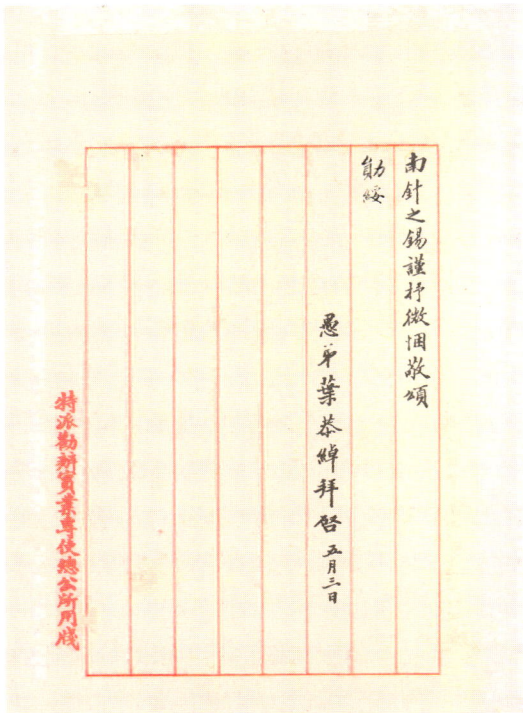

叶恭绰致孙烈臣信札（29 cm×17.5 cm×3）

通信札的落款"五月三日"推断，该信札写于 1920 年 5 月 3 日，距今 97 年矣。

　　叶恭绰出身于广东番禺一个书香门第，祖父叶衍兰、父亲叶佩玱（嗣子）都是金石学家，叶恭绰自幼在祖父身边长大，7 岁时便吟作出描写春雨的诗句："几晚无月明，轻阴正酣春。"18 岁应童子试，以一篇《铁路赋》获第一名，是前清秀才；京师大学堂仕学馆肄业后，先在武汉以教书为生，1906 年由时任尚书、当年叶恭绰童子试的主考官张百熙将其调入邮传部而开始其从政生涯，从总务股帮稿兼办京汉铁路事宜做起，到科员、金事、机要科长、承政厅副厅长、参议上行走、厅长，到芦汉铁路督办，铁路总局局长（开始掌握全国铁路行政大权），直至北洋政府时，任交通部次长兼邮政总局局长、交通部长。其间曾参与筹划清廷退位、讨伐张勋复辟等活动，可谓显赫一时。尤其是于 1920 年提出"交通要政，亟需专才"，将交通部所属上海工业专门学校、唐山工业专门学校合并，成立交通大学并任校长，而成为交通大学的创始人。1922 年，叶恭绰赴日本留学并在日本加入孙中山领导的同盟会。孙中山曾称，吾之北也，喜得一新同志焉。从此，叶恭绰开始追随孙中山从事反军阀革命。1923 年，叶恭绰奉孙中山之召到广州任大本营财政部部长兼理广州财政厅长，进而达到他从政的巅峰。同年 12 月，叶恭绰奉命前往东北，与张作霖商讨讨伐直系军阀事宜，这也许与他曾任北洋政府的特派劝办实业专使、负责过东北的开发、在东北有一定的人脉资源有关。1924 年，段祺瑞执政北京政府，叶恭绰被任命为交通总长。1929 年，叶恭绰与建筑学家朱启钤先生发起组织了研究祖国建筑文化遗产的学术团体营造学社，聚集了梁思成、刘敦桢、林徽因、杨廷宝、陈垣、李四光等一大批精英。1931 年，叶恭绰出任国民政府铁道部长，不久便辞去职务，此后不再出任政府公职，迁居上海从事文化、佛教和慈善事业。先后筹划了全国美术展览会、故宫赴伦敦展，筹建了上海市博物馆，并当选中国红十字会理事。抗战爆发后，叶恭绰侨居香港，其收藏的国宝西周宣王时代的青铜重器毛公鼎未能带走，日本军方想夺走它，叶恭绰嘱咐其侄叶公超：毛公鼎不得变卖、不得抵押，决不能流出国土。叶公超誓死不承认知道毛公鼎下落，叶恭绰为了救侄子，制造了一个假鼎上交日军，使叶公超得以释放。随后，叶公超秘密携带毛公鼎逃往香港。不久，日军占领香港，将宣传民族立场的叶恭绰押送回沪监管。此时，叶恭绰的收藏几乎散尽，生活一度十分拮据，但他坚守民族气节，拒不与日伪合作，闭门谢客。叶恭绰托德国友人将毛公鼎辗转从香港带回上海，典押给银行，后由巨贾陈永仁出资赎出，终使毛公鼎没有流出国门。

　　新中国成立后，周恩来总理电邀叶恭绰从香港返回大陆，已 70 岁的叶恭绰毅然回到北京，任中央人民政府政务院文化教育委员会委员、中央文史研究馆副馆长，后任北京中国画院院长等职。他不要国家提供的房、车，住在自己买的四合院里，开会时也是自己前去，可他却将自己毕生收藏的王羲之的《曹娥碑》、王献之的《鸭头丸帖》等珍贵字画文物和图书或捐赠或出售给了国家。

　　叶恭绰早年追随孙中山先生，对孙中山的"三民主义"高度认同；孙中山对叶恭绰的"交通救国论"十分欣赏。孙中山逝世后，叶恭绰捐款 5 000 元在南京中山陵内建造了唯一一个由个人捐建的纪念建筑——仰止亭。叶恭绰生前请求宋庆龄，希望百年后能埋在仰止亭，在九泉之下能见到孙中山，宋庆龄答应了他的请求。叶恭绰逝世后，其骨灰被安葬在中山陵仰止亭旁，墓碑上镌印铭文：

　　仰止亭捐建者叶恭绰先生之墓　1881—1968。

　　叶恭绰（1881—1968），字裕甫（玉甫、玉虎、玉父），又字誉虎，号退庵。祖籍浙江余姚，生于广东番禺。早年肄业于京师大学堂仕学馆，后留学日本；曾任清末邮传部郎中，同盟会会员，北洋政府交通部路政司司长、次长、总长、部长等职；新中国成立后，任中央文史研究馆副馆长，北京中国画院首任院长，中国文字改革委员会常务委员，全国政协常委等。

张志潭

（1883—1936）

举人　官员　书法家

著名作家张爱玲在她的名著《小团圆》中有这样一段描述：

> 本地的近亲只有这两家堂伯父，另一家阔。在佣人口中只称为"新房子"。新盖的一所大洋房，里外一色浮黄粉墙，一律白漆家具，每间房里灯罩上都垂着一圈碧玻璃珠穗。盛家这一支家族观念特别重，不但两兄弟照大排行称十一爷十三爷，连姨奶奶们都是大排行，大姨奶奶是十一爷的，二姨奶奶、三姨奶奶是十三爷的，一次排列到九爷奶奶"全"姨奶奶，绕得人头晕眼花，十一爷在北洋政府做总长。韩妈带了九莉姐弟去了，总是在二楼大客厅里独坐，韩妈站在后面靠在他们椅背上，一等几个钟头，隔些时韩妈从桌子上的高脚玻璃碟子里拈一块樱花糖，剥给他们吃。

张爱玲在这里所说的"大房子"，就是昔日的天津英租界新加坡道 33 号路（即今大理道 4 号），"十一爷"说的便是曾任北洋政府内务总长、交通总长的张志潭，他是张爱玲父亲张志沂（1896—1953）的堂兄，张志沂津浦铁路英文秘书的差事便是通过张志潭谋到的。图 1 是张志潭致孙烈臣的信札：

赞尧大哥督军节下：

遥睎云麾，屡闻露布，尽歼宏阘，亭堠销烽，每切忭忱，顾展惠示。借悉锋车凤驾，近抵沈垣，经国安边，定饶远略。

襜帷小驻，行返龙沙，经纬万端，诸劳擘画，大勋待集，福履成之。弟都门倥偬，疲劳尘牍，材惭靖献，时值艰危，绸缪注存，钦迟教益，朔云便羽，时锡好音。

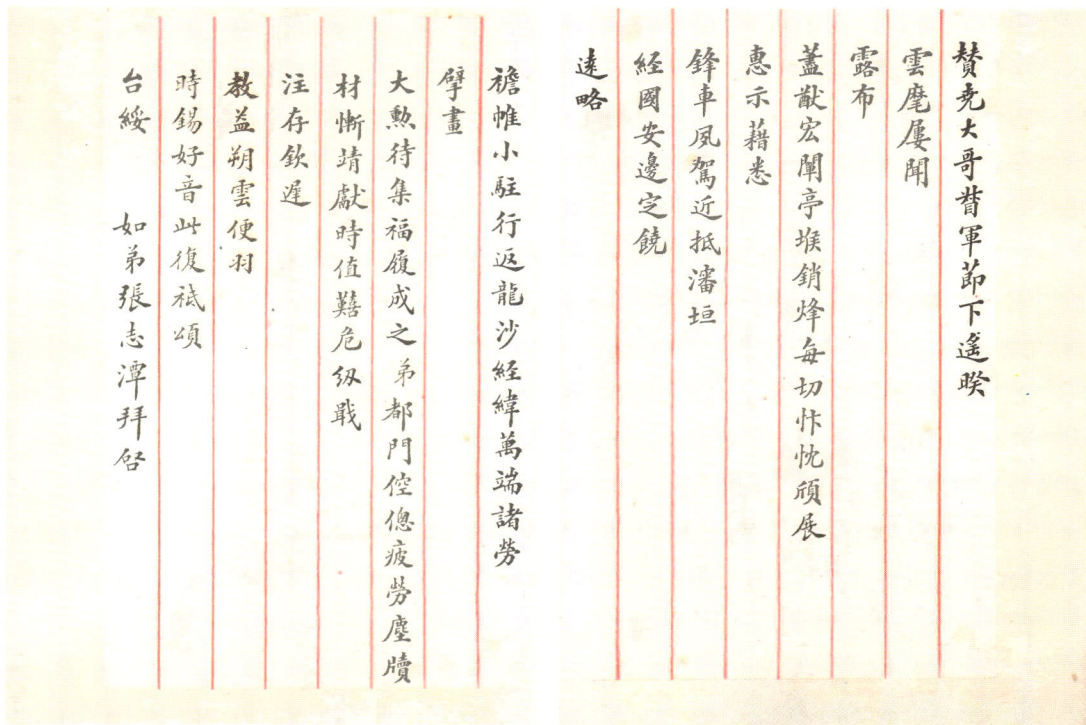

张志潭致孙烈臣信札（28 cm×17.3 cm×2）

此复祗颂

　　台绥

　　　　　　　　　　如弟　张志潭　拜启

　　张志潭曾任东三省总督徐世昌的秘书，后又在中央政府担任要职，与孙烈臣自然多有联络。该通信札主要是对孙烈臣督军政绩的褒奖、钦佩和对孙盛情接待的感谢。

　　张志潭的信札毛笔直书在 2 页红八格纸上，小楷结体宽绰舒展、笔致端庄婉丽，用笔遒劲流美，古意上更出清新，字里行间可见"二王"的潇洒与蕴藉，堪称信札的精品。

　　张志潭，字远伯，河北丰润齐家坨人，前清举人。出身书香门第、官宦世家，其父张佩绪（1850—1899），曾任安徽芜湖道尹（管理行政事务的长官），是清朝重臣张佩纶的六弟。张志潭中举人后曾在清廷内务部供职，后任东三省总督兼管三省将军事务的徐世昌的秘书。1912 年任北京总统府秘书，后任陆军部候补郎中，绥远道尹，内务部次长、陆军次长。1920 年任内务总长。此后中国政坛几经更迭，张志潭也多次辞职、转任又复任，直到 1927 年，他辞去官职，退出政界，隐居天津。

　　寓居生活使张志潭有暇尽情徜徉于书画之中，他在寓所的楼下专设了写字间，每天练习书法；他还与津门著名书法家华世奎交往亲密，华经常到张府切磋书艺。张志潭题字不留名，不盖印，不收报酬，天津著名的饭店澄瀛楼请张题写牌匾，张志潭不收分毫，欣然挥毫，只求该楼名厨将做全桌酒席的技艺教给其三夫人即可。张志潭的书法闻名于世，甚至被称为津门"四大书法家"的又一版本（另一版本是：华世奎、严修、孟广慧、赵元礼）。

张志潭还喜爱京剧、昆曲，经常请"四大名旦"梅兰芳、程砚秋、荀慧生、尚小云到家里做客，听他们清唱；还与著名昆曲艺术家韩世昌、白云生多有来往。

1936年，张志潭患半身不遂，中秋节后病情加重逝世。张志潭去世后其弟张志澂为其出版了书法集《蠹园遗墨四种》并由华世奎题签，其一《张远伯手写金刚经》，陈三立（1853—1937，国学大师）题签；其二《张远伯临五圣教序册》，溥儒（1896—1963，清恭亲王奕䜣之孙，著名书画家）题签；其三《丰润张子隶书朱柏庐治家格言》，张国淦（1876—1959，举人，北洋政府秘书长，学者）题签；其四《张远伯篆书楹联集句》，陈夔龙（1857—1948，直隶总督兼北洋大臣）题签。但也是这个弟弟以张志潭（也许就是开篇张爱玲《小团圆》中提到的十三爷）欠债为名，将张志潭大理道宅邸和汉沽茶淀一带的土地变卖；伪满洲国时，张志澂投敌任伪满财政厅长，这可谓是丰润张氏家族的悲哀。

张志潭（1883—1936），字远伯，河北丰润人，前清举人，曾任陆军部候补郎中，绥远道尹，北洋政府内务部次长、国务院秘书长、陆军次长、内务总长、交通总长、财政整理会长等。

钟敬文
（1903—2002）
民俗学家　诗人

钟敬文是我国著名的民俗学家，被誉为"中国民俗学之父"，他还是诗人和诗论家，下图就是钟敬文谈诗和诗论的信札：

決決同志：

前月复你们一信，想早收到。

"未来的春"，未知能找到否？念念。

日来偶尔翻阅一下"海滨的二月"觉得"题沙基血迹图"一作，题材因比较有意义，风情也还强烈——虽然全诗在表现上并不怎么充分，在鉴选时似乎可以考虑。又"敌人呀，你们准备罢！"一诗也多少能够表现我当时精神的一方面［这是时代神精（精神）影响的结果］。以上不过个人一时的感想，只供你们参考，毫没有非照办不行的意思。

草草。祝编安。

钟敬文　12.2

附"题沙基血迹图"的抄稿（个别地方，文字曾稍作调整）。

致近代散文编选同志信，烦代转

　．　又及

钟敬文的信札是写给北京师范学院中文系现代文学教研室现代诗歌编辑同志的，钢笔横书在一页"北京市电车公司印刷厂出品"的红横栏格纸上，北京师范学院于 1992 年正式更名为首都师范大学，据此推测，该信札写于 1992 年前，距今已有 20 多年。

钟敬文，原名钟谭宗，出生在广东海丰，在海丰县陆安师范读书期间受新文化运动影响，开始学做白话诗，毕业后在家乡教小学，同时，开始收集、整理民间歌谣故事等。1923 年钟敬

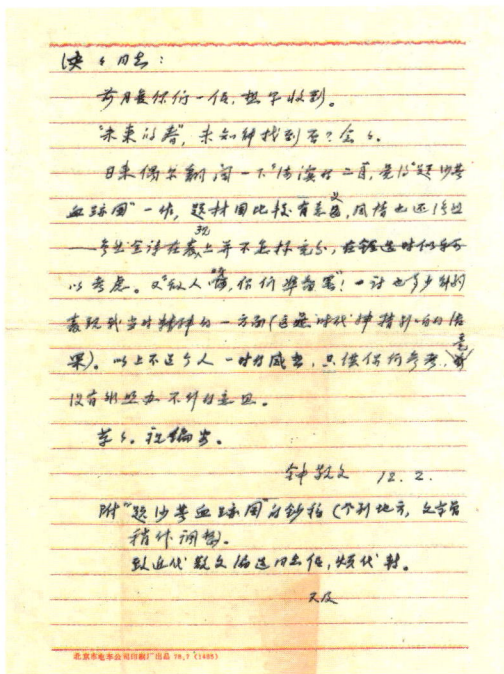

钟敬文致编辑信札（25.5 cm × 17.5 cm）及实寄封

文与两位好友出版了新诗集《三朵花》。后来，受澎湃（1896—1929，农民运动领袖）、聂绀弩（1903—1986，诗人）影响到广州岭南大学国文系工作、学习，结识了冼星海（1905—1945，作曲家）、刘谦初（1897—1931，中共广东省委书记）等进步人士，并整理出版了第一本故事集《民间趣事》。1928 年，钟敬文到杭州高级商校教国文，后到浙江大学任讲师，在继续研究民间文学的同时，创作散文等作品，先后出版了散文集《荔枝小品》《西湖漫拾》、新诗集《滨海的二月》等，与人合创了中国民俗学会，编印了《民间》等刊物。1934 年，钟敬文到日本早稻田大学留学，并继续民间文学研究，在当地《民族学研》等刊物上发表论文。1936 年回国，先后在杭州、桂林、广东任教，抗战期间在广东四战区政治部任视察专员，写了报告文学集《良口之战》，后被中山大学聘为副教授、教授。1941 年后，钟敬文在香港中山大学、达德学院任教授，出版了新诗集《未来的春》，这便是信札中提到的"未来的春，未知能找到否？念念"。可能是年久佚失，钟敬文等都在找寻这本诗集吧。钟敬文常说自己是"诗人"。

新中国成立后，钟敬文任北京师范大学文学系教授、副教育长，中国民间文艺研究会副会长等，出版有《近代民间文学史略》《民间文学概论》《民俗学概论》等，著述等身。他提出了用人类学、民俗学、民族学的观点来研究民族文学的观点，是我国首提民俗学的学者，也是中国文学"三大干流"概念的提出者，是较早地把民俗学现象看成一个由物质文化、社会组织和意识形态组成的整体的学者。

钟敬文（1903—2002），原名钟谭宗，生于广东海丰，曾先后在海丰陆安师范学校学习，后在日本早稻田大学深造，曾在中山大学、浙江文理学院、浙江大学、香港达德学院、北京师范大学任教，是中国第一批博士生导师，中国民间文艺研究会副会长。

吴伯萧
（1906—1982）
散文大家

有人说，说起中国文学史必谈吴伯萧，谈现代散文不能不谈吴伯萧。这是因为吴伯萧的散文醇厚朴素、简洁平淡、真诚感人、蕴藉深沉、境界完美。《记一辆纺车》《菜园小记》等名篇已定格在中国现代散文的画卷上，其自成一家的散文风格，在中国文学史上留下了浓重的一笔。下图是吴伯萧的信札：

杨渡：

　　九月廿九日来信收到了。

　　社会科学院各研究所各专业招考研究生的试题，正在汇印，我预订了几本，出版后一定送你一本。

　　全休，要等健康完全恢复了再上班。除了照心电图，最好作一次全面检查，听医生和父母告诉的注意事项，注意饮食，加强锻炼，过规律生活，趁年轻的时候把身体搞好。

　　八月中旬我因供血不足一度住首都医院九天，经过照心电图、脑电图、脑流图、输液、打针、服药，出院后休息两周，健康已恢复正常了，上班后，每

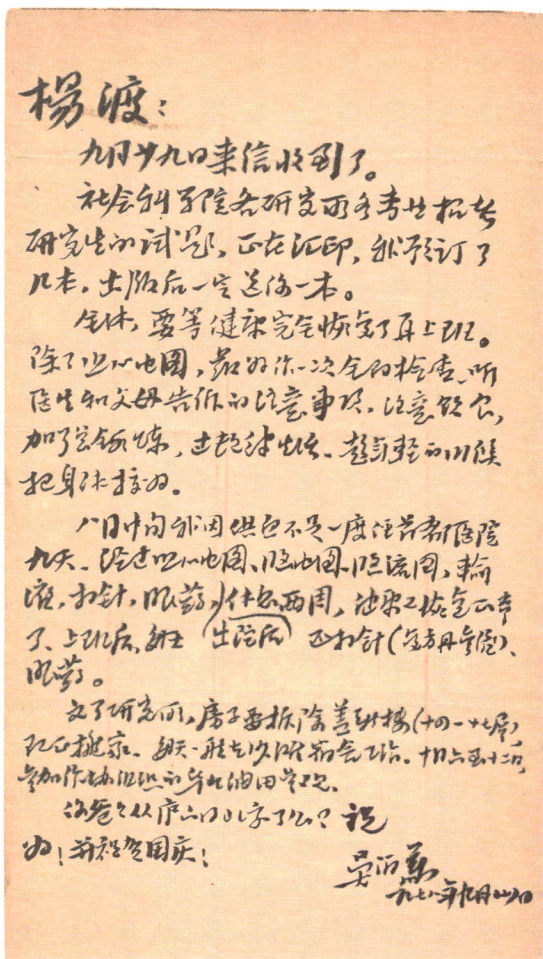

吴伯萧致杨渡信札（25 cm×13.6 cm）

天还打针（复方丹参液）、服药。

　　文学研究所，房子要拆除盖新楼（十四—十七层），现正搬家，每天一般在沙滩宿舍工作，十月六至十二日，参加作协组织的华北油田参观。

　　你爸爸从庐山回北京了么？祝

好！并祝贺国庆！

吴伯萧

一九七八年九月卅日

　　吴伯萧的信札毛笔横书在一页宣纸上，行楷书如行云流水，洒脱自然，语言亲切质朴："全休，要等健康完全恢复了再上班。除了照心电图，最好作一次全面检查，听医生和父母告诉的注意事项，注意饮食，加强锻炼，过规律生活，趁年轻的时候把身体搞好。"叮咛嘱咐，入人心扉，令人倍感温暖。

　　吴伯萧，原名熙成，笔名山屋、山苏，出生在山东莱芜一个半耕半读的富裕家庭。7岁从父读书，14岁考入曲阜师范学校，毕业后到孔府家馆任英文教师，1925年考入北平师范大学，开始接触马克思主义，在京报副刊上发表《白天与黑夜》，并与曹未风、成启宇合办《烟窗》杂志，后杂志社被校方捣毁。毕业后到青岛大学校长办公室任事务员，结识闻一多、老舍、王统照等著名教授，相互交流诗歌散文作品。1935年，吴伯萧到济南乡村师范任教务处主任兼国文教员，后与老舍、王统照、臧克家、王亚平等创办《避暑录话》。1936年，吴伯萧到莱阳乡村师范任校长，积极鼓励学生开展抗日活动。1938年，吴伯萧奔赴革命圣地延安，进入抗大学习，毕业时毛泽东接见了他并为其题词：努力奋斗。而后到晋东南前方工作，写下了《潞安风物》、《冰周行》等作品。1942年参加延安文艺座谈会和整风运动，后任陕甘宁教育厅教育科长、文化协会秘书长、延安大学和北华大学教授，发表了《战斗的丰饶的南泥湾》、《一坛血》等。内战期间，吴伯萧任东北大学社会科学院副院长、东北师范大学副教务长兼文学学院院长。1949年，吴伯萧参加了新中国第一次文代会，被选为理事、秘书长，后任东北教育学院副院长。1954年，调北京任人民出版社副社长兼副总编辑，参与编辑《文学》课本，担任社会科学院文学研究所副所长，负责《文艺学习》、《语文学习》等刊物的编辑工作。1962年，吴伯萧发表了著名散文《记一辆纺车》，以细腻的描写、质朴的语言、深沉的情感向读者呈现了延安时期军民的革命乐观主义精神，该篇连同他的散文《菜园小记》、《早》等被收录到中小学语文教材。他陆续出版的散文集《烟尘集》、《羽书》、《北极星》、《出发集》、《忘年》等有广泛的读者，使他成为我国当代极具影响的散文大家。"文革"中吴伯萧受到冲击，被开除党籍，下放工厂劳动。但他始终按党员的标准要求自己，不能向支部交党费了，他就自制了个红色布袋，每个月按时将党费放到布袋中，直到1976年后他被平反，平反后，担任全国中学语文教学研究会会长、《写作》主编，中国写作研究会会长等。他在北京工作多年，革命资历也较深，但他一直居住在北京胡同一个大杂院里，过着普通人的生活，可他对文学青年的提携和培养却不遗余力。这一点，我们在他写给杨渡的手札中可以体会得到："社会科学院各研究所各专业招考研究生的试题，正在汇印，我预订了几本，出版后一定送你一本。"据此也可以推测，预订的其他几本，吴伯萧也是要送给报考社科院的莘莘学子的，这样的事，今天已十分罕见了。

吴伯萧还是位散文高产作家，人民文学出版社出版有《吴伯萧散文集》，香港文学研究出版社出版有《吴伯萧选集》。

吴伯萧（1906—1982），笔名山屋、山苏，原名熙成，出生于山东莱芜花园村。先后毕业于曲阜师范学院、北京师范大学，曾在孔府家馆、青岛大学、济南乡村师范、莱阳师范学校任教师、校长等。1938年，到延安抗大学习，后任八路军总政治部文艺工作组组长、陕甘宁边区文化学会秘书长、政府教育科长，华北联合大学、东北大学教授，全国第一次文代会秘书长。新中国成立后，任东北教育学院副院长，人民文学出版社副社长兼副总编辑，全国中学语文研究会会长、《写作》主编，全国文联理事等。

包谦六

（1906—2007）

学者　书法家

　　包谦六是上海的著名学者、诗人、书法家，他曾师从晚清状元、中国近代实业家张謇（1853—1926）和中国近代清史学科奠基人之一、《清史讲义》作者孟森（1869—1937，北京大学教授），饱览群书，淡泊名利，与世无争，却与著名银行家周作民（1884—1955，金城银行董事长兼总经理）、施蛰存（1905—2003，华东师范大学教授）、王西野（1914—1997，著名画家）、华罗庚（1910—1985，著名数学家）、陈兼与（1897—1987）、徐润周（1899—1984）等文史名人友善，图1是包谦六写给施蛰存的信札：

蛰老先生：

　　九月九日惠示敬悉。

　　贵恙尚未奏全功，只好耐心，因病得闲亦可喜也。

　　承告南北二方文星凋谢，情况可叹，沈从文先生之湘西散记确是杰作，富于乡土气，读之使人如到其境，如接对其中人物，船夫、土倡无不质朴可爱，后来作品似不远矣。

　　询及贱况，至感。弟一夏为酷热所困甚矣，甘愿深居简出，以防头昏跌倒，每日作字如恒，书籍惟择大字本阅之，日仅一二十张，遮眼送日，主观上亦不求上进矣。

　　兼老精神尚好，已两周未奉教；润老心脏并足肿，惮于外出，从其外表视之似无泛象，究竟老矣，如遇见当转达尊意，退密似老运欠佳。

　　弟拟数日后走访一谈，闻黄一峰君在华东四楼，童时同学不相见者已五十年，恐相见亦不相识矣。匆复，敬请

痊安

弟　包谦六　上

九月十三日

君藩先生夏秋之间精神较好亦是难得之事

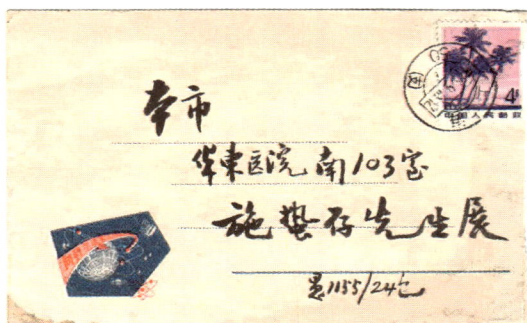

图 1　包谦六致施蛰存信札（26.7 cm×20.8 cm）
及实寄封

　　包谦六的信札毛笔写在一张白纸上，行楷及行草字体相兼，沉着内敛、方正流畅、遒劲清婉，存风骨于肥厚之中，晋唐之风显著，其师张謇书法意蕴深刻，是典型的文人字。据传包谦六早年曾为张謇代笔，其字与张謇的字难分真伪，可见，包谦六的书法受老师的影响极其深远。信札中提到著名作家沈从文及其名著《湘西散记》中的人物特点；谈到了陈兼与、徐润周等好友的近况，人近暮年，身体欠佳、精神不爽，感慨颇深。从信札的落款九月十三日和实寄封邮戳"1984.9.13"推断，该信札写于 1984 年，距今已有 30 多年。

　　包谦六，原名允吉，字吉庵，生于南通，与张謇同乡，早年毕业于北京大学，后到上海进入周作民开办的金城银行工作，兼工书法，篆隶楷行无不如意。图 2 是包谦六的篆书横幅：

图 2　包谦六篆书横幅（65 cm×33 cm）

明　月　前　身

落款：包谦六　钤白文：包允吉印，引首钤朱文：吉庵七十作

　　包谦六的篆书华美流丽，端庄典雅，笔致遒劲，功力深厚，尤其是篆书的内容"明月前身"取自《二十四诗品》中"流水今日，明月前身"一句，意思是，今日如流水般洁净，皆因纯净皎洁的明月是吾前身也。此乃道家境界，是返璞归真的纯净本色追求，高雅的篆书与深邃的文字含义完美结合，使这幅书法横幅高意不凡。

　　包谦六的书法不媚俗，气息古雅，深为学人喜爱，当年著名数学家华罗庚去美国普林斯顿大学讲学，带给美方的礼品就是包谦六的书法；苏步青教授八十大寿庆典寿堂正中挂的也是包谦六的书法寿轴。包谦六的书作还为日本学者喜爱；江南园林多处有包谦六的墨迹。

　　包谦六还精通诗词，著有《吉庵词话》、《包吉庵诗词》等，常与沪上诗人陈兼与、周退密等唱赋。

　　　　包谦六（1906—2007），原名允吉，字吉庵，南通人，北京大学毕业后进入金城银行工作。上海市文史馆馆员。

陈白尘
（1908—1994）
戏剧家　教授

　　1984 年，由南京大学中文系主任陈白尘教授等创建的南京大学戏剧影视研究所被批准为博士点，这是我国国内第一个戏剧专业博士点。首个戏剧博士点没设在戏剧重镇京沪的名校，而设在南大，这与著名戏剧家陈白尘在此主持教学工作不无关系，因为 20 世纪 30—80 年代，陈白尘创作了 50 多部话剧及电影剧本，闻名遐迩。图 1 是陈白尘致寒风的信札：

　　寒风同志，这篇修改过的小说《东方前哨》，基本上可以肯定。它对人物的刻划不深，但环境、气氛，特别是志愿军的英雄气概是烘托出来了。这就有一定的教育意义，可以在九月号发表。

　　立刻付排，多打几份样子，请作者自己再看看，能不能再在一些具体细节上加加工。同时送党组白羽同志审阅。再，编辑部同志再多几个人看看。

　　我个人意见：1. 开头四句诗，是否还可保留？ 2. 22 页辛文力回来见连长那段，说"连长已经知道一班的情形"是辛文力报告的？还是先已知道？不清楚。因此第四行与第十行先后觉（得）有矛盾。3. 申述同志意见中我画了～～～～的地方，作者如能添补一二句也好。4. 崔道怡修改的最后一段是好的，但也要征求作者意见。5. 其余的意见很好，但不必提给作者了，我不主张再大改了。6. 还有一点，一班阵地上，通过辛文力，我们已经知道没有一个人了，他摔了一个爆炸筒以后，敌人如何占领的，也望点清楚点。

　　　　　　　　　　　　　　　　　　　　　　　　　　　　　　　白尘 18/8

　　陈白尘的信札圆珠笔横书在 2 页"人民文学社"的便笺上，字很小，但很清晰，是关于小说《东方前哨》的评价、发排和修改意见而写给《人民文学》编辑部的。信中对《解放军文艺》社编辑、著名作家寒风（1918—2003）的小说《东方前哨》予以了肯定，并明确"可

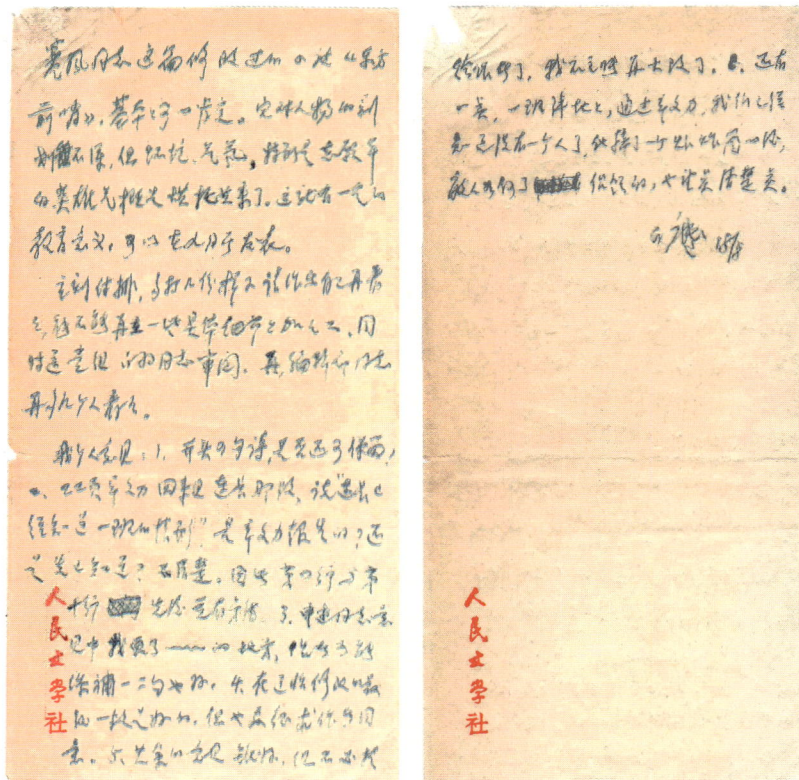

图 1　陈白尘致寒风信札（21.5 cm×10.5 cm×2）

以在九月号上发表"，意见鲜明，决策果断。同时，对小说提出了 6 条修改意见，十分专业、十分细致，非常具体又谦虚谨慎，令人折服。一读便知，陈白尘是专业作家出身的精通编辑业务的行家里手。满族作家寒风曾于 1952 年赴朝鲜前线采访，于 1955 年发表了长篇小说《东线》。陈白尘于 1953 年后任《人民文学》副主编，因此可推断，陈白尘的这通信札写于 20 世纪 50 年代，距今已有 60 多年。

陈白尘原名陈征鸿、陈增鸿，又名陈斐，曾用笔名墨沙、江浩等。1908 年出生在江苏省清河县（今淮安市）一个商人家庭，中学时受"五四"新文化运动影响，开始写新诗和白话小说。青年时代到上海求学，1930 年参加左翼戏剧家联盟，从事戏剧活动，曾参加南国、摩登等剧社。后回家乡从事革命活动，1932 年任共青团淮盐特委秘书，后因叛徒出卖被捕，出狱后在上海做"亭子间作家"（指寄居在上海简陋、阴暗的居住空间里，生活窘困并处于文学边缘的流亡青年作家）。抗战爆发后，转到重庆、成都从事抗战戏剧和革命文化工作，曾参加上海影人剧团、中华剧社等组织的领导工作，创作了剧本《乱世男女》《结婚进行曲》《岁寒图》等。抗战胜利后，陈白尘回到上海参加上海戏剧电影工作者协会，创作了剧本《升官图》《悬崖之恋》及电影剧本《乌鸦与麻雀》（与沈浮、赵丹等合作）。中国成立初期，陈白尘任上海市军管会文艺处处长，图 2 就是他在军管会文艺处音乐室主任罗浪（1920—2015）起草的关于歌咏竞赛的《报告》上的签批件，陈白尘在"处长　陈　柯转呈"下钢笔直书：

拟同意。

白尘　23/Ⅲ

罗浪是著名指挥家，1949 年 10 月 1 日，中华人民共和国开国大典上，罗浪是军乐队总领队、总指挥，是《国歌》演奏的首位指挥者。可以推断，这份签批文件距今已有 60 多年。

陈白尘先后任上海戏剧电影工作者协会主席、上海市文联秘书长、上海电影制片厂艺术委员会主任。1952 年调任文化部剧本创作室主任，后任中国作家协会理事、秘书长，作协书记处书记、《人民文学》副主编等，"文革"中受到冲击，回江苏文联工作，下放劳动。平反后，于

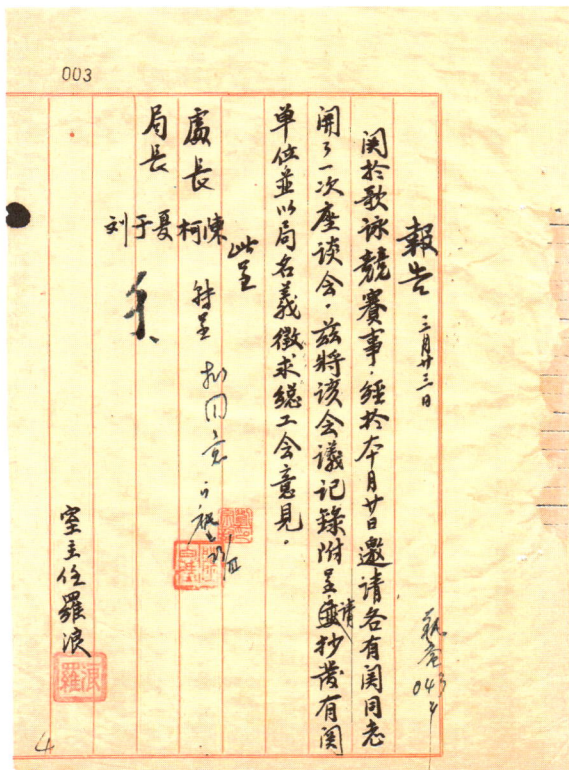

图 2　陈白尘签批件（26 cm×19 cm）

1977 年创作了历史剧《大风歌》，1978 年受聘南京大学中文系教授，并将鲁迅小说《阿 Q 正传》改编成话剧、电影剧本。

1982 年，陈白尘应美籍华人女作家聂华苓夫妇之约，赴美国艾奥瓦大学从事"国际写作计划"，在那里写出了回忆录《云梦断忆》。

陈白尘（1908—1994）原名陈征鸿等，又名陈斐，笔名墨沙等。出生在江苏省清河县（今淮安市），1930 年参加左翼戏剧家联盟，1932 年任共青团淮盐特委秘书，曾参加上海业余剧人协会等组织的领导工作，在国立戏剧专科学校等任教，担任过《华西日报》等报副刊主编。新中国成立后，任上海戏剧协会主席、上海市文联秘书长，文化部剧本创作室主任，中国作家协会书记处书记，《人民文学》副主编，南京大学中文系教授，中国戏剧家协会副主席等。

魏传统

（1908—1996）

巴山儒将　书法家

魏传统是四川大巴山区达州人，1926年参加革命，1933年参加工农红军，亲历过长征，1955年被授予少将军衔，1960任解放军艺术学院的首任副院长兼政委，后任院长，他还是书法家和诗人，因而被称为"巴山儒将"。图1是魏传统的信札：

亦吾老并

唐国江同志：

　　请转告本届社会（员）大会，我因故无法前往，特派魏芸代表我向大会表示祝贺这次大会取得圆满成功，获得预期的效果。

　　专此致以

敬礼！

魏传统

一九九四年二月廿七日

魏传统的信札是写给著名书法家、北京卿云诗书画联谊会会长冯亦吾和副会长唐棣的夫人唐国江的，毛笔直书在一页白纸上，魏碑字体，不圆不滑、方正凝重、奇崛刚劲。从落款："一九九四年二月廿七日"推算，魏传统写此信札时已86岁，可谓人书俱老。

魏传统出生在达州乡村的一个富庶家庭，从小受的是私塾教育，六七岁时就显露出对书法的浓厚兴趣和天分。后进入达县第五高小读书，受到了革命的启蒙教育，这时，他只有十三岁。到十五六岁时，魏传统的书法已在周边村镇小有名气，过春节时，周围的人家都来找他写对联。十七岁时，魏传统考上了达县中学，在那里他遇见了远房亲戚，后来成为共和国开国上将、国防部长的张爱萍。1926年，魏传统与张爱萍一起加入了中国共产主义青年团，一起参加青年读书会，一起参加文学团体"烂漫社"的社会活动，编印会刊

《烂漫旬刊》。大革命失败后，魏传统离开书斋，到农村秘密组织农会，发动觉悟青年、组织游击队。1928年，魏传统加入中国共产党，党组织派他到一所小学以当教师做掩护，负责选拔培养训练青年，向红军游击队输送革命力量。1933年，魏传统随川东游击军转入川陕地区的红四方面军的第三十三军，任军政治部秘书长。他的书画才能在红军队伍中得到了充分发挥，在北上长征途中，魏传统任先遣工作团秘书长，他自办《红军报》，对宣传红军，巩固红色政权起到了重要作用。

1937年西路军兵败祁连山，魏传统临危受命担任由打散的小股部队组成的骑兵大队政委，骑兵大队几次被马步芳部队冲散，终寡不敌众，魏传统等被俘关入马家军兰州监狱。在狱中，魏传统和其他被俘的红军干部一起组建了党支部，任副书记，和敌人进行了不屈的斗争，后经党组织营救，魏传统等回到八路军兰州办事处，又由谢觉哉送他回到延安。这是魏传统革命生涯中八次遇险且濒临死亡边缘的一次，他晚年曾写诗自称"八次过关未断头"。

魏传统到达延安后先入中央党校学习，后任八路军政治部宣传科长，三八五旅秘书长，1946年被派往重庆八路军办事处任中共四川省委秘书长、总政治部秘书长等职。新中国成立后，魏传统任中国人民解放军总政治部秘书长兼宣传部副部长，主管文化工作，1955年被授予少将军衔。

1960年代初，总政治部开始筹建解放军艺术学院，并于1964年正式挂牌，由总政治部副主任刘志坚中将任首任院长，魏传统任首任政委兼副院长，不久担任解放军艺术学院院长兼政委。他请来知名作家、艺术家丁玲、魏巍、刘白羽、王朝闻、戴爱莲、侯宝林、谢添、董希文、王洛宾等到军艺讲学，军艺逐步发展成有7个系、17个专业的重要艺术院校。"文革"中解放军艺术学院被停办，魏传统被隔离审查，在叶剑英元帅和总政治部主任李德生的过问下才被解除软禁，下放山西湘汾果园农场劳动，1971年回到北京恢复工作，担任总政宣传部顾问。1979年解放军艺术学院恢复办学，71岁高龄的魏传统被重新任命为院长兼政委，军艺先后培养出了李存葆、莫言、彭丽媛等一大批文学家、艺术家。

魏传统晚年，诗书艺术炉火纯青，尤其书法被称为"魏体书法"，慕名求书者络绎不绝。对求书者，魏传统不仅分文不取，还每月拿出一半工资购买纸墨，每天三四点起床泼墨，以满足求书者。图2是魏传统为《包装科技特辑》的题诗：

包装科技求创新，
固步自封艺难精。
英勇开拓向世界，
服务四化须搏拼。
包装科技特辑
一九八四年四月　魏传统
钤朱文印章："传统书"。

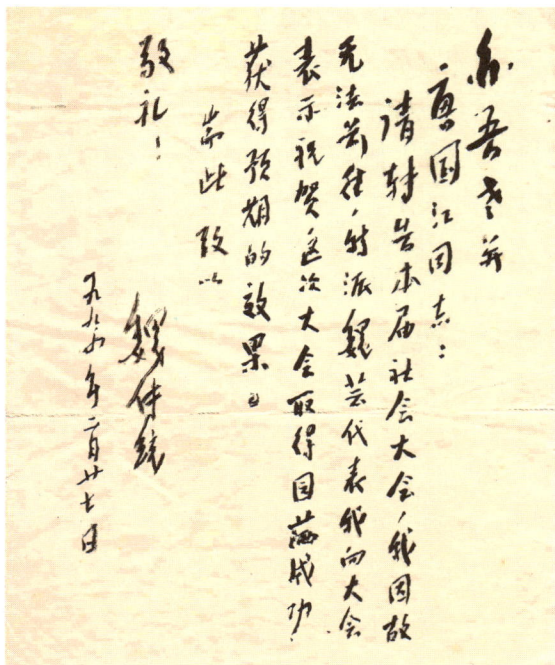

图 1　魏传统致冯亦吾、唐国江信札
　　　　（27.5 cm×19.5 cm）

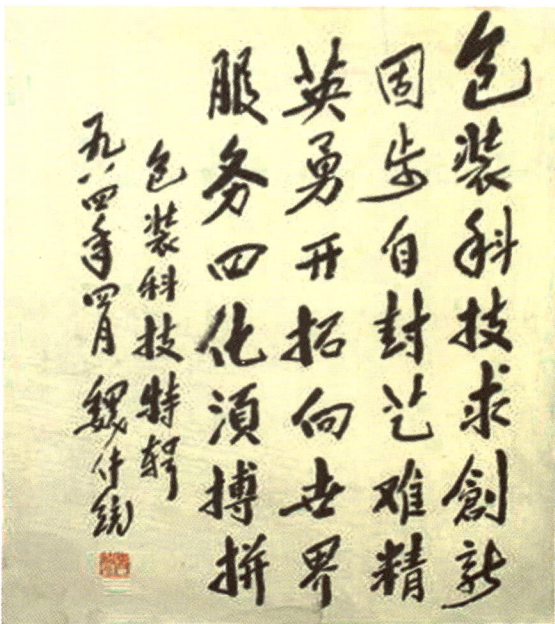

图 2　魏传统为《包装科技特辑》题诗
　　　　（40 cm×30 cm）

魏传统的这幅"魏体书法"写于 1984 年，时年 76 岁，透着书卷气，拙朴干净，没有涩笔，却有涩味，是坎坷人生的积淀，又是为人赤子之心的表白。正如诗人自言：英勇开拓向世界，服务四化须搏拼。魏传统戎马倥偬一生，育人无数，却严于律己，前面信札中提到的"特派魏芸代表我向大会表示祝贺……"魏芸是魏传统的小女儿，北京航空学院毕业后到北京一家电子器材厂当工程师，严格的家教，使她对父辈的历史充满了强烈的责任感，她经常参加社会活动，默默地为社会奉献。

魏传统晚年与宋庆龄、沈雁冰、习仲勋、张爱萍、荣毅仁等联名发起了修复圆明园的倡议，并亲自带领军艺师生投身其中，使这座承载着中华民族屈辱历史的"万园之园"得以重生，成为警示后人的基地。后来，中国圆明园学会成立，魏传统任首任会长。

1984 年，中国楹联学会成立，德高望重的魏传统被选为首任会长。

魏传统（1908—1996），四川达州人，1926 年加入中国共产主义青年团，1928 年转为中国共产党，1933 年参加工农红军，1955 年被授予少将军衔，曾任解放军总政治部秘书长兼宣传部副部长，解放军艺术学院政委兼副院长、院长，中国书法家协会理事，出版有诗集《追思集》《江淮敌后烽火》《魏传统书法作品选集》等。

李味青

（1909—1997）

曾与齐白石齐名的画家

　　1958 年，人民美术出版社同时出版了《齐白石花卉册页》和《李味青花卉册页》，并由国际书局向海内外发行，大受欢迎，连续七次再版，时称"北齐南李"，这一年，齐白石以 93 岁高龄刚刚离世一年，而李味青只有 49 岁，正值艺术巅峰。然而，彼时李味青正背负着

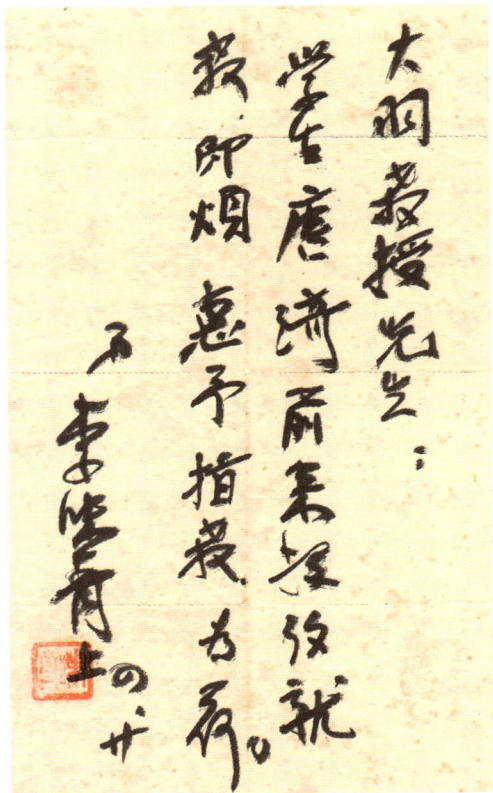

图 1　李味青致陈大羽信札（34.2 cm×17 cm）

图 2　李味青写意荷花（67 cm×33 cm）

"特嫌"的冤屈，过着穷困潦倒、无依无靠的生活，仅靠每幅画收 2 元钱的润笔费艰难度日，直到 1980 年才得以平反昭雪。图 1 是李味青的信札：

　　大羽教授先生：
　　　　学生唐绮前来报考就教，即烦惠予指教为荷。

　　　　　　　　　　　　　　　　　　　　　　　弟李味青上
　　　　　　　　　　　　　　　　　　　　　　　　四、廿
　　钤朱文印章："味青"。

　　李味青的信札是写给南京艺术学院美术系主任陈大羽教授的，毛笔直书在一页宣纸上，行草字体，自然流畅又苍劲有力，足见其书法功底；言辞谦卑又诚恳有加，可见对陈大羽教授的尊重。其实两人师出同门，著名画家谢公展是他们的老师，两人都受益于谢先生，其画风又都深受谢先生的影响。

　　李味青，原名李树滋，字味青，曾署竹竿里人，晚号葆真老人，出身于南京一个书香之家，五岁习字，九岁在严父的要求下拜南京书画名家石炽君、黄学明为师学画。16 岁时考入江苏第四师范艺术专修班，这是一所汇聚了王东培、谢公展、马万里、肖俊贤等艺术名家的学校，培养出了著名词学家唐圭璋（1901—1990）、著名女书法家萧娴（1902—1997）等。李味青毕业后被分配到刚刚被定为民国首都的南京市政府任统计员。为迎接孙中山灵柩奉安中山陵，南京市政府准备修建一条迎榇大道，有一定美术功底的李味青被选为这条大道绿化带工程的设计人员。李味青拿出的中西结合的设计方案，得到了首都建设委员会秘书长洪兰友（1900—1958）的表扬，南京市长刘纪文（1890—1957）爱其才华，任命李味青为市政府建设委员会秘书。后来，李味青考入国民政府交通部任会计，并主笔起草了中国首个《邮政会计大纲》、《邮政审计大纲》和首部《邮政法》中的邮政通信费用结算部分，其后不久被任命为全国电信会计总监。工作之余，李味青广交朋友、遍访名家，没有放弃对艺术的追求。1944年，李味青与著名山水画家黄君璧在重庆美术馆联袂举办画展，赢得于右任、郭沫若等大家的好评，轰动画坛，他还出版了论著《中国画画法》，发表《论国画之墨法》、《说国画》等文论，确立了在画坛的中坚地位。李味青还积极参与抗日书画义卖，支持抗战、救济灾民。1948 年，李味青个人画展在南京举行，好评如潮，其名家地位被艺术界公认。

　　1949 年，李味青拒绝随国民党政府去台湾，留在江苏省邮电管理局工作，后调到华东邮电学校任教员。然而，1954 年，李味青被莫名开除，只好靠为印刷厂、搪瓷厂设计一些工艺图案为生。1956 年，李味青的作品被选入"第二届全国国画展览"。1958 年，时任文化部副部长郑振铎在南京看了江苏省绘画艺术展上展出的李味青的菊花图、写意枇杷等作品后，决定要带李味青的作品回北京。李味青精心挑选了十幅作品，并题名为《李味青花卉册页》。不久，《李味青花卉册页》由人民美术出版社出版发行，并在海内外畅销。1972

年，李味青和学生绘制的 120 本册页受到了"广交会"组委会的奖励。1980 年，李味青获得平反。1982 年，李味青画展在清凉山崇正书院举行，著名画家刘海粟三次到场观看，赞赏有加，其画名再著。图 2 是李味青 1985 年创作的写意荷花，鱼儿在水中欢快地游动，荷花婀娜地盛开，荷叶舒展多姿，其构图空灵悠远，情真境远，大美无华，画家重获新生的愉悦心情跃然纸上，是一幅快意十分的佳作。著名书法家林散之曾赋诗盛赞李味青的写意荷花："我爱李君名大震，独擎椽笔画荷花。看他雨骤风驰处，写出人间第一家"。

李味青（1909—1997），原名李树滋，字味青；曾署竹竿里人，晚号葆真老人。江苏南京人，毕业于江苏第四师范，曾任民国南京市政府统计员、建设委员会秘书、交通部会计。新中国成立后，曾在江苏省邮电局任职、在华北邮电学校任教，1954 年被开除公职后，以画画为生。

胡铁生

（1911—1997）

独创"胡体字"的书法家

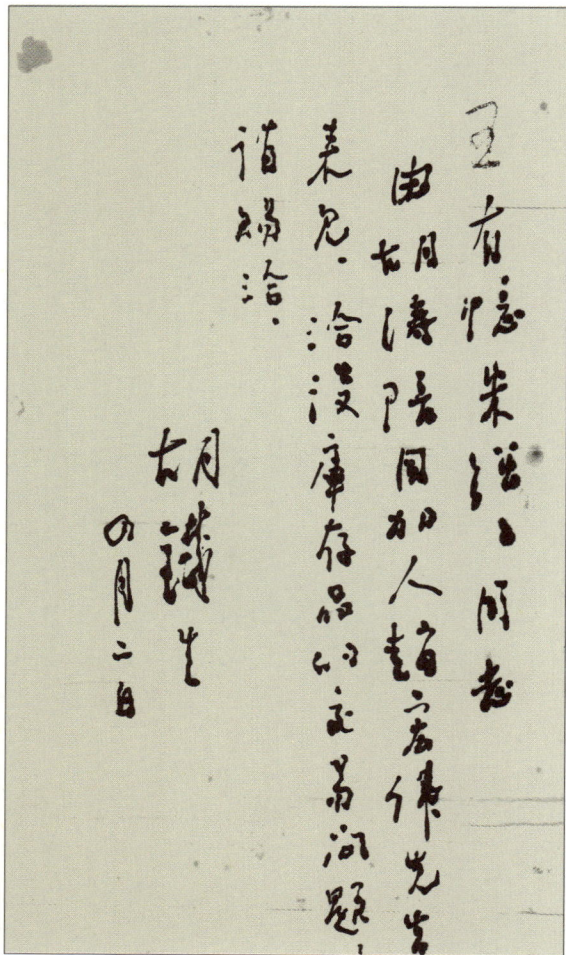

图 1　胡铁生致王有忆、朱强强信札（34 cm×17.5 cm）

　　胡铁生本是一介书生，出身书香世家，师范毕业后，从事教育。"七七事变"爆发后，他弃笔从戎，参加了八路军。当过侦察兵、参谋、军区后勤部长、参谋长、胶东海防处长。新中国成立后从事城市经济工作，任上海市商业局局长、手工业管理局局长。胡铁生自幼受家学的熏陶，加之博览群书的积淀，对金石书画的酷爱，使他在从政的同时，也没有放弃对书法的研习，即使是写给同事的便条也以毛笔书之（图1）：

王有忆、朱强强同志：

　　由胡涛陪同加人赵宏伟先生来见，洽谈库存品的交易问题，请赐洽。

胡铁生

四月二日

　　胡铁生的信札写在一张宣纸上，随意、亲切、自然，也许这正是多年书法艺术的修养使然。胡铁生的书法以习颜真卿画赞碑、勤礼碑入手，又临秦汉六朝古碑，尤喜写魏碑，但他深知："学一家书不过为人做奴婢"，于是，独创胡体魏书，如图2：

怒发冲冠，
凭栏处潇潇雨歇，
抬望眼，
仰天长啸，
壮怀激烈。
三十功名尘与土，
八千里路云和月。
莫等闲，
白了少年头，
空悲切。
靖康耻，
犹未雪；
臣子恨，
何时灭。
驾长车，
踏破贺兰山缺。
壮志饥餐胡虏肉，
笑谈渴饮匈奴血。
待从头，

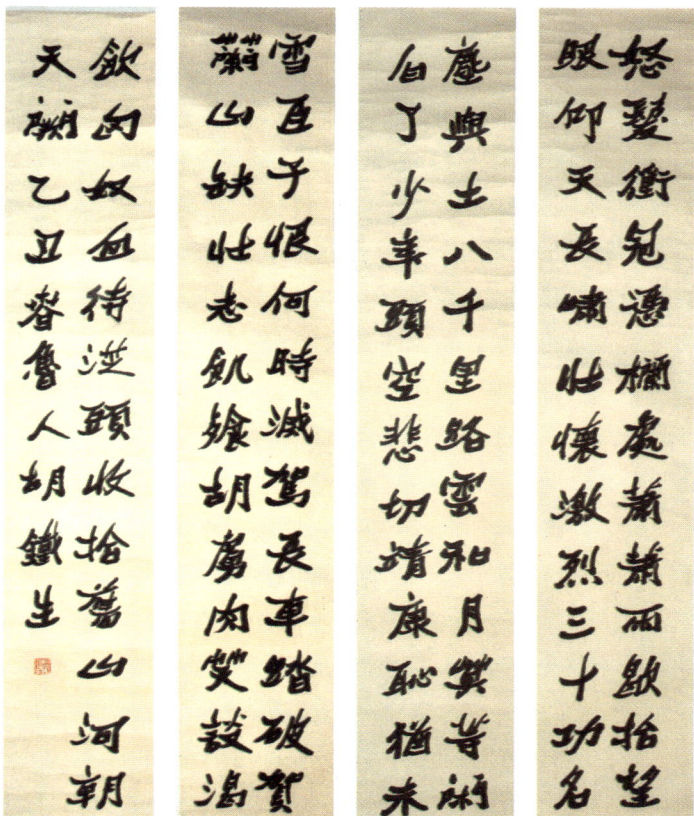

图2　胡铁生书《满江红》四条屏（122.5 cm×23.5 cm×4）

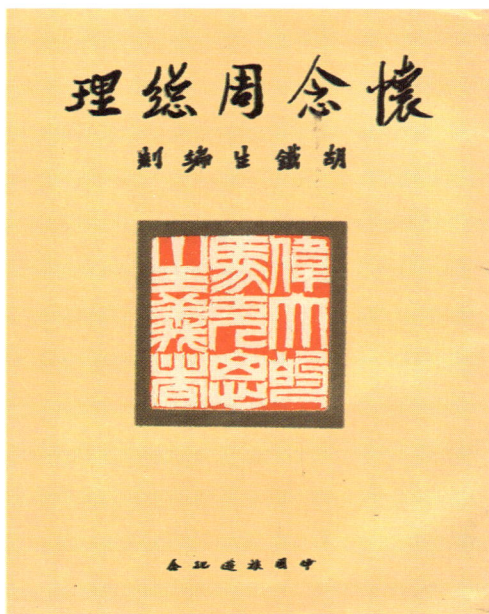

图3　胡铁生篆刻集《怀念周总理》签名钤印本封面及扉页

收拾旧山河，

朝天阙。

落款：乙丑春　鲁人胡铁生

钤白文印章："胡铁生"。

胡铁生的"魏体书法"去除了魏碑的撇、捺收笔前有抬锋和粗顿的传统，使撇无抬锋、捺无粗顿，显现出笔墨酣畅、浑朴秀劲的风貌。著名书画家程十发说，胡老独创的胡体字既赢得了公众的认可，行家的激赏，又作为一个流派在中国书法史上留下了光辉的一页。

不仅书法，胡铁生在篆刻方面也很有建树，图3是胡铁生的篆刻集《怀念周总理》，该印集汇集了胡铁生怀念周恩来总理的印存78件，胡铁生在印集的扉页上毛笔直书：

欣然同志留念

胡铁生

一九八五、一、四

钤朱文印章："铁生之玺"。

郭沫若曾为胡铁生的《工业学大庆》印集题词："铁画银钩、古为今用"；著名画家王个簃则以"笔力高深、气势纵横、腾蛟起凤、将军之也"肯定胡铁生的艺术成就。胡铁生先后任中国工艺美术学会副理事长、上海工艺美术协会理事长、西泠印社顾问。难能可贵的是，胡铁生担任这些职务绝不是徒有虚名，而是实实在在地履行职责、尽社会义务，与艺术家交朋友，还为艺术家仗义执言。他曾为身处逆境中的著名画家刘海粟、林风眠等鸣不平，被他们视为"真正的朋友"。

"文革"中胡铁生受到批判，然而，胡铁生乐观豁达，利用难得的宝贵时间苦中作乐，书法、篆刻笔耕刀耘，十年下来创作书法千幅、印章数百枚，收获颇丰。平反昭雪后，其书法篆刻展多次在国内外展出，广受好评。

　　胡铁生（1911—1997），原名克熙，自号攀熊，笔名友石、关聋、石道人、石庐主人、鲁人、老铁。山东烟台人，曾任八路军侦察兵、参谋、军区后勤部长、参谋长、胶东海防处长，新中国成立后任上海市商业局长、手工业局局长，市政协常委；中国工艺美术学会副理事长、西泠印社顾问、中国书协会员、上海书协顾问、上海工艺美术协会理事长、上海美术大学兼职教授等。

王辛笛

（1912—2004）

"九叶派"诗人

1979 年，江苏出版社拟出版王辛笛、陈敬容、曹辛之（杭约赫）、郑敏、唐祈、唐湜、杜运燮、穆旦（查良铮）和袁可嘉九位诗人在 20 世纪 40 年代的作品，王辛笛提议，我们九个人就叫"九叶"吧。1981 年《九叶集》出版，"九叶"诗派也因此而得名。图 1 是"九叶派"诗人的代表性人物王辛笛的信札：

老韩同志：

　　久未晤面，尊况开刀后如何？常在念中。日前曾去北京西路府上拜访，始知早已乔迁新居。不知近日仍有时去书店上班否？我因患前列腺肥大症，去年秋在中山医院做了膀胱造瘘，至今病情平稳，惟因随时都要带上导尿管袋，出门行动殊不方便，不知真的正式开刀后是否一劳永逸？为此颇思照样一试。但不知开刀前后经过情况如何？如能和兄约有便一谈，至少得到启发不少？会间电话为 538807，请先赐一电话，以便约晤如何？

　　问

安好！

王辛笛

　　王辛笛的信札是写给沪上著名古书商韩世保的，钢笔写在 2 页"中国作家协会上海分会"的便笺上，主要是想见韩世保一面，了解一下开刀（手术）的情况。从首页"89.10.24"和实寄封邮戳推断，该信札写于 1989 年 10 月，距今已有 28 年，彼时王辛笛 77 岁，其字体平和、苍劲、稳健，真看不出是一位身体有恙的老者的手迹，诗人乐观、豁达、向上的气质跃然纸上。

　　王辛笛原名王馨迪，出身于天津马家口一个书香之家，在开滦煤矿当秘书的父亲是清末举人。王辛笛四岁识字、五岁上私塾，唐诗是他的最爱，十岁时，王辛笛的父亲又给他请

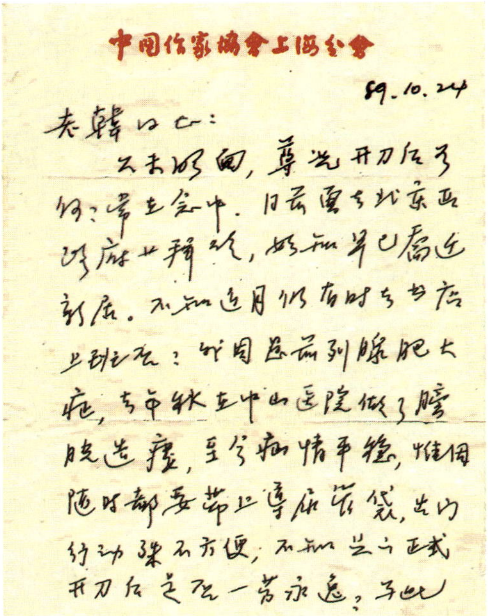

图 1　王辛笛致韩世保信札（19 cm×13 cm×2）
及实寄封

了位英文家庭教师，学习英文。王辛笛十五岁时到南开中学插班读初三，开始接触白话文和鲁迅、郭沫若、徐志摩的作品，十六岁时第一次在《大公报》副刊上发表自己的诗《蛙声》。1931 年，王辛笛考入清华大学外文系，曾聆听叶公超、郑振铎、俞平伯等著名学者的课程，并有机会与靳以、巴金、卞之琳等作家和诗人接触，还曾在寝室掩护过后来成为共和国教育部长的蒋南翔等革命家。清华大学毕业后，王辛笛到北京著名的贝满中学和艺文中学教英文和中文。1936 年，王辛笛在北京大学美学教授朱光潜的推荐下赴英国爱丁堡大学留学，在那里见到了他仰慕已久的现代派诗人艾略特，也结识了一些英国诗人，这期间他把诗作寄回国内发表在《大公报·文艺》副刊和诗人戴望舒主编的《新诗》月刊上。第二次世界大战爆发前夕，王辛笛归国，途经新加坡时拜访了诗人、《星岛日报》主编郁达夫。回国后，王辛笛到上海光华大学、暨南大学任教，后进入金城银行任信托部主任。抗战期间，王辛笛冒着生命危险保护了一批由郑振铎和王辛笛岳父、上海博物馆馆长徐森玉等抢救下的一批国宝，并在抗战胜利后交还北平图书馆。抗战胜利后王辛笛出版了诗集《手掌集》，还与唐湜、曹辛之等人创办了《中国新诗》杂志，刊登后来成为"九叶派"诗人的作品。那一时期，九位诗人并未

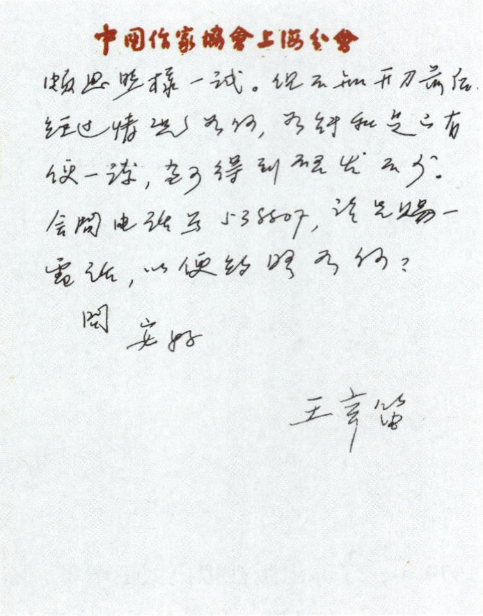

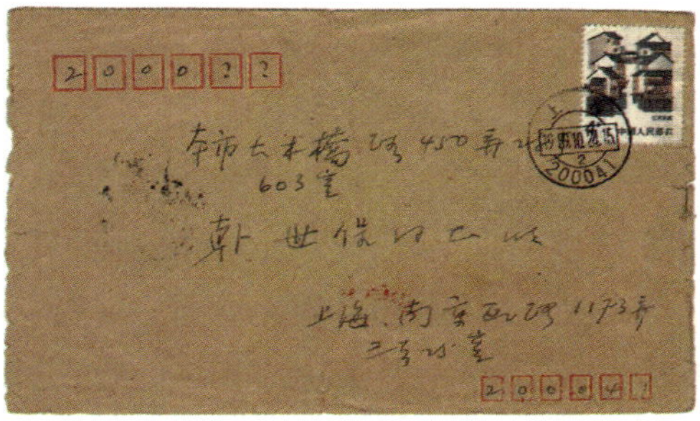

打出结社的旗帜，艺术风格也各有千秋，但他们将中国古典诗歌的艺术手法，转化成蕴藉含蓄、清新隽永的现代诗风，其诗作所表现出来的美学风格，形成了一个颇具特色的诗歌流派，成为中国新诗中最为优美的一支。

新中国成立后，王辛笛从银行业转到了工业系统，先后在上海烟草公司、食品工业公司等单位担任副总经理。"文革"中他受到冲击，到干校劳动，后被下放到工厂图书馆当管理员，直到 1978 年平反，到食品工业公司任顾问，并恢复诗歌创作，1983 年出版了《辛笛诗稿》。图 2 就是这部诗稿的签名钤印本，王辛笛在书名页上钢笔直书：

严仲麟同志惠存
辛笛
一九八五年

钤朱文印章："辛笛"。

王辛笛的这部诗稿是签赠给有"远东第一书店"美誉的上海南京东路新华书店的"店中店"——学术书苑负责人严仲麟的，当年的"学术书苑"是上海学人找书、读书、买书、卖书的地方，时任上海市市长汪道涵、古文献学家胡道静、华东师大教授陈子善等都是那里的常客。

王辛笛还被聘为上海大学文学院兼职教授，华东师大、复旦大学和上海师大学生诗社的顾问，并于 1984 年担任上海作家协会副主席。

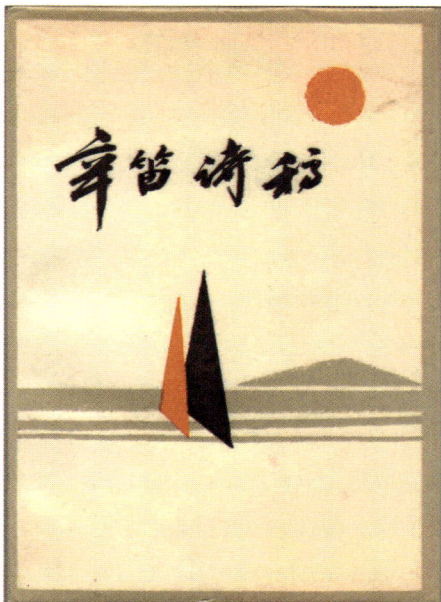

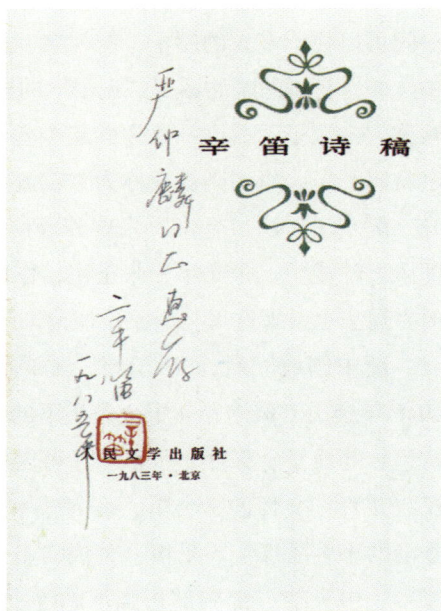

图 2 《辛笛诗稿》签名钤印本

王辛笛（1912—2004），原名馨迪，笔名辛笛、心笛。江苏淮安人，生于天津，毕业于清华大学，留学英国爱丁堡大学，曾任光华大学、暨南大学教授，中华全国文艺协会上海分会秘书，金城银行信托部主任，上海烟草公司、上海食品工业公司副总经理，中国作协第四届理事、上海分会副主席等。

唐瑜

（1912—2010）

"二流堂"主

抗日战争时期的陪都重庆，许多从香港、桂林流亡到渝的文人穷困潦倒，衣食住行没有着落，逃婚出来的缅甸华侨唐瑜卖掉了在昆明的一家电影院的股份，自己设计、监工建造了一间可以住十多人的屋子，起初名"碧庐"，后来居住在这里的人受延安秧歌剧《兄妹开荒》中妹妹骂哥哥的陕北话"二流子"的影响，互称"二流子"。有一天郭沫若到"碧庐"听大家互称"二流子"后说：给你们起个堂名吧，就叫"二流堂"好不好？从此"二流堂"这个名字就叫开了，唐瑜则被戏称为"二流堂"主。先后在重庆"二流堂"住过的有著名作家吴祖光、萨空了，演员金山、张瑞芳等，经常到"二流堂"相聚的还有著名画家丁聪、黄苗子、郁风、叶浅予、张光宇、张正宇，作家冯亦代、夏衍等，在重庆主持《新华日报》国际专栏的乔冠华也常来这里与盛家伦谈论国际形势。

新中国成立后，"二流堂"中的一些人到北京工作，沿袭往日习惯，他们又一起住在1946年金山、戴浩花4根金条买下的东单栖凤楼胡同的一个院落里，著名书画家齐白石、叶恭绰、叶浅予、张仃、张正宇，著名作家老舍、胡风、欧阳予倩、洪深、阿英、阳翰生、田汉、艾青、文怀沙、吴雪，著名艺术家梅兰芳、程砚秋、金山、王人美，以及上海、广州、香港的来客潘汉年、夏衍、黄佐临、张骏祥、柯灵、于伶等也常来此一聚，毛泽东的秘书田家英、中央统战部副部长廖承志等也常来这里做客。1955年，上海市副市长潘汉年蒙冤被捕，1957年，胡风、吴祖光、丁聪、黄苗子、冯亦代等被打成右派，"二流堂"随后不复存在。而1967年"文革"中《人民日报》刊发的《粉碎中国的裴多菲俱乐部"二流堂"》一文，则将"二流堂"打入冷宫。"二流堂"被定性为：文艺界40年代初在重庆的一些自称"社会二流子"的败类组成的大"沙龙"。堂长是臭名昭著的旧文化部副部长夏衍，堂主唐瑜被专案组审查。直到1970年，周恩来总理在谈话中明确指出："'二流堂'不是一个组织，它没有正式手续，不像'哥老会'、'青红帮'有个手续，就是一些知识分子吃吃喝喝……不是凡是和'二流堂'沾一点边的人就是坏人啰。"周总理还严正指出："这次文化大革命中有人利用所谓

'二流堂'整无产阶级司令部的所谓黑材料，那不行！"然而，彻底为"二流堂"冤案平反是在 1979 年以后，彼时，唐瑜已 67 岁。图 1 是唐瑜的信札：

范用、胡靖同志：

　　"香如故"送书单我记得曾交我儿子寄给胡靖同志，如没有，可照这一张如何？

　　近日天冷，我又喘了，你的喘痊愈否？

　　1962 年十月，中印发生过一次冲突，人民出版社出过一本小册子，我忽然找不到了，拜托你们找资料室为我复印一篇真相概况好吗？谢谢你们。

　　过两天来拜访。

唐瑜　1.20

　　唐瑜的信札是写给人民出版社副总编、副社长、三联书店总经理范用（1923—2010）和商务印书馆副总编胡靖（即胡企林，1925—　）的。钢笔横书在一页红栏双线格纸上，从落款"1.20"和实寄封的邮戳"1985.1.21"推断，该信札写于 1985 年 1 月 20 日，距今已有 30 多年。信札中谈及了四件事，一是"香如故"送书单；二是问候范用的哮喘病痊愈否；三是拜托范、胡二位找资料室复印有关中印冲突的小册子；四是告知过两天来拜访。言简意赅。其一所及的"香如故"，即唐瑜编辑、由三联书店出版的《零落成泥香如故》一书。这是一部怀念新中国成立前中国共产党隐蔽战线的领导人、曾负责党与鲁迅之间的联系并创建左翼作家联盟、促成国共第二次合作、新中国成立后任上海市常务副市长的潘汉年和夫人董慧的。

　　1955 年，中共八大通过了《关于高岗、饶漱石反党联盟的决议》，因饶漱石曾担任华东局书记分管华东暨上海市的公安工作，有人捕风捉影地认为潘汉年与饶漱石有关系，而在 1943 年任新四军敌工部长的潘汉年受华中局负责人饶漱石委派到上海调查日伪军在江南的清乡计划和具体部署，并经中央同意去策反汪伪特工头子江苏省省长李士群的工作。某天，李士群利用与潘汉年、胡均鹤在南京的一个特殊"约会"场合，将潘引到汪精卫在新街口附近的官邸与汪精卫见面并进行了简短谈话，因此制造了一场误会。"抢救运动"乱整人之时，潘汉年未敢将此事汇报。1944 年，潘汉年去延安参加中共七大见到毛泽东，本想汇报此事，但他欲言又止，酿成终生遗憾。1955 年 4 月 3 日，潘汉年被逮捕，由公安部长罗瑞卿在北京饭店执行。一个半月后，潘汉年的夫人董慧也被逮捕。1963 年，最高法院在连合议庭法官都认为证据站不住脚的情况下，以"内奸"罪判处潘汉年有期徒刑 15 年，剥夺政治权利终身。不久，潘汉年被假释出狱，"文革"中又重新入狱改判无期徒刑。1975 年，潘汉年被发配到湖南农场劳动，1977 年病逝，两年后董慧也在农场病故。直到 1982 年中央为潘汉年彻底平反。

　　唐瑜 15 岁时逃婚到上海后给《幻州》主编潘汉年写信要参加革命，潘热情回复，1930

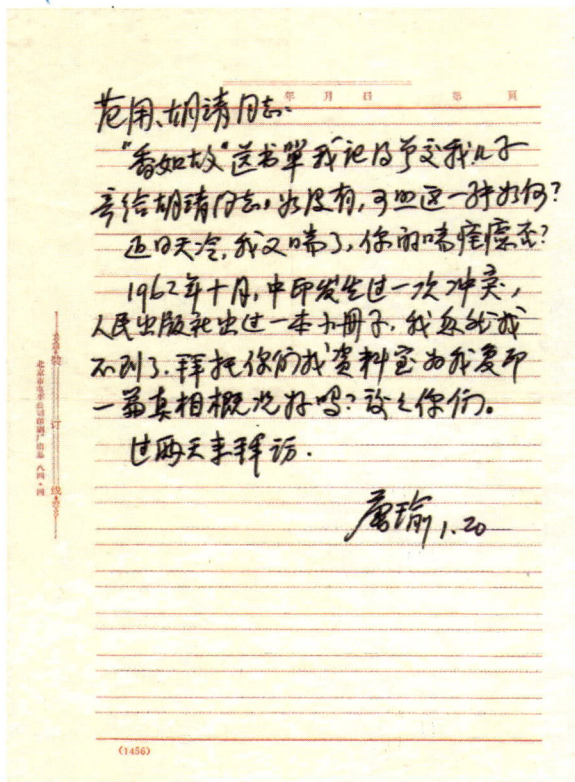

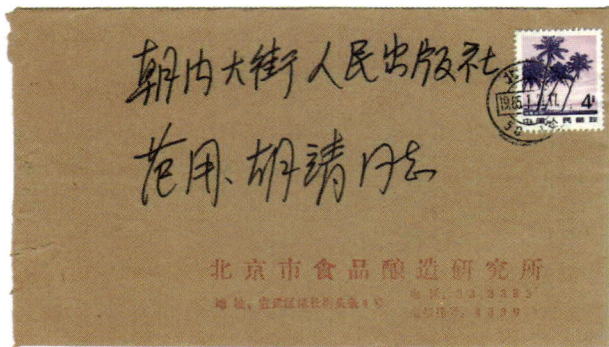

图1　唐瑜致范用、胡靖信札（26.6 cm×19 cm）及
　　　实寄封

年潘汉年推荐唐瑜参与左联的筹备工作，并成为第一批盟员。可以说潘汉年对唐瑜有知遇之恩，后来唐瑜成为潘汉年地下工作的得力干将，受潘之命赴香港安排进步人士的生活。再后来，唐瑜在潘汉年、夏衍的领导下在上海主编《银座》《电影艺术周刊》等；著名电影演员阮玲玉自杀后，唐瑜写下了《谁杀害了阮玲玉》一文，在社会上引起强烈震动。唐瑜曾因参加五卅惨案大游行而被捕入狱6个月。到重庆后，唐瑜与周恩来、董必武、郭沫若、潘汉年多有联系。"文革"前夕，潘汉年保释出狱，唯一去见的战友就是唐瑜。潘案平反后，唐瑜是最早编文集纪念潘汉年夫妇的。图2就是《零落成泥香如故》的签名本，唐瑜在书名页上钢笔直书：

　　陈　沂
　　马　楠　同志

　　　　　　　　唐　瑜
　　　　　　八五·四·六

　　唐瑜的这部文集是签赠给开国少将、曾任中国人民解放军总政治部首任文化部长、上海市委副书记兼宣传部长、上海市人大副主任的陈沂和夫人马楠的。书中还编入了唐瑜写的

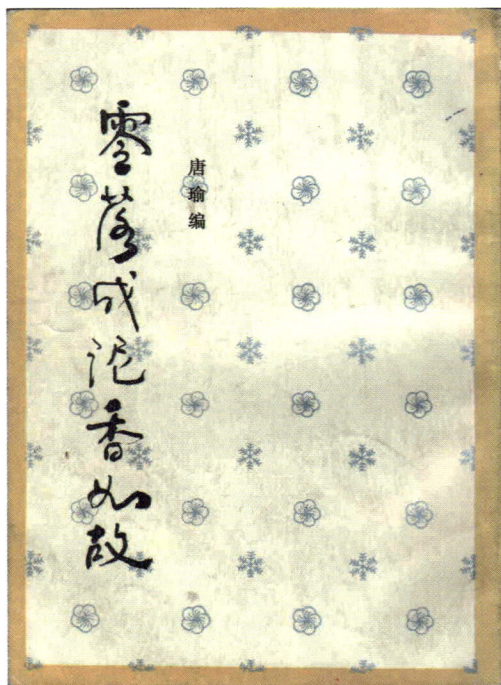

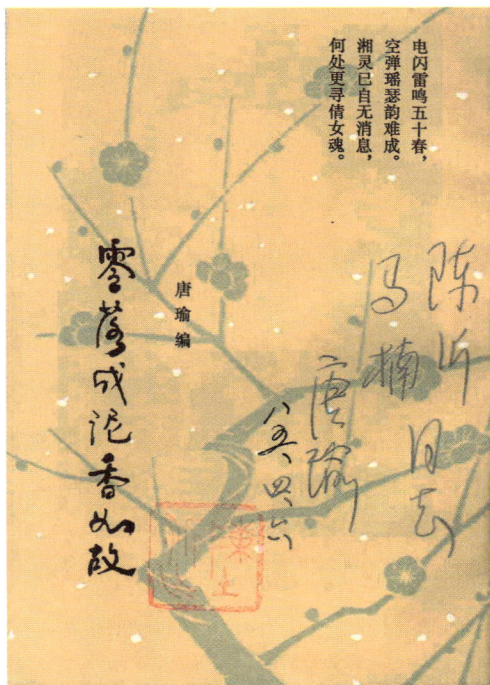

图 2　唐瑜《零落成泥香如故》签名本

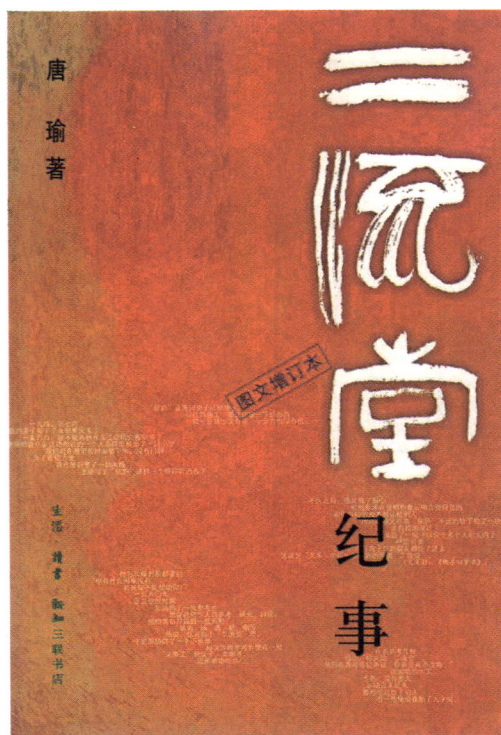

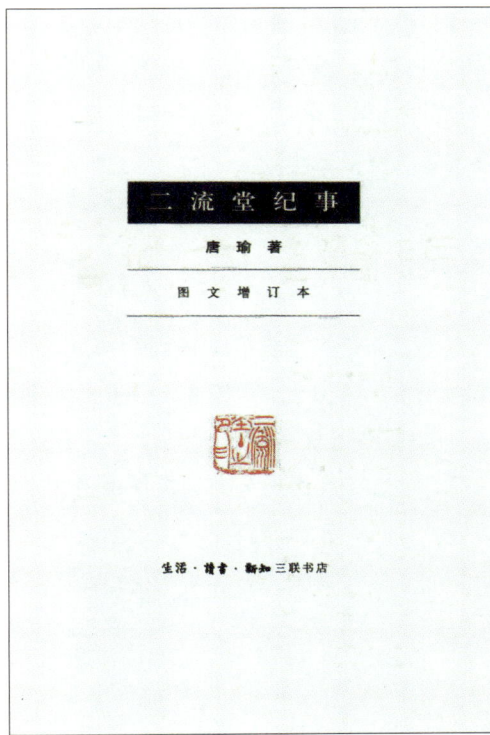

图 3　唐瑜《二流堂纪事》钤印本

《哀思和忆念》和《写给无名碑》两篇文章，唐在"编后记"中建议，将集子的编辑费、稿费送给潘汉年家乡宜兴有关部门建一个儿童图书馆以纪念潘汉年、董慧夫妇。

唐瑜生在缅甸，小名阿郎、阿堵，为躲避包办婚姻逃到上海结识潘汉年、夏衍等人，主编《中国电影日报》《小小画报》《联合画报》《早报》等，还先后开办过三家小印刷厂。抗战爆发后，唐瑜到重庆出任中国艺术剧场经理，帮助吴祖光、张骏祥等人出版过剧本。滇缅公路建成后，唐瑜回了趟缅甸，返回重庆时，他的富豪哥哥唐大杏送了装满战时短缺物资和食品的两辆大卡车和一辆小汽车随他一起回重庆。每当唐瑜手头紧时，就将车上的物资和食品卖掉一些，最后连车也一并卖掉了。

新中国成立后，唐瑜接受好友、剧作家宋之的（1914—1956，曾任总政文化部处长，电影《打击侵略者》的编剧）的建议参军，任总政文化部电影处副处长（处长由总政文化部副部长、作家刘白羽兼任），他为八一电影制片厂的选址、厂房设计、人才召集、器材采购等创建工作做出了很大贡献，甚至捐献了自己收集的电影器材。他在"三反"运动中遭人诬陷为"大老虎"，是总政文化部长陈沂保护了他，使他化险为夷。后来他进入八一电影制片厂从事他喜爱的幻灯片事业。唐瑜不仅乐善好施，而且重情重义，对帮助过他的人更是知恩图报：宋之的英年早逝，留下了四个孩子，唐瑜拿出一笔钱交给宋妻王苹（1916—1990，新中国第一位女导演，导演过《柳堡的故事》等影片）补贴家用；陈沂被打成右派后发配至黑龙江省哈尔滨，其妻下放到齐齐哈尔，唐瑜两次到哈、齐看望他们，还把一块劳力士手表送给陈妻以备必要时用，后来陈妻马楠将这块手表卖了400元钱安家，解了燃眉之急。最后，唐瑜从电影家协会离休，先旅居香港、美国、加拿大等地，后又回京安度晚年。他将"二流堂"的人和事写成回忆录，名《二流堂纪事》出版，图3就是这部回忆录的钤印本，书名页上钤朱文印章："二流堂主之印"。

唐瑜（1912—2010），小名阿朗、阿堵，祖籍福建漳州，生于缅甸，20世纪30年代逃避包办婚姻，到上海主编《电影新地》《小小画报》《联华画报》等报刊，是著名的影评家，也是"左联"的第一批盟员。抗战爆发后到重庆任中国艺术剧场经理。新中国成立后，参军任总政文化部电影处副处长，后到八一电影制片厂从事幻灯艺术事业，最后在电影协会离休，著有《阿朗小品》等。

张光斗

（1912—2013）

水利专家　两院院士

1938 年，抗日战争爆发后，已在美国获得哈佛大学读博奖学金的张光斗双硕士，婉拒了导师的再三挽留，回归祖国，到条件艰苦的四川省领导设计了桃花溪、下清渊硐、仙女硐和鲸鱼口等水电站，为长寿和万县的兵工厂提供了电力，支援了抗战。1947 年，张光斗的美国工程师同事力劝已任国民党资源委员会全国水力发电工程总处副总工程师的张光斗全家赴美，张光斗又婉拒说：我不能离开祖国。

下图是张光斗的信札：

方惠坚同志：

　　接在英国的我大使馆教育参赞葛守勤同志来信，有位 Musgloue 教授要求我们写一章中国建筑史，见附函。

　　从政治上看，我们似宜同意改写，请与建筑系领导上商量一下，我们的建筑史老师会愿意的。稿酬一千英镑，钱数不多。

　　如建筑系同意，请即告诉我，以便回复参赞信。

　　此致

敬礼

张光斗

8.22/1984

张光斗的信札是写给清华大学党委书记方惠坚（1933—　）的，圆珠笔写在一页"清华大学教材稿纸"上，除落款签名外，一字一格，标点符号也不例外，其科学家的严谨可见一斑。从落款时间 8.22/1984 推算，张光斗写此信札时 72 岁，距今已有 30 多年。方惠坚在信札

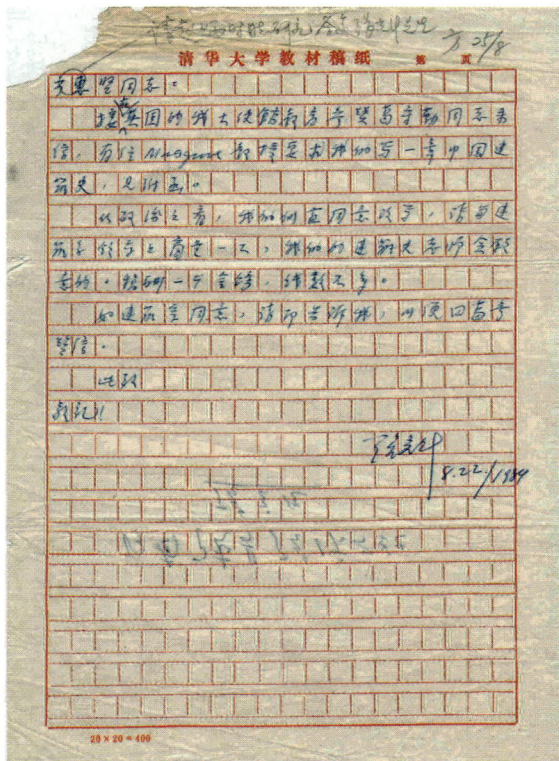

张光斗致方惠坚信札（26.7 cm×18.7 cm）

上方铅笔批示给清华大学建筑学院院长赵炳时：

请赵炳时同志研究答复张光斗先生。

方 25/8

上述批示写于该信札书就的第 3 天，可见，方惠坚对张光斗意见的重视。

张光斗出生在江苏常熟一个贫寒家庭，小学毕业后到上海南洋大学附中学习，后经交通大学预科升入交大土木工程学院，1934 年考取清华大学水利专业留美公费生，在美国加州大学伯克利分校和哈佛大学获得了水利和工程力学两个硕士学位。新中国成立前夕，资源委要求张光斗把技术档案和资料图纸装箱运往台湾，张光斗没有照办，而是在中共地下党的帮助下，将 20 箱有价值的档案资料保存下来，为日后的新中国水电建设提供了宝贵依据。新中国成立后，张光斗应清华大学工学院院长施嘉炀的邀请到清华大学任教并于 1958 年设计了著名的密云水库，而后又参加了官厅、三门峡、荆江分洪、丹江口、葛洲坝、二滩、小浪底、三峡等数十座水利水电工程的技术咨询。张光斗于 1955 年当选中国科学院首批院士，1994 年当选中国工程院首批院士，是资深的两院院士。1998 年张光斗与陈志凯院士一起向中央提出了水资源保护与开发的建议，后又提出了中国可持续发展水资源战略，其对中国水利水电事业的贡献巨大，先后获得了中国水利学会功勋奖和中国工程科技领域最高奖——光华工程成就奖。

张光斗（1912—2013），江苏常熟人，交通大学土木工程学士，美国加州大学、哈佛大学土木工程硕士。回国后任国民政府资源委全国水力发电工程总处主任工程师、副总工程师、总工程师等。新中国成立后，在清华大学任水力工程系副主任，中国科学院、中国工程院院士，北京市政协副主席等。

王西彦

（1914—1999）

作家　教授

　　"文革"中，王西彦与巴金等人关在一室，巴金对别人对他的批判虽想不通，却"认罪服罪"，而王西彦则不同，他始终不承认自己有罪，因此吃了不少苦头，但也因此成为巴金的挚友。下图是王西彦的信札：

　　古剑兄：

　　　　正在等候您的信，您的信来到了，喜悦的心情，您一定能想象。

　　　　去年十月下旬我偕老伴去杭州小住，到十一月近中旬才回上海。您到上海时，我们正在杭州。而且，就在那时候，我的儿子王晓明应邀去了美国，家里只有媳妇

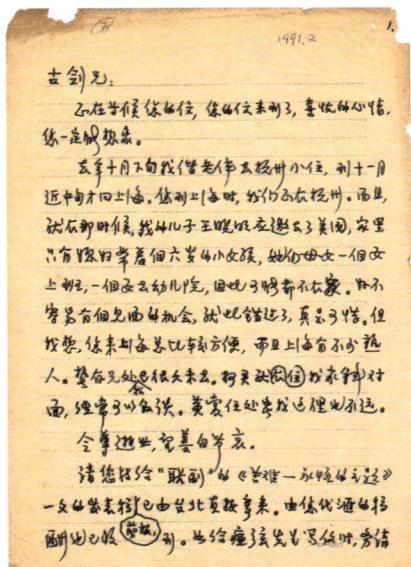

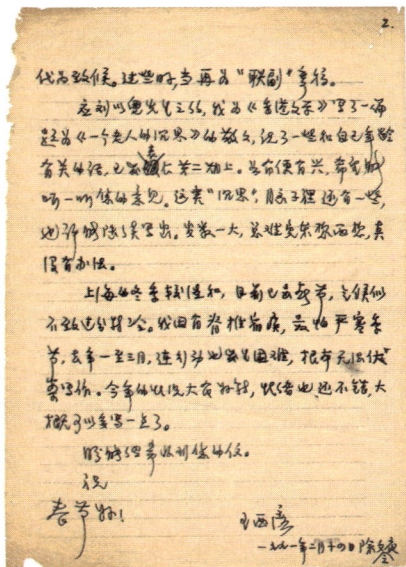

王西彦致古剑信札（25 cm×17.5 cm×2）

带着个六岁的小女孩，她们母女一个要上班，一个要去幼儿院（园），因此可能都不在家。好不容易有个见面的机会，就此错过了，真是可惜。但我想，您来上海总比较方便，而且上海有不少熟人。蛰存兄处我已很久未去，柯灵就住在我家斜对面，经常可以叙谈。黄裳住处离我这里也不远。

令尊逝世，望善自节哀。

请您转给"联副"的《苦难——永恒的主题》一文的发表稿剪报，已由台北直接寄来。由您代汇的稿酬也已收到。如给痖弦先生写信时，务请代为致候。过些日子，当再为"联副"寄稿。

应刘以鬯先生之约，我为《香港文学》写了一篇题为《一个老人的沉思》的散文，说了一些和自己年龄有关的话，已发表在第二期上。如有便有兴，希望能听一听您的意见。这类"沉思"，脑子里还有一些，也许能陆续写出。岁数一大，总难免东想西想，真没有办法。

上海的冬季较温和，目前已到春节，气候似不致过分特冷。我因有脊椎宿疾，最怕严寒季节，去年一至三月，连行动也发生困难，根本无法伏案写作。今年的情况大有好转，情绪也还不错，大概可以多写一点了。

盼能经常收到您的信。

祝

春节好！

王西彦

一九九一年二月十四日　除夕之夜

王西彦的信札是写给香港作家、时任《华侨日报》副刊主编古剑（1939—　）的，钢笔横书在两页信笺纸上，从落款"一九九一年二月十四日除夕之夜"可确定，该信札距今已20多年。在除夕之夜，阖家团聚之时，写信给远在海外的人，可见两人的友情之深厚。信中，一是对"去年十月下旬"因"去杭州小住"错过了与古剑见面的机会，而"真是可惜"。这里提到了"我的儿子王晓明应邀去了美国"，1955年出生的王晓明，华东师范大学中文系毕业后，师从许杰、钱谷融教授，获文学博士学位，后成为教授、博导，是著名评论家，曾获"庄重文学奖"。古剑早年也毕业于华东师大中文系，师从著名学者施蛰存先生，两人可谓"系友"。二是谈到了施蛰存（1905—2003）、柯灵（1909—2000）和黄裳（1919—2012），三人均是海上文化大家，古剑长期与恩师施蛰存保持通信往来，存有施蛰存信札数百通，并整理出版有《施蛰存海外书简》；古剑与柯灵、黄裳也多有信札来往。当年柯灵与黄裳因《梅兰芳》书稿事而发生"笔战"，古剑也参与其中，被当事人误解，十分尴尬，最后还是古剑写信给老师施蛰存求助，陈明利害，施蛰存出面处理方平息。除夕之夜谈到以上三位，可见他们与王西彦也都相熟。三是"令尊逝世，望善自节哀"，是对古剑父亲的逝世表示慰问，希望古剑节哀，也再次印证了两人关系非同一般。四是告知古剑，由他转的《苦难——永恒的主题》已在台湾《联合报》副刊上发表，剪报、稿酬均已收到，并请古剑向痖弦（1932— ，台湾著名诗人，《联合报》副总编兼副刊主编）致以问候。五是说应《香港文学》主编刘以鬯之约写的散文《一个老人的沉思》已发表，希望听一听古剑的意见。最后谈了上海的天气和自己的身体状况，说自己"还不错，大概可以多写一点东西"。王西彦写此信札时，已 77 岁，给人以老骥伏枥之感，其充满激情的精神状态令人钦佩。

王西彦，原名正莹，又名思善，小名庆余，浙江义乌青塘下村人，父亲是私塾先生。王西彦在义乌绣湖小学毕业后进入义乌中学读初中，毕业后自幼想当画师的他想报考"西湖艺专"，但遭到父亲反对，后来考上了杭州民众教育实验学校。在这里，他读了大量的文学作品，也接触了《萌芽》等"左联"刊物，并于 1931 年在南京《橄榄月刊》上发表了第一篇小说《残梦》。1933 年进入北平中国大学国学系读书，期间由于他的小说《车站旁边的人家》在天津《大公报》副刊上发表，内刊编辑萧乾宴请青年作家，而认识了沈从文并受到沈先生写作上的指导。"一二·九"运动后，王西彦与日后成为国务院副总理的谷牧等人协商成立"北平文艺青年抗日救国协会"，成为左翼文艺运动中活跃的青年作家。大学毕业后，王西彦到温州师范学校任国文教员。1938 年，王西彦到武汉参加共产党领导的"战地服务团"，1940 年到福建永安主编《现代文学月刊》。1942 年后，先后担任桂林师院、湖南大学、武汉大学、浙江大学代课教师、讲师、副教授、教授，并发表了《寻梦者》等小说。新中国成立后，王西彦被聘为湖南大学教授，被选为长沙市文联副主席。1954 年后王西彦定居上海，成为专业作家。创作了长篇小说《春回地暖》、《在漫长的路上》等，同时，他的文艺理论文章《唱赞歌的时代》等的发表，使他跻身文艺评论家行列。"文革"中王西彦被打成"资产阶级人性论的提倡者"，直到 1977 年平反。1984 年，70 岁的王西彦当选为上海市作家协会副主席，曾发表著名的散文《第一块基石》、《炼狱中的圣火》等。

王西彦是位多产的作家，但他尊奉"把真实告诉人民"的写作宗旨，只写心中的实话，正如他在信札中对古剑所说："说了一些和自己年龄有关的话。"著名学者王元化说王西彦：不降志、不辱身。不追赶时髦，不回避危险。巴金则说："读了西彦的文章，我仿佛又回到了但丁的世界"。

王西彦（1914—1999），原名正莹，又名思善，小名庆余。浙江义乌人，中共党员，1948 年加入中国民主同盟，毕业于北平中国大学国学系，曾任温州师范学校教员，《现代文学》月刊主编，桂林师院、湖南大学、武汉大学、浙江大学代课教师、讲师、副教授、教授。1954 年后定居上海从事专业写作，曾任上海市作协副主席，中国作协二、三届理事。

谢添

（1914—2003）

演员　导演

1950 年代初，谢添是活跃在话剧舞台和银幕上的著名演员。1955 年，谢添作为年龄最大的报考者，考进了由苏联著名导演伊万诺夫主教的北京电影学院导演训练班。1958 年谢添与桑夫合作导演了影片《探亲记》，从此开启了他的导演生涯。图 1 是谢添的信札。

逢松

绍康二位：

　　我因到津去办《茶馆》征求意见场，星期二回来。我们只能星期三或星期四谈了！特告。或者你们二位先谈谈如何？

祝好！

谢添

星期六日

谢添的信札是写给著名编剧、北京电影制片厂编导室常务副主任谢逢松（1932—　）和著名演员于绍康（1925—1994）的，圆珠笔直书在一页"北京电影制片厂"稿纸上，从"到津去办《茶馆》征求意见场"一句判断，该信札写于 1982 年左右，因为谢添于 1982 年将老舍的著名话剧《茶馆》搬上了银幕，彼时谢添 68 岁，距今已 35 年矣。

谢添原名谢洪坤，曾用名谢俊，原籍广东番禺，出生在天津，父亲是个多才多艺的铁路员工，母亲是个电影迷。受父母影响，谢添自幼喜好文艺，后就读于天津英文商务专修中学。17 岁开始步入社会，自谋生计，画过广告，也给《国强报》"鲜货摊"等专栏撰过稿。谢添从 1933 年起开始从事业余话剧演出，曾参加鹦鹉剧社，出演过《雷雨》等剧的角色。1935 年，谢添只身来到上海，加入"狮吼剧社"。1936 年谢添临时顶替一位因病不能拍戏的演员，饰演了明星影片公司的影片《夜会》中的花花公子。从此，他进入电影圈，先后参加拍摄了

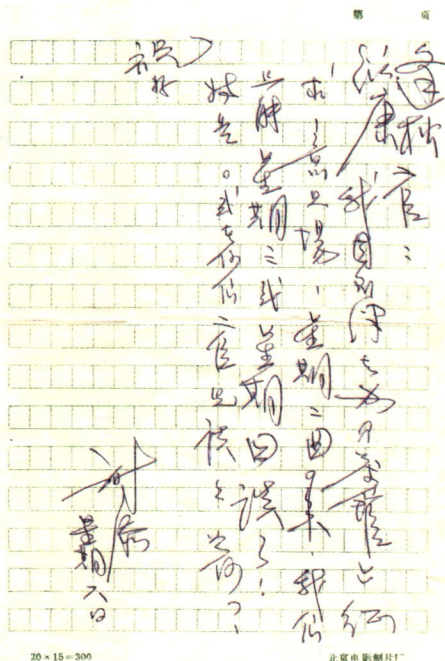

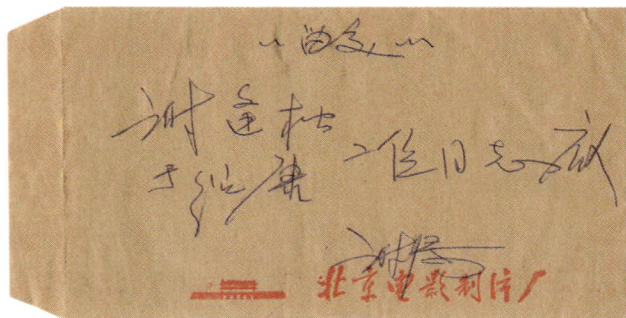

图 1　谢添致谢逢松、于绍康信札（26.7 cm×19 cm）
及送达封

图 2　谢添签名的迎春纪念封

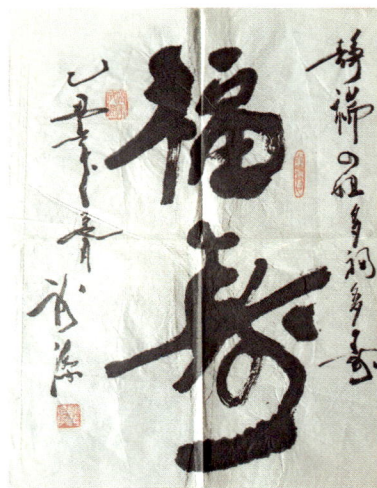

图 3　谢添倒笔书法
（53 cm×40 cm）

《马路天使》、《生死同心》等影片，并主演了《母亲的秘密》、《梦里乾坤》等。1937 年，谢
添参加了抗日救亡组织——电影界工作人协会，并参加了《保卫卢沟桥》的演出。1939 年谢
添进入西北影业公司参加了《风雪太行山》的拍摄。1941 年西北影业公司倒闭，谢添为生
活所迫，到成都智育电影院做美术广告员，同时参加《雷雨》、《日出》等话剧的演出。抗战

胜利后，谢添又回到影坛，进入中电三厂，参加拍摄了《圣城记》、《满庭芳》等影片。1949年，谢添进入北京电影制片厂，参加了《民主青年进行曲》、《走向新中国》等影片的拍摄，并以饰演《新儿女英雄传》中的汉奸张金龙、《六号门》中的马金龙以及《林家铺子》中的林老板、《洪湖赤卫队》中的张副官等角色而出名，奠定了他在新中国电影中的表演艺术家地位，被称为"银幕上的千面人"。

1959年后，谢添开始致力于电影导演的艺术创作和探索，先是导演了杂技艺术片《欢天喜地》、体育片《水上春秋》、歌剧片《洪湖赤卫队》；而后是儿童片《花儿朵朵》、《小铃铛》、《三朵小红花》；后来是喜剧片《锦上添花》、《甜蜜的事业》、《七品芝麻官》，并于1980年获得第三届"百花奖""最佳导演奖"；1981年获得第四届"百花奖""最佳戏曲片奖"。1982年，谢添将老舍的名著《茶馆》搬上银幕，并获得第三届中国电影金鸡奖特别奖和文化部优秀影片特别奖，其导演艺术达到巅峰，被称为"中国的卓别林"，这一年谢添68岁。图2是1992年春节，谢添在迎春纪念封上的签名。

谢添多才多艺，其倒笔书法堪称一绝，图3就是谢添的倒笔书法。

　　　　引首：静祈四姐多福多寿

　　　　　　　福　　寿

　　　落款：乙丑年夏日　谢添

　　　引首钤朱文印章："亦杂技也"；落款钤朱文印章："倒笔成趣"和白文印章："谢添学书"。

倒笔书法是相对正笔书法而言的书写方式，不是从每个字的第一笔画写起，而是从最末笔画倒着写起，书写难度较大。然而，谢添的这幅倒笔书法运笔流畅、用墨自然、笔锋苍劲、娴熟老辣、大气不凡，与正笔书法几无二致，又有正笔书法无法显现的峻奇意趣。

1988年谢添执导了他的最后一部电影《烟花泪》。

1997年谢添扮演了他的最后一个角色电影《红娘》中的老和尚法本长老，并获得了"金鸡奖"特别奖。

　　　　　　　谢添（1914—2003），原名谢洪坤，曾用名谢俊，原籍广东番禺，生于天津，早年就读于天津英文商务专修中学，后毕业于北京电影学院导演训练班。1939年开始出演话剧、电影角色，后从事电影导演创作并多次获得"百花"、"金鸡"奖，是中国影协第三至第五届理事，第六、第七届全国政协委员。

周而复

（1914—2004）

作家　书法家

1986 年，中国人民对外友好协会副会长周而复因违反外事纪律，参观供奉有日本战犯亡灵的靖国神社并拍照留念，被开除党籍。16 年后，周而复被恢复党籍。2004 年周而复逝世，新华社发布讣告称：中国共产党优秀党员、忠诚的共产主义战士、原文化部副部长、著名作家、书法家周而复同志逝世。图 1 为周而复手书的北宋词人苏东坡《念奴娇·赤壁怀古》开篇句：

> 大江东去，
> 浪淘尽，
> 千古风流人物。

在中国当代艺坛，说周而复是风流人物实不为过。早在 1933 年，在上海光华大学英国文学系读书的周而复因参加进步学生运动而被捕，后被学校保释回家；尔后又参加左翼文艺活动，参与创办《文学丛报》，并刊登鲁迅、胡风等进步人士文章，还在"左联"出版的《小说家》担任编委。1936 年，签名参加鲁迅为首的"中国文学工作者宣言"，参与发表"中国诗歌工作者宣言"，呼吁团结抗日。也是在这一年，周而复出版了由郭沫若作序的第一本诗集《夜行集》，时年 22 岁。1938 年，周而复大学毕业后即奔赴革命圣地延安，在陕甘宁边区任文学顾问委员会主任，先后深入晋察冀根据地参加八路军"反扫荡"、"百团大战"等战斗，写出了不少报告文学和短篇小说。1943 年调重庆《新华日报》社编辑党的机关刊物《群众》周刊，参与文艺界统战工作，出版短篇小说集《第十三粒子弹》。抗战胜利后，周而复以新华社、《新华日报》特派员身份，随军事调查处赴各地采访，写出了报告文学《随马歇尔、张治中、周恩来三将军巡视华北记》。1946 年后任香港中共华南分局文化工作委员会委员、副书记，创作了长篇小说《白求恩大夫》等，1965 年拍摄的同名电影就是根据周而复的小说改编的。新

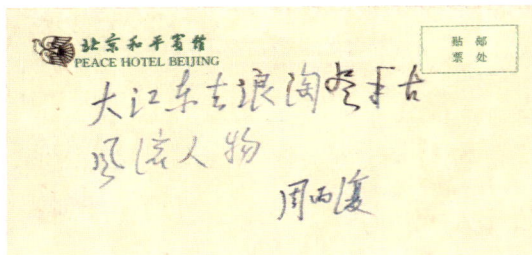

图1　周而复手书苏东坡《念奴娇·赤壁怀古》开篇句

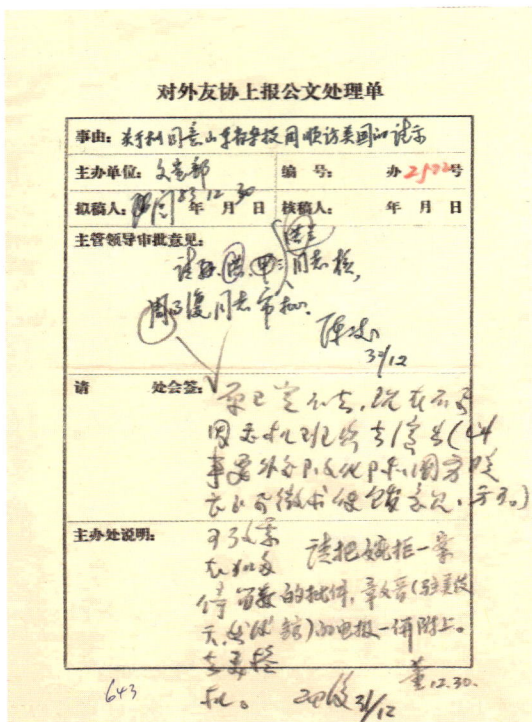

图2　周而复在公文处理单上的批示（26.5 cm×19 cm）

图3　周而复签名本

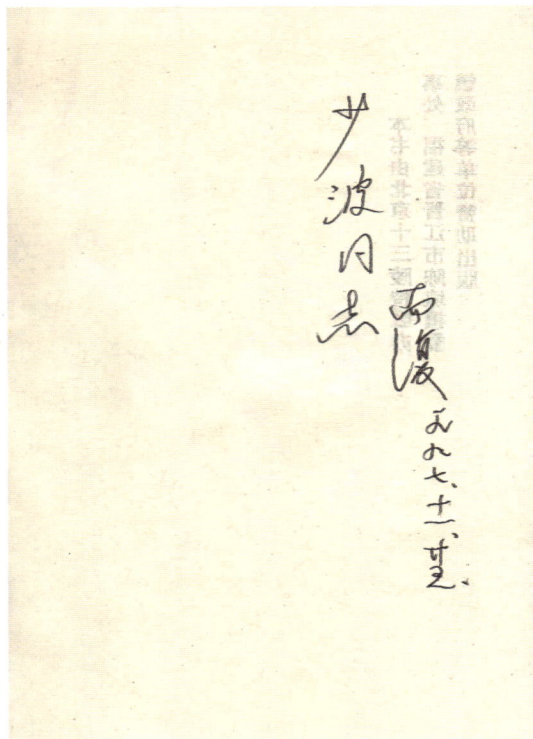

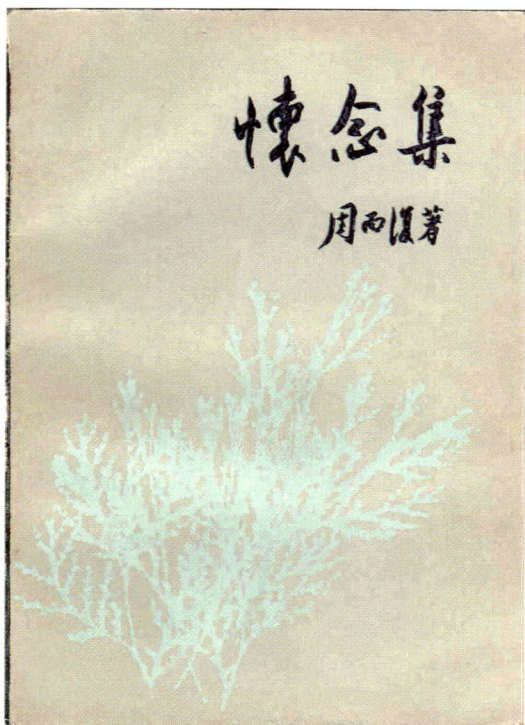

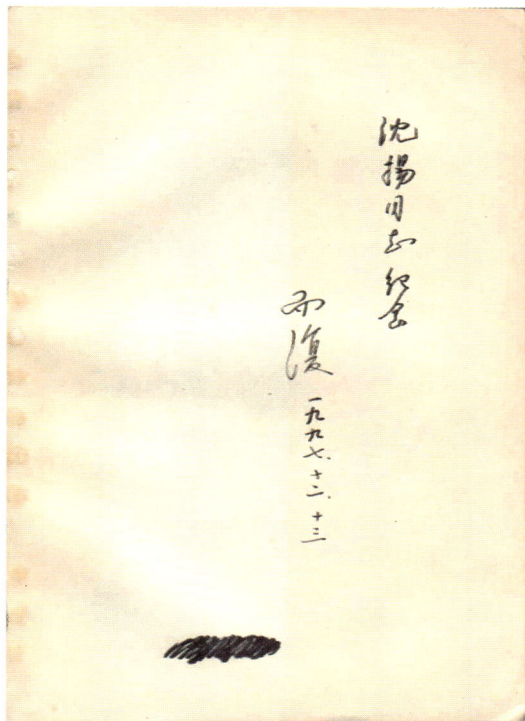

图 4　周而复《怀念集》签名本

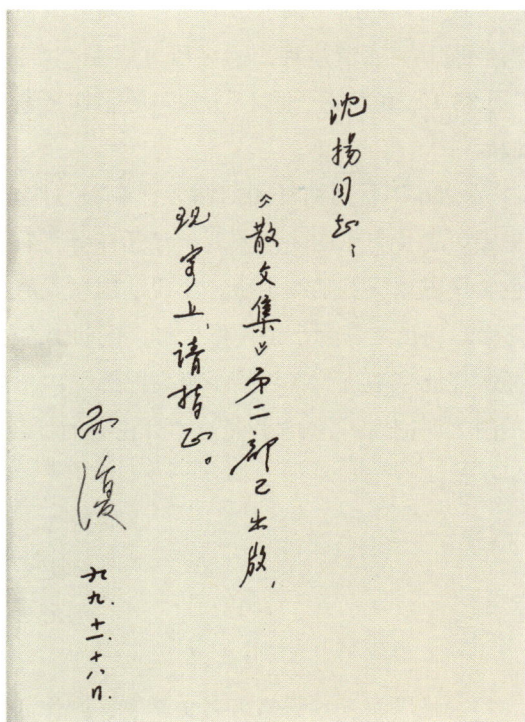

图 5　《周而复散文集》签名本

中国成立前夕，周而复成功组织包括著名哲学家李达、经济学家王亚南、郭沫若夫人于立群、著名演员苏绣文在内的 100 余位文化界人士乘船经天津到达北平。随后到上海任华东局统战部秘书长（部长由陈毅兼任）。周而复因工作关系与上海各阶层人士打交道，尤其是与工商业人士交往较多。"五反"运动开始后，周而复参加到一家纺织厂的"五反"工作中，积累了许多写作素材，从那时起他开始构思创作反映上海资本主义工商业经历社会主义改造过程的小说。1957 年，小说《上海的早晨》在《收获》上连载，引起轰动，1958 年正式出版，成为周而复的代表作。

在上海工作期间，周而复还先后任市委统战部第一副部长、市政府交际处处长、市政协党组书记、市委宣传部副部长等。1959 年后任对外文委委员、对外文化协会副会长。"文革"中周而复遭到迫害，失去自由达 7 年之久，恢复自由后任全国政协副秘书长兼文史资料委员会副主任、文化部副部长、对外文委副主任、中国人民对外友好协会副会长。图 2 是周而复在对外友好协会副会长任上在公文处理单《关于拟同意山东省杂技团顺访美国的请示》上的批示：

> 原已定不去，现在不要因美机班次去演出（此事要外交部、文化部和国务院定，还要征求使馆意见，方可。）可考虑在加多停留数天，然后去美转机。
>
> 而复　31/12

周而复的这一批示铅笔写在《对外友协上报公文处理单》上，理由充分，意见明确，原则性强，又通情达理，领导风范尽在寥寥数语中，令人折服又好让各方处理。从处理单上"周 83 12 30"和"而复 31/12"等字样推断，该批示签于 1983 年 12 月 31 日，即 1983 年的最后一天。

1986 年后周而复闭门谢客，专心写作。其反映八年抗日战争全貌的六部巨著《长城万里图》之《南京的陷落》、《长江还在奔腾》、《逆流与暗流》、《太平洋的拂晓》、《黎明前的夜色》、《雾重庆》陆续出版，小说从国民党庐山会议写起，到日本投降为止，场面之大、人物之多、跨度之长为小说创作少有，轰动国内外。1992 年、1995 年《长城万里图》研讨会先后两次在北京举行，各界给予极高评价。1996 年，人民文学出版社出版了《长篇小说〈长城万里图〉评论集》。图 3 就是这本评论集的签名本，在书的扉页上，周而复硬笔直书：

> 少波同志
> 而复
> 一九九七、十一、廿五

这是周而复签赠给著名文学家、剧作家、文化部振兴京剧委员会副主任马少波（1918—2009）的。

周而复重新整理出版了他在 1944—1981 年间所写的散文、报告文学等。图 4《怀念集》就是这本文集的签名本，在书的扉页上，周而复硬笔直书：

沈扬同志纪念

而复

一九九七、十二、十三

周而复还出版了《周而复散文集》，图 5 就是这本散文文集的签名本，在书的扉页上，周而复硬笔直书：

沈扬同志：

　　《散文集》第二部已出版，现寄上，请指正。

而复

一九九九、十一、十八日

周而复的这两部文集都是签赠给上海老报人、《解放日报》副刊《朝花》的资深老编辑、散文家沈扬的。

周而复祖籍安徽旌德，出生在南京，自幼受庭训、入私塾，临习颜、柳、赵、欧诸体，因家贫缺墨少纸，故常借青砖清水临字，打下了深厚的书法基础。

周而复先后出版了《周而复书琵琶行》、《周而复书法作品选》等书法集，郭沫若、茅盾、赵朴初、启功等都对周而复的书法称赞有加。

在他的家乡安徽旌德建有周而复艺术研究馆。

周而复（1914—2004），原名周祖式，安徽旌德人，出生于南京。上海光华大学毕业后奔赴延安，任陕甘宁边区文化协会顾问委员会主任委员，后调重庆新华日报社编辑《群众》周刊。抗战胜利后任香港中共华南分局文化工作委员会委员、副书记。新中国成立后，任华东局统战部秘书长、上海市委统战部第一副部长、上海市政协党组书记、宣传部副部长。1959 年后任对外文委委员、对外文化协会副会长。"文革"中遭受迫害，恢复工作后任全国政协副秘书长兼文史资料委员会副主任、文化部副部长、对外文委副主任、中国人民对外友协副会长。曾任中国书协副主席，是中国作家协会名誉委员。

周巍峙

（1916—2014）

音乐家　中国文联主席

　　雄赳赳，气昂昂，跨过鸭绿江。

　　保和平，卫祖国，就是保家乡。

　　……

　　这首雄壮、激扬，鼓舞了中国人民志愿军将士和亿万抗美援朝民众的《中国人民志愿军军歌》的词作者是志愿军指挥员麻扶摇（1927—　　），谱曲者是音乐家周巍峙，图1是周巍峙的信札：

高峰同志：

　　接浙江戏剧界同志沈祖安同志来信，他们将为盖叫天老艺术家诞生一百周年举行纪念活动（文化部和中国剧协以及浙江戏剧界共同举办），他们提出建议，希望能出一张盖老的邮票。特将他们的来信附上请考虑。盖叫天是一代武生的杰出代表，具有独创精神，也是全国闻名的名艺术家，能出一张，最好。这当中可能又有什么平衡问题等等意见，仅供参考。

敬礼

周巍峙　3.21

　　来信阅后请退文化部转我

　　　我电话：办公室　447700（李松秘书）

　　　　　　家里　551451（朝内大街203号）

　　周巍峙的信札是写给邮电部副部长朱高峰的，钢笔横书在一页"中华人民共和国文化部"的公文笺上，是为出版老艺术家盖叫天（1888—1971，京剧表演艺术家）纪念邮票而写

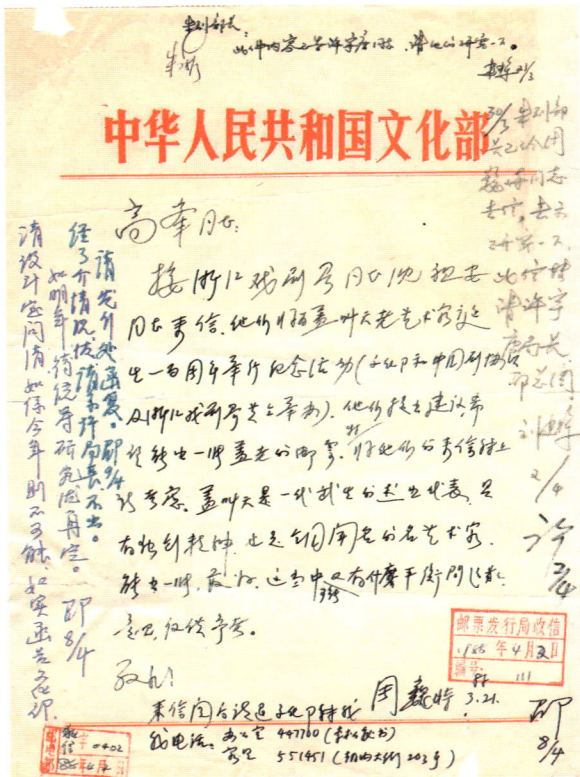

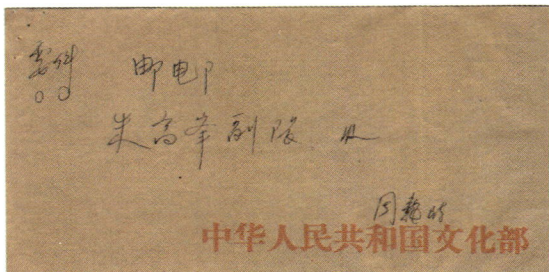

图 1　周巍峙致朱高峰信札（26.4 cm×19.8 cm）及送达封

给朱部长的，从邮电部收文章和邮票发行局收信章的日期推断，该信札写于 1988 年 3 月 21 日，距今已近 30 年，时年周巍峙 72 岁。

周巍峙，原名周良骥，出生在江苏东台一个贫民家庭，从小入私塾，后入小学三年级读书。1926 年，随参加北伐的军官父亲到绍兴、上海等地参加革命歌咏运动。1930 年开始，先后在上海《申报》图书馆当练习生，在《申报》图画周刊部当秘书，在"国际联盟"调查团中国代表处任宣传干事、《生活日报》筹备处文书，以及担任著名民主人士李公朴的秘书。周巍峙这时开始由学吹口琴开始学习简谱，工作之余刻苦自学音乐理论和音乐知识，想方设法去听著名的上海工部局交响乐队的演奏。后来他又参加了基督教青年会的"民众歌咏会"、吕骥组织的"业余合唱团"、田汉等领导的"苏联之友社"音乐小组以及歌曲研究会等社会团体，不断提高自己的音乐素养。1934 年改名周巍峙，意为与旧社会巍然对峙。此后，周巍峙任中国音乐家协会执行干事，组

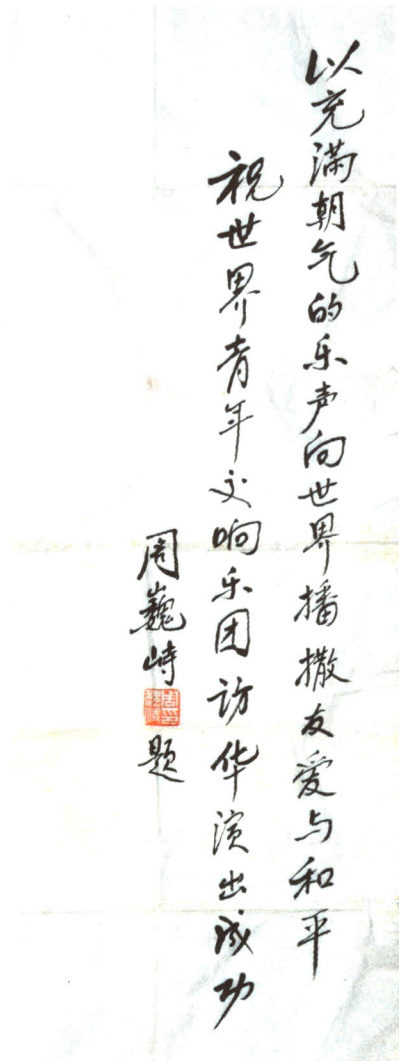

图 2　周巍峙为"爱与和平"巡演题词（72 cm×25 cm）

织领导群众音乐团体从事抗日救亡歌咏活动，创作了《前线进行曲》、《上起刺刀来》等多首抗日歌曲，编辑出版了第一本救亡歌曲集《中国呼声集》。1937 年，与李公朴奔赴华北前线，从事抗战宣传工作，同年参加了八路军，任《全民通讯社》编辑、前线记者，中国音乐家协会常务理事，八路军临汾办事处秘书。1938 年赴延安，后率西北战地服务团赴晋察冀敌后抗日根据地，任指挥、主任、文联宣传部长、边区音协主席。1939 年，周巍峙首次指挥了由西北战地服务团演出的《黄河大合唱》。1944 年，周巍峙任延安鲁迅艺术学院戏音系教员，还曾任张家口市委文委书记，组织了歌剧《白毛女》的演出，后任天津市军管会文艺处处长等职。新中国成立后，任文化部处长、副局长，中央歌舞剧团团长，文化部文艺局局长、副部长等。1964 年，周巍峙组织创作排练了大型音乐舞蹈史诗《东方红》，一直主持全国艺术事业的工作，被周恩来总理戏称为"艺术总理"。然而，"文革"中周巍峙被下放"五七干校"劳动十年。1977 年起，担任文化部副部长、代部长。1996 年，当选中国文学艺术界联合会主席，这是继郭沫若、周扬、曹禺之后的第四任文联主席。

2005 年 7 月，由 30 多个国家 18—28 岁青年乐手组成的世界青年交响乐团来访作"爱与和平"巡演，身为中国文联主席的周巍峙为此题词（图 2）：

　　以充满朝气的乐声向世界播撒友爱与和平
　　祝世界青年交响乐团访华演出成功
　　　　　周巍峙题
落款钤白文印章："周巍峙印"。

这是一帧充满诗意和乐声的题词，其行书也是自然流畅，飞流直下，一以贯之，仿佛从乐器中流出的音符，撒向乐坛。周巍峙多才多艺、博学慎思。他还编辑了《中国戏曲音乐集成》、《冼星海全集》、《田汉全集》、《夏衍全集》和《中国史诗》等著作。

周巍峙的夫人是著名歌唱家王昆，周巍峙第一次见到王昆时，王昆只有 14 岁。王昆 18 岁与周巍峙结婚，从此两人相伴一生。

　　　　周巍峙（1916—2014），原名周良骥，江苏东台人。新中国成立前曾任中国音乐家协会执行干事，1938 年参加八路军，1939 年首次指挥演出了《黄河大合唱》。新中国成立后任文化部处长、局长、副部长、代部长，中国文联主席等，领导组织过大型音乐舞蹈《东方红》和《中国革命之歌》的演出。

方成

（1918—　）

漫画大家

方成被称为中国漫画界的一棵常青树，图1是方成为《丰子恺漫画全集》撰写的序言：

　　丰子恺先生是我们漫画界的老前辈。他的漫画是别具一格的漫画形式。看是人所习见的中国传统绘画，画的是人所习见的社会风情。笔墨精简，题含深意，表现的是画家对世间之善与美、恶与不平的由衷爱憎之情。既有漫画的语言特性和幽默感，又有我国传统文人画借景抒情的风韵，很感动人。作品显示出画家深厚的文学艺术修养。虽属于中国现代漫画艺术发展初期的作品，却是影响深远令人难忘的。

　　为纪念子恺先生百周年诞辰，出版《丰子恺漫画全集》，这是一部完整珍贵的文化遗产，可喜可贺！

方成

1998 年 8 月 8 日

　　方成的序言写在一页八开白纸上，硬笔横书，流畅自然、语句亲切、充满感情，用词专业、表达淋漓，尤其是，"笔墨精简，题含深意"等词句，堪称是对漫画艺术的经典概括，尽显大家格局。

　　方成，本名孙顺潮，祖籍广东，出生在北京，小时候回老家住了几年，上小学时回到北京，并向著名画家孙燕荪（1899—1961，曾任北京中国画院副院长）学习国画。在北京三中读书时参加"一二·九"运动，被军警捅了一刀，为此，他画了一把沾满血的大刀，上写"中国人的刀，哪国人的血？"贴在校门口。这是他画的第一张漫画，那一年方成 17 岁。高中毕业后，本想当画家和医生的方成考上了武汉大学化学系，在校期间，他用利巴尔笔名在校园壁报上发表了许多以国难为题材的漫画。大学毕业后，方成到黄海化学工业研究社当助理研究员。1946 年因初恋失意，出走到上海。在上海举目无亲的方成重拾画笔给报社投稿，并有幸遇

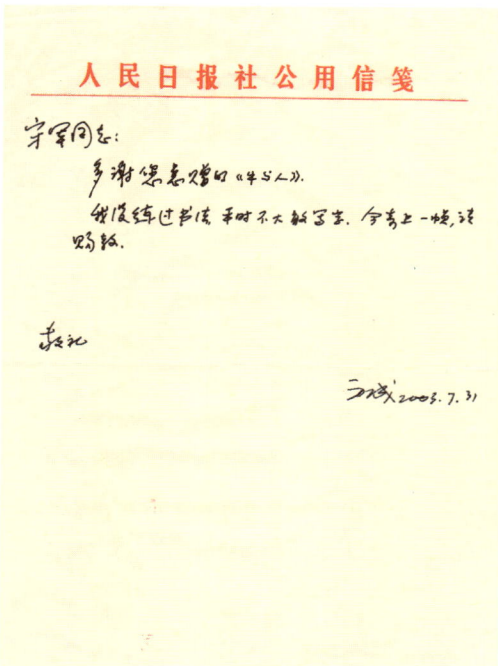

图 1　方成为《丰子恺漫画全集》作序
　　　（39 cm×26 cm）

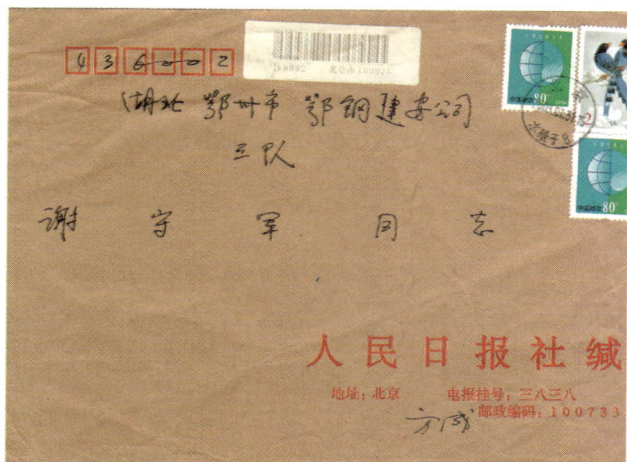

见了伯乐——《观察》杂志主编储安平（1909—？，曾任《光明日报》总编），被聘为《观察》漫画版主编及特约撰稿人，从此方成以画漫画为业。为躲避反动派迫害，方成去了香港并在港加入了南方的革命美术团体"人间画会"，在《大公报》上连载连环漫画《康伯》。1949 年方成回到北京，任《新民报》美术编辑，后经著名漫画家华君武（1915—2010，曾任《人民日报》美术组组长、中国美协副主席）介绍到《人民日报》任高级编辑。"文革"中方成被关进"牛棚"，后下放"五七"干校劳动。1972 年方成回到北京，重新开始画漫画，其《水浒传》人物等讽古喻今的漫画作品家喻户晓。1982 年方成漫画展在中国美术馆开幕，引起了轰动。其作品获奖无数，如漫画大赛"金猴奖"、人民日报"美术奖"、中国美术奖"终身成就奖"等。

　　方成是漫画大家，求画索字者自然多多。图 2 是方成写给索字者的回信：

图 2　方成致谢守军信札（26.4 cm×19.9 cm）及实寄封

守军同志：

　　多谢您惠赠的《牛与人》。

　　我没练过书法，平时不大敢写字，今寄上一帧，请赐教。

敬礼

方成

2003.7.31

　　方成的信札，钢笔横书在一页"人民日报社公用信笺上"，自谦："我没练过书法，平时不大敢写字。"其实，方成的书法功底很深，美感十足，图3就是方成的行书条幅：

为 善 最 乐

落款：九一叟方成；钤朱文印章："方成"。

　　这幅写于2009年的行书，笔墨老道、结体严谨，是十分精美的画家书法。

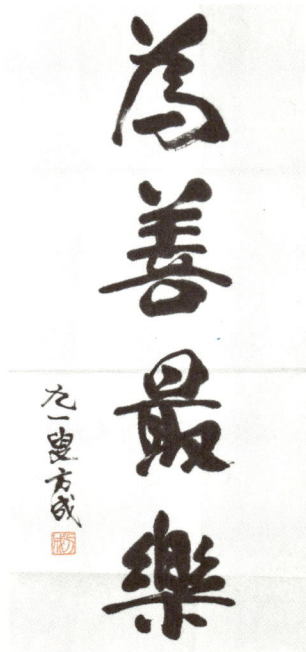

图 3　方成行书条幅
（68.5 cm×26.3 cm）

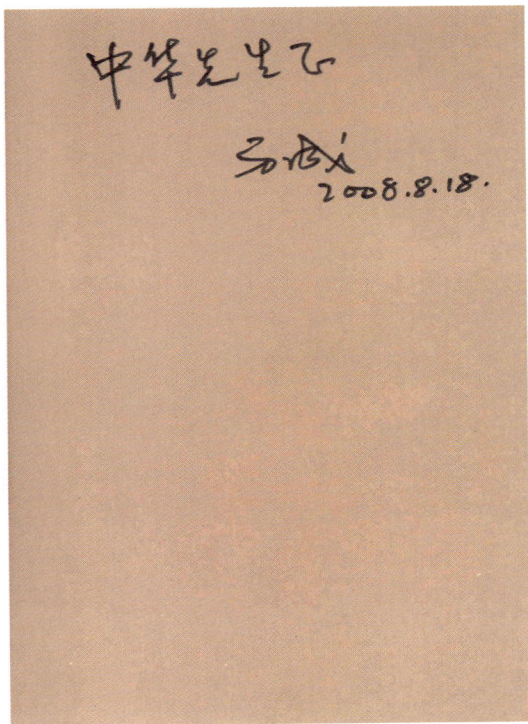

图 4　《方成讲幽默》签名本

方成还坚持写作，著述颇丰，出版有《方成漫画选》、《幽默漫画》等漫画集；《康伯》、《王小青》等连环画集；《挤出集》、《高价营养》等散文集；《幽默、讽刺、漫画》、《笑的艺术》、《报刊漫画》等理论和评论集。图4是《方成讲幽默》的签名本，在书的扉页上方，方成硬笔横书：

中华先生正

方成

2008.8.18

2012年，方成将一部分书画作品捐赠给了国家博物馆。

方成（1918—　），原名孙顺潮，祖籍广东，生于北京，武汉大学化学系毕业。1946年开始从事专业漫画创作，曾任《观察》漫画版主编及特约撰稿人、《新民报》美术编辑、《人民日报》高级编辑、中国新闻漫画研究会会长、中国美术家协会常务理事。

彭燕郊
（1920—2008）
诗坛大家

　　彭燕郊是中国当代令人敬仰的诗人，不仅如此，在他88年的人生旅途上，他在诗歌研究、编辑出版、民间文学、教育教学等方面的成就，赢得了人们的广泛尊重。图1是他写给著名学者施蛰存的信札：

蛰存同志：

　　春节好！

　　十五日来信收到好几天了，我寒假前仍忙着一些琐事，到二十二日才离校回到长沙家里过春节，今天除夕，在家给你写的这信。

　　"望舒译诗集"我们当然希望能作为第一种出版，目前，梁宗岱译诗集稿已在我这里，正在写作者简介，（每个作者都写一短短的——二、三百字上下的简介，同时得写一短跋。）对译者也略作介绍——略侧重于译诗方面，梁老本人卧病已久，一时也找不到别人写，只好以"编者"名义写一写，另外想写一总序，也是以编者名义，不写个人名字，这样较好些。

　　拙诗有承奖誉处，内心甚为感奋，特别是你指出我的一个老毛病，往往恣肆为文，不善于控制自己（控制真是一个不容易的艺术）。另外，我从开始写诗就爱（语言方面的）散文美，欲从这条路上找出语言美的新路子，结果也带来了个毛病：不够精练。友人灰马（三十年代在"新诗"上发表过诗作）说我"太不注意形式"，我以为他说得对，时刻记着他这句话。你说我那首"钢琴演奏"可删者至少在三分之一，可谓痛下针砭矣！我感谢你，我会永远记着的，愿以后能写好些。

　　我近来没时间写了，写了，也没时间去完成它，我写诗很少肆口而成的，总是觉得不满意，写诗很少给我快乐，只给我苦恼，并使自己对自己不满，或年纪大了，有以改之。

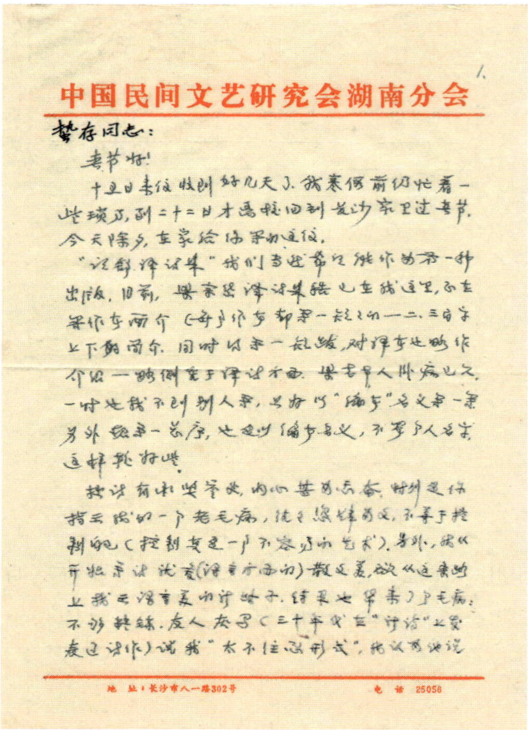

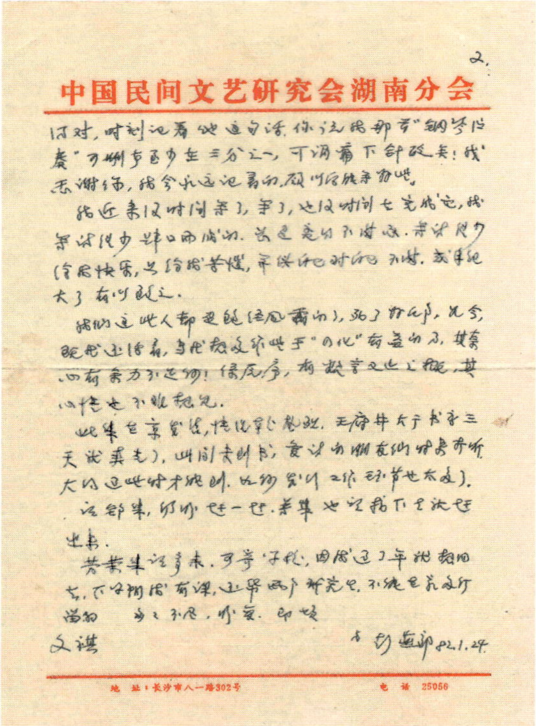

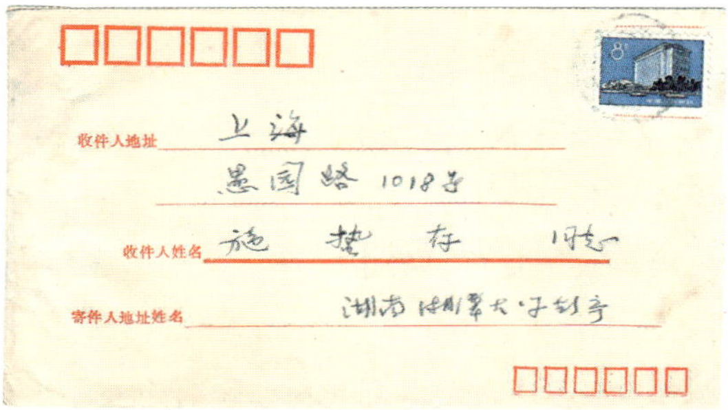

图1　彭燕郊致施蛰存信札（26.5 cm×19 cm×2）及实寄封

　　我们这些人都是饱经风霜的了，死了好几个，如今，既然还活着，当然想多作些于"四化"有益的事，其奈心有余力不足啊！绿原序，有欲言又止之慨，其心情也不难想见。

　　此集在京发售，情况本是热烈，王府井大街书店三天就卖光了，此间未到书，爱诗的朋友们前来打听，大约过些时才能到，如何发行工作环节也太多了。

　　望舒集，仍盼赶一赶，写集也望接下去就赶出来。

　　芳荣集望寄来，可寄学校，因我过了年就想回去，下学期我有课，还带两个研究生，不能在家多停留的。　匆匆不尽，盼复，即颂

文祺

彭燕郊 82.1.24

彭燕郊的信札钢笔横书在 2 页 "中国民间文艺研究会湖南分会" 信笺上，小楷字体，工整流畅、亲切自然，而且有许多动人的话语。

从诗人坦率、真诚的话语中，我们仿佛看到了一个纯粹的灵魂，从信札落款 82.1.24 和实寄封的邮戳推断，该信札写于 35 年前，彭燕郊时年 62 岁。

彭燕郊，原名陈德矩，出生在福建省莆田县一个知识分子家庭，母亲彭爱姝，其上代人做过官；父亲陈祖宾在涵江镇经商，因为一桩小麦生意，陈祖宾经商惨败，家境中落。陈德矩 14 岁时离家到厦门考入爱国华侨陈嘉庚创办的集美师范学校读书，抗战爆发后转入漳州简易师范，毕业时由共产党员老师郑畸介绍参加新四军开赴皖南前线，在军中做宣传和民运工作，结识了诗人聂绀弩（1903—1986）、编译家黄源（1905—2003）等，在《抗敌》等军中报刊上发表长诗《我们的队伍》、《献旗的行列》等。1939 年他的长诗《战斗的江南季节》，在重庆由胡风主编的《七月》上发表，开始使用取自母姓的笔名彭燕郊。彭燕郊的诗作《冬日》、《岁寒》、《春天——大地的伤感》等在青年中广为流传，使他成为著名的 "七月诗派" 的代表人物之一。同时，他开始与批评家胡风通信交往，这也为他日后多舛的命运埋下了伏笔。后来，彭燕郊因肺病被疏散到浙江金华，与诗人谭子豪（1912—1963）、莫洛（1916—2011）等创办了《诗时代》杂志。1941 年春，彭燕郊到达桂林，次年在桂林见到了胡风，并积极参加抗日救亡文艺活动，被选为全国文艺界抗敌协会桂林分会常务理事、创作部副部长、诗歌组组长，协助聂绀弩编辑《力报》副刊 "诗垦地"、《半月文艺》，并主编《诗》杂志、《半月新诗》，这一年彭燕郊只有 21 岁。1946 年，彭燕郊因参加反饥饿、反内战的民主运动被捕囚禁一年，出狱后流亡香港。新中国成立前夕到北平解放区参加第一次文代会，会后任《光明日报》编辑，并与民俗学家钟敬文（1903—2002）合编该报的副刊 "民间文艺"。1950 年，彭燕郊应聘湖南大学中文系副教授，1953 年调往湖南师范学院任副教授。1955 年受 "胡风反革命集团" 案影响，先被关押，后被下放长沙市街道工厂劳动到 1978 年。1979 年被聘到湘潭大学任中文系教授，并在《诗刊》上发表了许多诗篇，还出版了《彭燕郊诗选》、《高原行脚》等，达到了他的又一个诗歌创作高峰。同时，彭燕郊也恢复了与文学出版界的交往。图 2 是彭燕郊写给著名作家、外文局出版社编审申奥（1926—1997）的信札：

申奥同志：

　　你好！

　　我到北京来，很想找机会到府上拜访，不知你近日在京不？便中，盼示知，甚感！甚感！

　　现住：车公庄大街北京市第四招待所西楼三楼三八四号，电话八九〇九八一转西楼三八四号。

　　余容面叙，即颂

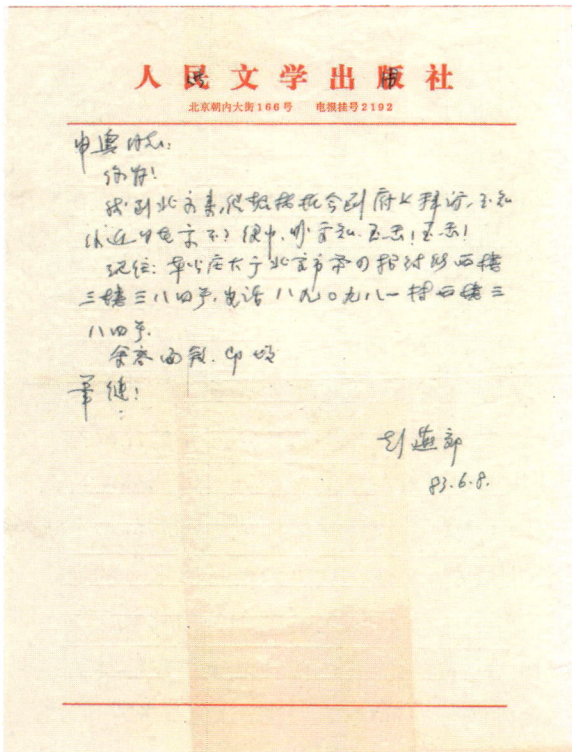

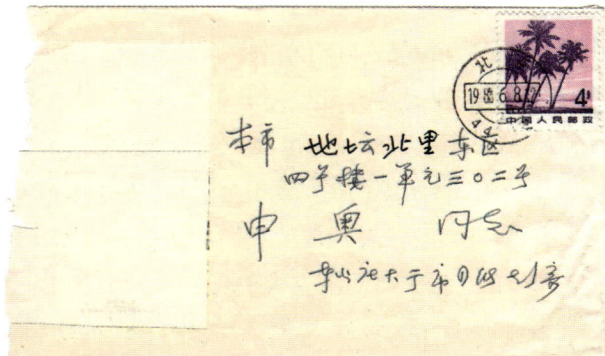

图2　彭燕郊致申奥信札（26.2 cm×19.1 cm）及实寄封

笔健！

彭燕郊

83.6.8

彭燕郊的信札钢笔横书在一页"人民文学出版社"的信笺上，是与申奥相约见面的信札，申奥曾翻译诗集《美国现代六诗人选集》，20世纪80年代初彭燕郊曾建议湖南人民出版社出版《诗苑译林》丛书，申奥的这部译著在丛书之中，也许彭燕郊要与他相约谈出版事宜吧？

从1986年起，彭燕郊的文学创作发生了重要转折和最辉煌的飞跃，他用三年时间创作了一部宏大、磅礴的散文诗《混沌初开》，共2万多字。该散文诗实现了中国知识分子对历史、现实和自我的深刻反思，引起了强烈反响，被称为"中国精神史诗"。图3就是这部散文诗的签名本，彭燕郊在书名页上钢笔直书：

徐克勤同志指正

彭燕郊

九六、九月

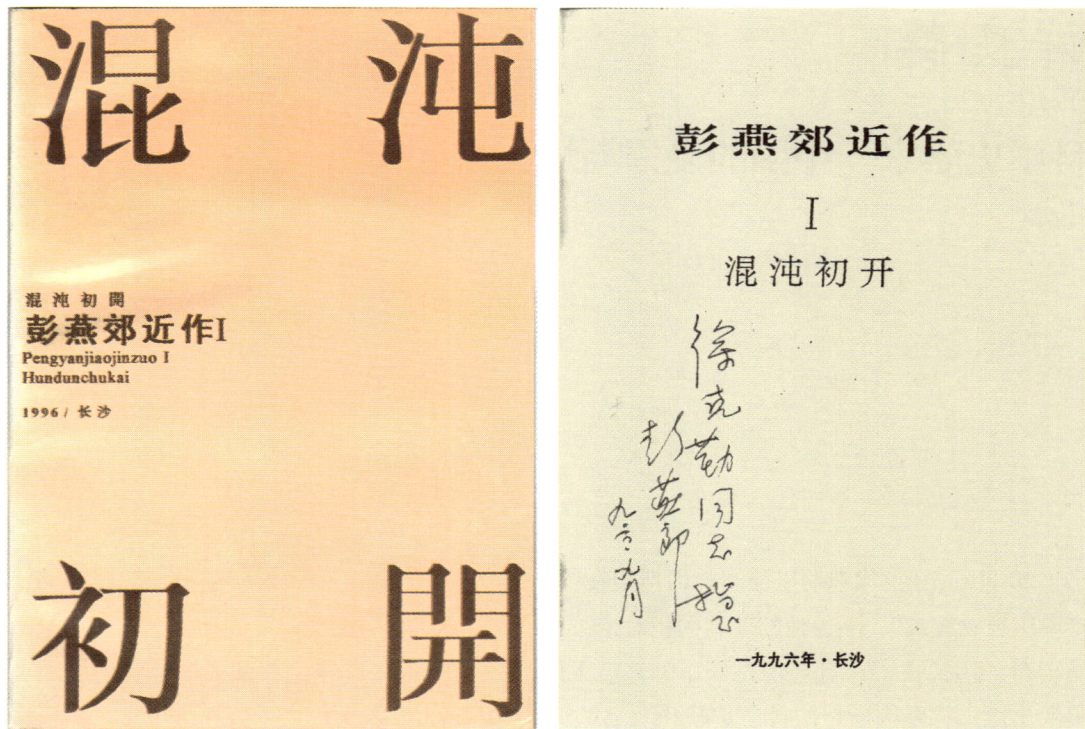

图 3　彭燕郊《混沌初开》签名本

彭燕郊的这本散文诗是签赠给时任湖南省吉首市市长徐克勤的。这部散文诗获得了首届"芙蓉文学奖"诗歌奖。

1990 年，70 岁的彭燕郊发表了长诗《生生：五位一体》，展示了生命不朽的主题和"以思想替换感情"的写作方法，被誉为"构筑起 20 世纪汉语的精神史诗"，其诗体被称为"彭燕郊体"，诗坛更称他为"中国新诗的南岳"。2007 年，中国散文诗学会将"中国散文诗终身艺术成就奖"颁给了彭燕郊。

彭燕郊（1920—2008），原名陈德矩，福建莆田人，曾在集美师范学校读书，1938 年参加新四军，后到桂林任全国文艺界抗敌协会桂林分会常务理事，《广西日报》编辑。新中国成立后，任《光明日报》编辑，湖南大学、湘潭大学副教授、教授，湖南现代文学研究会会长等。

许良英

（1920—2013）

科学史学家　中国的爱因斯坦传人

　　20 世纪 70 年代中期以前，爱因斯坦在中国被批判成 "20 世纪自然科学领域中最大的资产阶级反动权威"，不仅他的著名的相对论被批判得一无是处，而且，爱因斯坦被污蔑成：三易国籍、四换主子、有奶便是娘、见钱就下跪的人。1976 年，许良英编译的《爱因斯坦文集》出版，将爱因斯坦的科学贡献和学术思想介绍给国人，这不仅为爱因斯坦正了名，而且该译作还成为当时中国思想解放的启蒙之作。胡耀邦看了《爱因斯坦文集》后说："很多内容我没看懂，但看懂的那些，对我启发很大。"胡耀邦出任中共中央组织部长后，便要求下属去读《爱因斯坦文集》。《纽约时报》在介绍许良英时，称他为 "北京的爱因斯坦传人"。图 1 是许良英的信札：

　　张式同志：

　　　　现介绍我的弟弟许良荣同你认识。他想搞塑料薄膜加工工作，有些技术和业务上的问题希望得到你的指点和帮助。过去十几年，他同我一道在农村劳动，生活是够苦的，凡是了解情况的同志都会同情的。

　　　　那天见面后，第三天我就出院了。以后健康就恢复很快，现在已完全巩固了，并且已能照常工作。现在我就住在商务大楼的办公室里，晚上时间也可充分利用了。经过这次考验，证明我体质的底子确实不错，再工作 30 年该没有问题。这一点想你是可以相信的。

　　　　　　致

　　敬礼！

许良英　3.26.1977

　　许良英的这通信札是写给上海石油化学研究所张式的，钢笔横书在一页中华书局、商务印书馆稿纸上，从信札的落款时间"3.26.1977"推算，距今已有40年了。

许良英，1920年出生于浙江临海，读初中时就立志做像爱因斯坦那样的科学家，1939年，他怀着做当代物理学权威的理想进入浙江大学物理系，成为著名科学家束星北、王淦昌的学生。1941年，许良英开始从事地下革命活动，1942年大学毕业后谢绝了导师王淦昌的挽留，去桂林寻找党组织，立志做一名职业革命家。1945年，许良英返回浙江大学任教，主要研究相对论和量子力学，并于1946年加入中国共产党，后任地下党浙江大学支部书记，发起过浙大学生罢课、教授罢教等运动。1949年杭州解放后，许良英调到中共杭州青委机关工作，任大专区委书记、团市委学生部长等。1952年，许良英被调到中国科学院编译局，负责《科学通报》等学报、期刊和研究专著的编辑、政治把关等工作。1956年又进入新成立的院哲学所从事科学思想史与哲学的研究，正是从这个时期开始，许良英开始系统地编译爱因斯坦的物理学、哲学和社会政治思想的文献。然而，1957年突如其来的反右运动将许良英打为科学院第一右派，定成"极右分子"，失去了党籍和公职。1958年因抗拒强迫劳改的处置，被迫回老家浙江临海县张家渡镇劳动改造，直到1961年被摘掉右派帽子。从1962年起受科学院、商务印书馆的委托，以一个农民的身份重新开始有关爱因斯坦著作的编译工作。这期间他和上海科委的李宝恒合作编译爱因斯坦的有关著作，1973年，"文革"中恢复业务的商务印书馆将爱因斯坦著作的编译计划扩充为三卷本。不久，许良英以一个"回浙江老家务农者"的身份到北京商务印书馆编译《爱因斯坦文集》。1976年12月《爱因斯坦文集》第一卷出版，1977年3月《爱因斯坦文集》第二卷正式出版。

许良英的这通信札写于1977年3月26日，正值《爱因斯坦文集》第二卷出版之时，刚刚病愈，大好的心情可想而知。正如他在信札中所言："经过这次考验，证明我体质底子确实不错，再工作30年没有问题。这一点想你是可以相信的。"今天再读这句话，许良英还是个科学的预言家，此后，他果真又工作了36年。

1977年，许良英的《爱因斯坦文集》已出版了2卷，但他的问题直到1978年才平反，恢复了党籍和公职，回到北京任中科院自然科学史研究所副研究员，图2就是这期间他亲笔填写的关于影印台北世界书局1960年出版的中译本《杜威哲学》和1939年该书原著的《影印书籍审编登记表》。许良英在"内容简介及审查意见"一栏中钢笔横书：

　　本书是杜威著作的选编，并有编者写的长篇介绍（导论），对研究杜威哲学有重要参考价值。鉴于中译本并非全译本，而且各章译文质量参差不齐，建议在影印中译本的同时，也影印英文原书。

　　本书不涉及现实政治问题，纯属学术性著作，因此不必删减。

许良英的这段文字言简意赅，对影印《杜威哲学》的目的、主要内容、评价及有无政治问题等用简洁的100多个字说得一清二楚，科学家的严谨尽显其中。图3是许良英的另一通

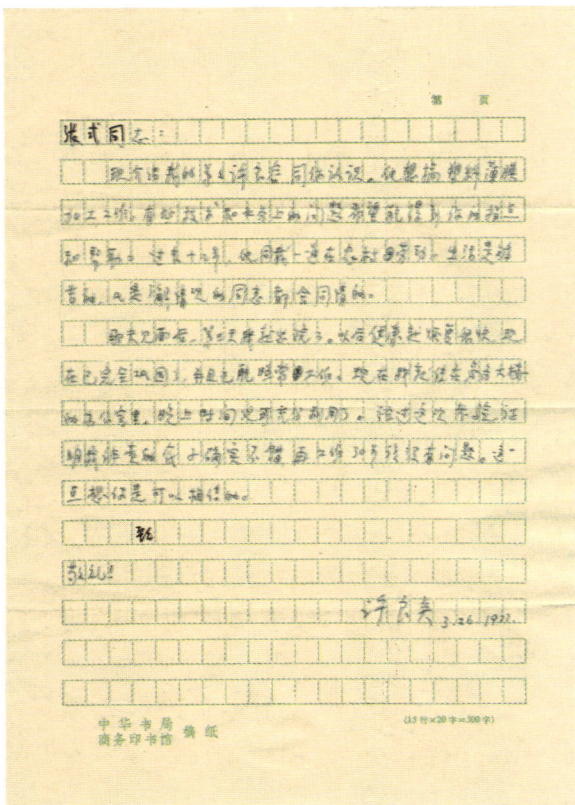

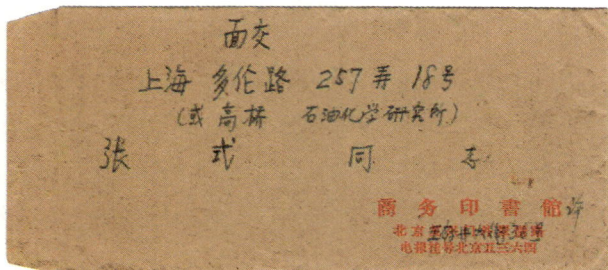

图 1　许良英致张式信札（26 cm×18 cm）及送达封

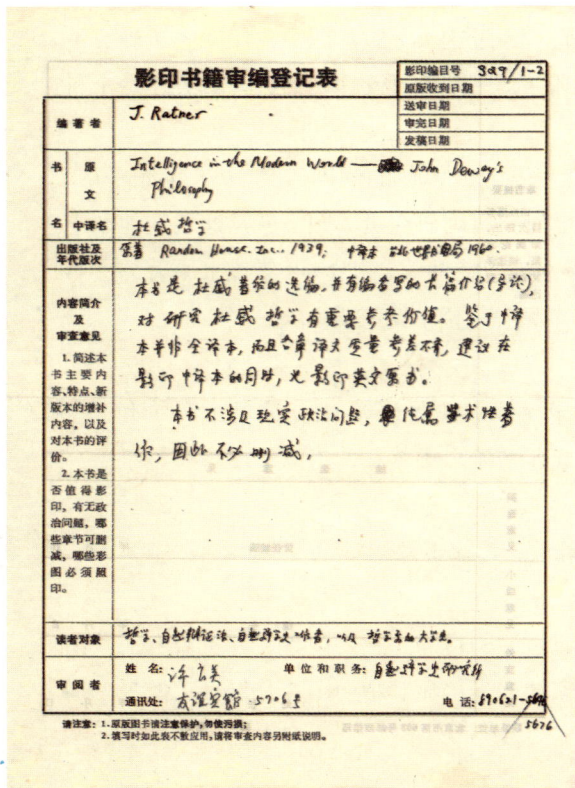

图 2　许良英填写的《影印书籍审编登记表》
（26.7 cm×19.2 cm）

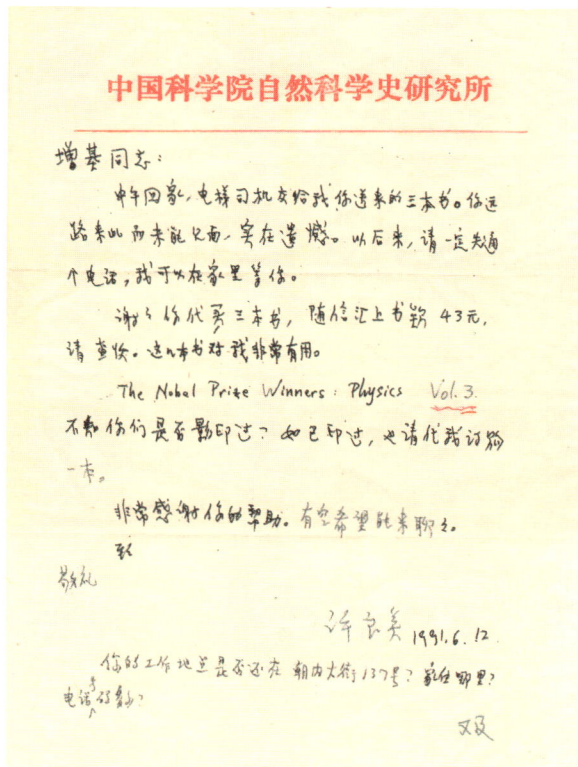

图3　许良英致王增基信札（26.7 cm×19.5 cm）及实寄封

信札，也谈到了影印书籍的事。

> 增基同志：
>
> 　　中午回家，电梯司机交给我你送来的三本书。你远路来此而未能见面，实在遗憾。以后来，请一定先通个电话，我可以在家里等你。
>
> 　　谢谢你代买三本书，随信汇上书款43元，请查收。这几本书对我非常有用。
>
> 　　The Nobel Prite Winners: Physics Vol.3（注：诺贝尔奖获得者 物理学卷3）。不知你们是否影印过？如已印过，也请代我订购一本。
>
> 　　非常感谢你的帮助。有空希望能来聊聊。
>
> 　　　致
>
> 敬礼
>
> 　　　　　　　　　　　　　　　　　　　许良英　　1991.6.12
>
> 　　你的工作地点是否还在朝内大街137号？家住哪里？电话号码多少？
>
> 　　　　　　　　　　　　　　　　　　　　　　　　　又及

许良英的这通信札是写给中国图书进出口公司王增基的，钢笔横书在一页"中国科学院自然科学史研究所"信笺上。"你远路来此而未能见面，实在遗憾。以后来，请一定先通个电话，我可以在家等你。……非常感谢你的帮助。有空希望能来聊聊"，语言谦卑、亲切、自然、真挚，从落款"1991.6.12"推算，彼时的许良英已是位71岁的老人，其言辞却像一位谦虚的学生。

许良英的翻译学术研究不仅局限于爱因斯坦，继1979年《爱因斯坦文集》第三卷出版后，许良英还编译和著有《科学的哲学：科学和哲学之间的纽带》、《物理学的基础》、《二十世纪科学技术简史》、《科学和我国社会主义建设》和《世界思想文化名著丛书：科学卷》等。他还与夫人、中国近代史学者王来棣先生合著了《民主的历史》一书，可谓著作等身。他的学术和思想也得到了世界知识界的认可，获得了纽约科学院"海因茨·R·伯格尔斯奖"、2008年"美国物理学会奖"和"安德烈萨哈洛夫奖"。

许良英一生将爱因斯坦树为自己的榜样，爱因斯坦逝世前嘱咐家人，死后不要墓地、不立碑、不举行宗教仪式，也不举行任何官方仪式，骨灰撒在空中，和人类宇宙融为一体。许良英逝世后，他的家人按照他的遗嘱，将许良英的遗体捐献给了医学事业。

　　许良英（1920—2013），浙江临海人，1939年入浙江大学物理系，在校期间开始从事地下革命活动，1942年大学毕业后去桂林寻找党组织，1945年返回浙大任教，并任地下党浙江大学支部书记。新中国成立后，任杭州团市委学生部长，1952年调中国科学院工作，1957年被打成右派回家乡劳改20多年，1978年平反，任中科院副研究员、研究员等。

许觉民
（1921—2006）
文学评论家

2000 年，长江文艺出版社出版的《林昭，不再被遗忘》一书在社会上引起轰动，这本文集的编辑者是原中国社会科学院文学研究所所长、著名文学评论家、林昭的舅舅许觉民。图 1 是许觉民的信札：

应年兄：

吕荧一文寄上，不必寄回。

玄奘两首诗。

——三藏法师翻此论（异部宗轮论）竟，述重译意，乃说颂言：

备详众梵本

再译宗轮论

文惬义无谬

智者应勤学

——三藏法师玄奘译斯论（阿毗达磨大毗婆沙论）讫，说二颂言：

佛涅槃后四百年

边腻色迦王赡部

召集五百应真士

迦湿弥罗释三藏

其中对法毗婆沙

具获本文今译讫

愿此等润渚含识

速澄圆寂妙菩提

典译论无关，可不收。修订本打出，校样交我一阅为盼。草草。

百尺楼上人

三月十二日

数字，历史主义，勿照今日尽改阿拉伯，切切！即数字照原书，勿阿拉伯化。

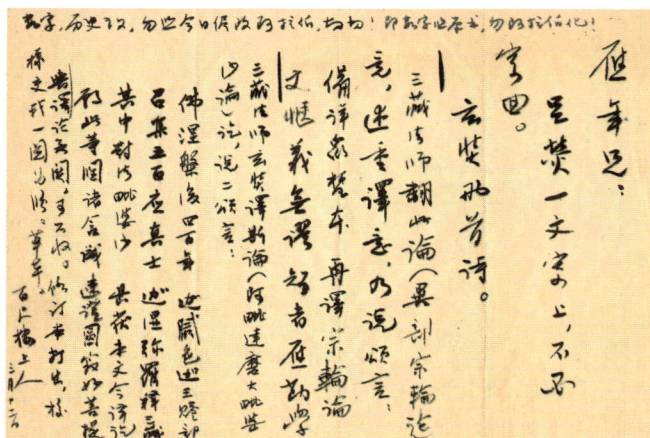

图 1　许觉民致陈应年信札（30 cm×19.8 cm）
　　　及实寄封

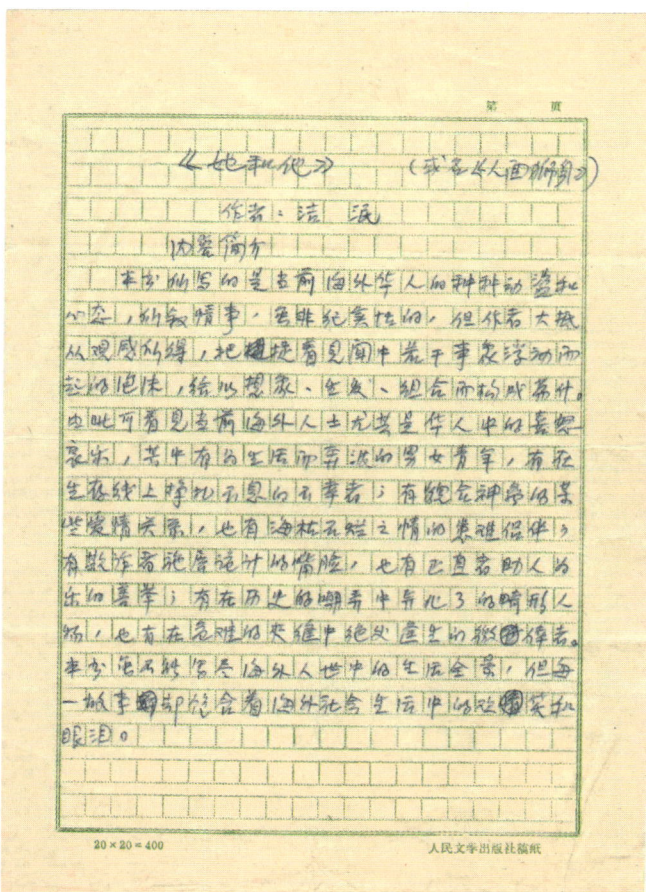

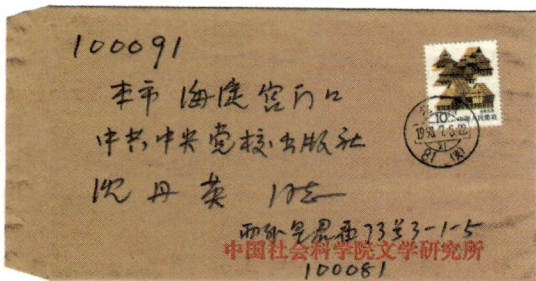

图 2　许觉民手书《她和他》内容简介
　　　（26.5 cm×19 cm）及实寄封

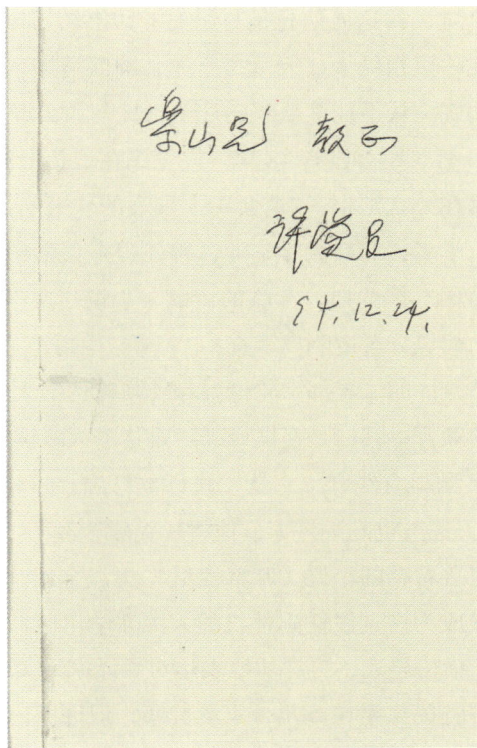

图 3　许觉民《人面狮身》签名本

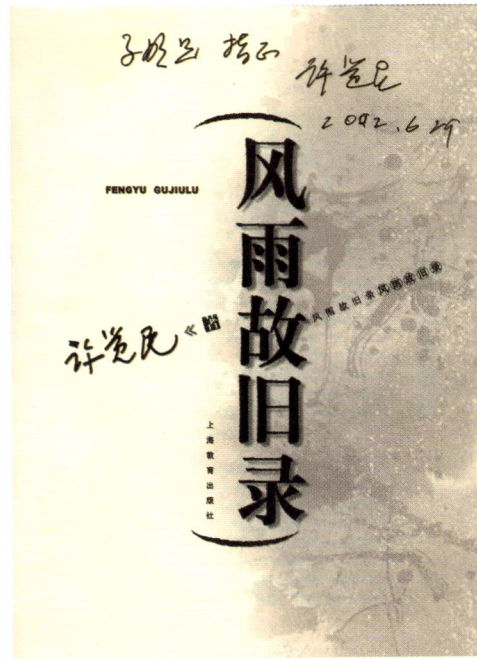

图 4　许觉民《风雨故旧录》签名本

　　许觉民的这通信札是写给商务印书馆历史室主任、翻译家陈应年（1936—　　）的，毛笔直书在一页白纸上，行草书字体，圆润清媚、率意纵笔、稳健老成，书风朴拙，足见其深厚书法功底。从手札落款"三月十二日"和实寄封邮戳"1999.3.13"推断，该信札写于1999年3月13日，距今已有18年。许觉民在信札中先是说道"吕荧一文寄上"，即许觉民1999年3月4日在《文汇报》"笔会"上发表的"书生吕荧"一文。吕荧（1915—1969），美术家、教育家、学者，北京大学毕业，曾任山东大学中文系教授，人民文学出版社特约翻译，翻译了许多英国、俄罗斯、苏联的诗歌、小说、文学理论著作等，1955年因登台发言为胡风辩护，被定为胡风分子遭隔离审查，"文革"中再遭迫害，于冻饿中逝世于北京清河农场。手札抄录了玄奘翻译的《异部宗轮论》和《阿毗达磨大毗婆沙论》中的两首诗，其一是《异部宗轮论》卷一的颂言；其二是玄奘译《阿毗达磨大毗婆沙论》跋中的颂言。而且在手札的左边及上方，以小字强调两件事，一是"修订本打出，校样交我一阅为盼"；二是"数字照原书，勿阿拉伯化"。玄奘也是翻译家，他将《大般若经》、《心经》等佛教经典翻译成文字而名垂青史，而吕荧将普希金的小说《叶普盖尼·奥涅金》、莎士比亚的戏剧《仲夏夜之梦》等翻译成中文，而后又成为许觉民任副社长的人民文学出版社特约翻译。这里，许觉民借玄奘的两首诗以古喻今，借诗思人，更深切地表达对翻译家吕荧的怀念。

　　许觉民出生在苏州，家境贫寒，但许家出了多位革命者，堂哥许金元曾任中共江苏省委青年部长，"四一二事变"中被国民党装入麻袋尸沉长江，尸骨无存；姐姐许宪民（林昭之母）多次协助地下党工作，新中国成立后任苏州长途汽车局局长、民革成员，是苏州市政协委员。许觉民15岁时因生活所迫辍学考入邹韬奋创办的上海生活书店当学徒，从干杂活的伙计做起，业余时间勤奋学习，于1938年加入了中国共产党，先后参加了上海职业界救国会、抗日歌咏队，参加了营救"七君子"的行动。新中国成立后，许觉民任上海三联书店副经理、上海军管会新闻出版处办公室副主任、北京三联书店总管理处秘书处副主任、北京人民文学出版社经理、副社长兼副总编，"文革"中被批斗并下放到咸宁"五七干校"劳动。1973年回京，任北京图书馆研究员、参考部主任，1978年调社会科学院任《文学评论》杂志主编、文学研究所所长等，出版有《人生的道路》、《今天将会过去》、《洁民文学评论选》等专著。1986年退休后专门从事写作，出版了散文集《人面狮身》（又名：《她和他》）等。图2是许觉民手书的该书内容简介：

　　　《她和他》（或名《人面狮身》）
　　　作者：洁　泯
　　　内容简介
　　　本书所写的是当前海外华人的种种动荡和心态，所叙情事，虽非纪实性的，但作者大抵从观感所得，把捉着见闻中若干事象浮动而起的泡沫，给以想象、生发、组合而构成篇什。由此可看见当前海外人士尤其是华人中的喜怒哀乐，其中有为生活而奔波的男女青年，有在生存线上挣扎不息的不幸者；有貌合神离的某些爱情关系，也有海枯石烂之情的患难伴侣；有欺诈者施展诡计的嘴脸，也有正直者助人为乐的善举；有在历史的嘲弄中异化了的畸形人物，也有在危难的夹缝中绝处逢生的侥幸者。本书虽不能写尽海外人世中的生活全景，但每一故事却饱含着海外社会生活中的欢笑和眼泪。

许觉民的这份"内容简介"是写给中央党校出版社编辑沈丹英的，用圆珠笔写在一页"人民文学出版社稿纸"上，从实寄封的邮戳"1993.7.5.22"推断，这份"内容简介"写于20多年前的1993年，许觉民的这部散文集1994年由中央党校出版社出版。图3就是这本散文集的签名本，许觉民在扉页上钢笔横书：

乐山兄教正
许觉民
94.12.24

2002年，许觉民又出版了一本散文集《风雨故旧录》。图4是这本文集的签名本，许觉民在书名页上钢笔横书：

子明兄指正
许觉民
2002.6.29

许觉民的这部文集收录了他与著名作家巴金、叶圣陶、俞平伯、聂绀弩、陈荒煤、艾青等人的交往和印象，这些文章大多是他应邀在《南方日报》"风雨故人"专栏和《文汇报》"笔会·文坛交友录"专栏上发表的文章汇集，"书生吕荧"一文就发表在"笔会·文坛交友录"上，文集出版后反响极佳。

许觉民（1921—2006），笔名洁泯、洁民等，江苏苏州人，中学辍学后到上海生活书店当学徒，参加上海职业救国会并加入中国共产党。新中国成立后，任上海军管会新闻出版处办公室副主任、北京三联书店经理、秘书处副主任、人民文学出版社副社长兼总编辑。"文革"中下放"五七干校"，1973年后任北京图书馆研究员、参考部主任，中国社会科学院《文学评论》杂志主编、文学研究所所长、顾问等。是中国作家协会第四届理事。

刘廼中

(1921—2015)

北国江城的文化地标

20世纪末，吉林书坛的那致中、赵玉振、金意庵、刘廼中被称为"吉林四老"。

2015年10月1日，"吉林四老"中唯一健在的刘廼中先生驾鹤西归，北国江城吉林市从此失去了一座文化地标。

2005年，吉林市政府经多轮谈判拟与一家国家银行达成全面金融合作协议，这家银行将在以后几年为吉林市的经济和社会发展提供巨额资金支持，这对处在经济发展方式转型中的东北老工业基地城市吉林市来说无疑是雪中送炭。对此，市政府高度重视，责成有关部门抽调专人组成团队起草战略合作协议文本、筹备签约仪式的各项工作，我有幸参与其中。令我们团队头疼的是，签约仪式上将以市政府的名义向对方赠送一件有意义的纪念品，这一纪念品既要能代表吉林市的特色，具有纪念意义又不能太奢侈。于是，我首先想到了刘廼中的书作，为此登门请刘廼中先生挥毫，先生愉快地应允，写了一幅行书（图1）：

追求卓越　共创辉煌

刘廼中

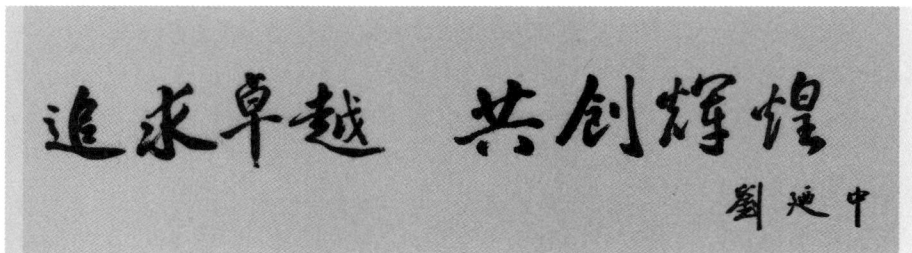

图1　刘廼中行书（133 cm×45 cm）

在签约仪式筹备过程中，我们得到信息，这家银行吉林省分行的全体人员将来吉林市参加签约仪式，他们当中的许多人是第一次来吉林市且只停留半天，而在这么短的时间里，让来宾了解吉林市，有一部城市推介短片是最理想的，那时的吉林市恰恰没有这样一部推介宣传片，为此，我们打算制作一部介绍吉林市的专题片，并想请一位有名望的市民代表在专题片里推介家乡——吉林市。我再一次想到了刘先生，并打电话与他商量，表述了我的想法，刘先生再次应允，并约定了拍摄时间，我请我的同事带摄像师按约定的时间去刘先生家拍摄。我的同事回来后跟我讲，刘先生为了拍摄成功作了精心准备，还专门换了套新唐装上镜，而且，推介词说得非常精彩。为拍好这部推介片，我们占用了刘先生很多时间，他也因此谢绝了多位登门求字者。

2005 年 9 月，吉林市与该银行金融合作战略协议签字仪式在西关宾馆如期举行，首先进行的就是为各位嘉宾播放介绍吉林市的专题片，身着洁白唐装的刘廼中先生出现在屏幕上，用他那儒雅的声音推介吉林市：

这五年，吉林市的变化相当大。吉林市已经从个接近乡村的城市，变成了大城市，不是一般的大城市，而且是很美的大城市了，城市交通日新月异，从大街到小巷也越来越方便了，至于百姓的生活，水、电、住房这些方面都有极明显的变化……

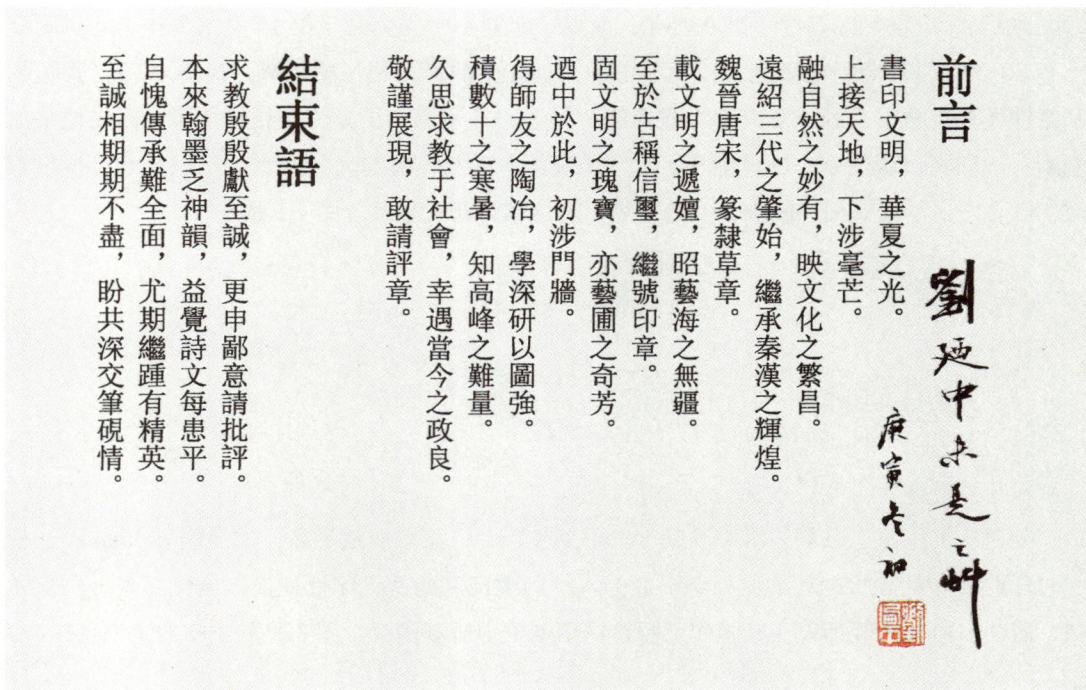

前言

书印文明，華夏之光。上接天地，下涉毫芒。融自然之妙有，映文化之繁昌。遠紹三代之肇始，繼承秦漢之輝煌。魏晉唐宋，篆隸草章。載文明之遞嬗，昭藝海之無疆。至於古稱信璽，繼號印章。固文明之瑰寶，亦藝圃之奇芳。廼中於此，初涉門牆。得師友之陶冶，學深研以圖強。積數十之寒暑，知高峰之難量。久思求教于社會，幸遇當今之政良。敬謹展現，敢請評章。

結束語

求教殷殷獻至誠，更申鄙意請批評。本來翰墨乏神韻，益覺詩文每患平。自愧傳承難全面，尤期繼踵有精英。至誠相期期不盡，盼共深交筆硯情。

刘廼中来是之岬　康寅之初

图 2　刘廼中《前言》、《结束语》打印稿题签（30 cm × 21.5 cm）

听着刘先生的推介，在场的人无不感到吉林市是一座充满了人文气息的城市，是一座充满了活力和希望的城市。仪式的最后一项是由吉林市政府向这家银行赠送纪念品，当市政府领导展开装裱了的刘廼中先生行书条幅时，现场爆发出了热烈的掌声，银行行长激动地说："追求卓越"是我们银行的愿景之一；而"共创辉煌"正是我们行与贵市战略合作的目标。这份纪念品太珍贵了，这幅字写得太好了……后来我听说，这幅字被悬挂在该银行办公楼的贵宾会见厅里。

近些年，还与刘廼中先生有过几次近距离的接触。2001 年，著名鉴赏家、书法家、中国古代书画七人鉴定小组成员之一、辽宁省博物馆名誉馆长杨仁恺（1915—2008）先生在省政府文史馆领导陪同下来吉林考察，我陪同他与刘廼中先生在市博物馆见面并交流座谈，两位先生都长期工作于文博领域，谈起话来滔滔不绝，从杨仁恺先生发现并鉴定的《清明上河图》、《簪花仕女图》、《虢国夫人游春图》，谈到刘廼中先生发现并鉴定的苏东坡《洞庭春色赋》、《中山松醪赋》，我清楚地记得，交谈中杨仁恺先生称刘廼中先生为"刘老"；2010 年，我与书画家、文物鉴定家王朝中一起陪同我的同事去刘老家求字，落座后刘老问我最近在忙什么？我答说刚从湘西凤凰回来，在凤凰时我去拜谒了沈从文先生的故居，也瞻仰了沈从文的远亲、北洋政府国务总理、慈善教育家熊希龄先生的故居，这引起了刘廼中先生的谈兴。他说：1935 年，我正在北京汇文中学读书，60 多岁的前国务总理熊希龄先生与 30 多岁的复旦大学女硕士毛彦文小姐结婚，轰动一时，北京、天津、上海的各大报纸都刊登了婚礼消息……后来，我找出了毛彦文女士的回忆录《往事》，书中所载，熊、毛于 1935 年举行婚礼，《大公报》、《申报》等刊登了婚礼盛况，而那一年刘廼中先生是年仅 15 岁的少年，此事距今已有 70 多年，刘老仍记忆犹新，我不得不为刘先生的惊人记忆所折服；2013 年冬，我随画家谢铁瑛等吉林市书画界友人去看望刘廼中先生，93 岁高龄的刘先生精神矍铄，高兴地拿出刚刚写毕即将出版的新作的《前言》和《结束语》的打印稿与大家共赏，字斟句酌、推敲琢磨，学者之风尽显其间。临别，刘廼中先生将这帧打印稿题签（图 2）赠我。

刘廼中未定之草

庚寅冬初

并钤白文印章："刘廼中"。

没想到此次相见竟成永别……

刘廼中的书法、篆刻艺术以汉篆、隶书见长，并以篆刻成就最高，这使他于 1994 年，就在时任西泠印社社长赵朴初的介绍下成为入社门槛极高的西泠印社社员，当代书画大师赵朴初、启功、何海霞等都曾在其画作上频繁钤用刘廼中所制印章。图 3 是刘廼中的隶书自作诗：

白山松水乡情重，

雨顺风调万物荣。

画笔图真姿百态，

同歌桑梓颂升平。

落款："白山松水乡情画展　刘廼中"。

钤白文："刘廼中印"、朱文："汉宽"，引首钤白文印章："己卯"。

图 4 是刘廼中的篆书：

桃李无言

兰蕙有芳

落款：岁次甲申嘉平月杪　刘廼中篆于无门限斋。

钤白文四灵印章："刘廼中"、朱文印章："汉宽八十以后作"，引首钤白文印章："甲申"。

2011 年 10 月 10 日，北国江城吉林市群贤毕至，政要云集，"刘廼中艺术馆"开馆暨《刘廼中艺事丛脞》首发式在吉林市博物馆举行。

图 5 是全 8 册《刘廼中艺事丛脞》的签名本，在这部巨著的第一册"书法"卷的扉页上，刘廼中先生毛笔直书：

李勇先生雅正

辛卯初冬　刘廼中

钤白文印章："刘廼中"。

这部书是刘廼中履迹、书法、篆刻、信札、收藏和诗文的集成，尤其是上、下两册的《诗文》，诗词、歌赋、楹联、序跋和论文，洋洋大观，几乎囊括了各种文体，足见刘廼中渊深的文化底蕴和儒学修养。刘廼中出身翰墨世家，祖父是清翰林，父亲曾任民国驻苏联海参崴副总领事和驻西藏办事处专员。刘廼中 4 岁开始学习书法，1944 年毕业于北平辅仁大学国文系，师从王福庵、启功等大师，新中国成立前参加过中共地下组织，

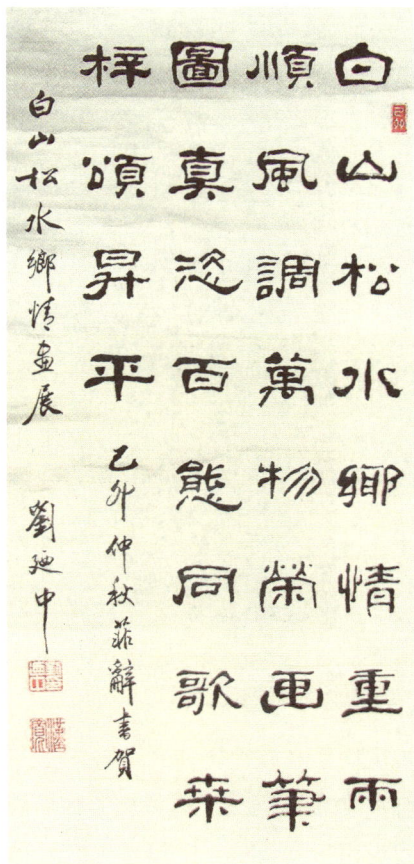

图 3　刘廼中隶书自作诗（134 cm×33 cm）

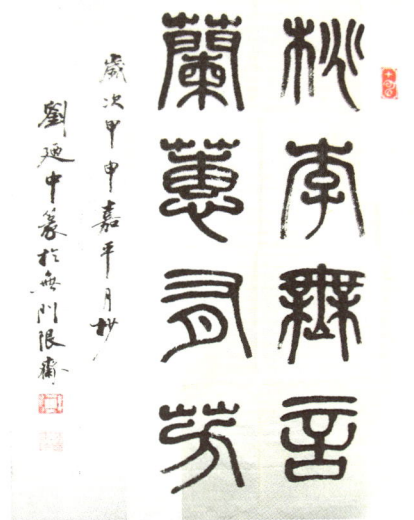

图 4　刘廼中篆书（135 cm×67 cm）

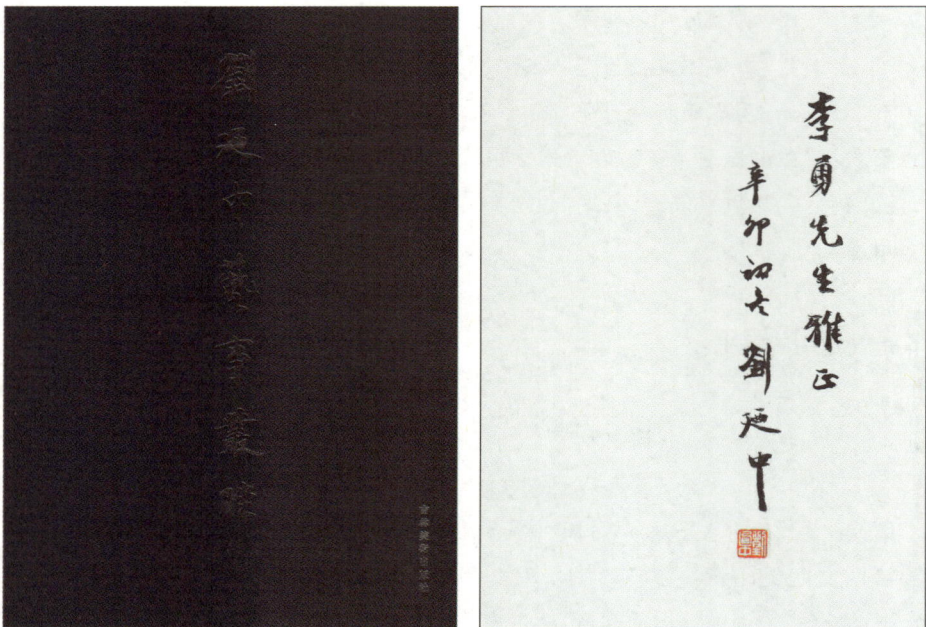

图5 《刘廼中艺事丛脞》签名钤印本

新中国成立后先在北京电影制片厂工作，后在东北军区空军参加抗美援朝。1955年受政治冲击被审查，1957年被打成右派，1958年被下放到北大荒监督劳动，1961年被分配到吉林市图书馆接受改造。1980年平反后，任吉林市图书馆副馆长、吉林省文史研究馆馆员等。曾获吉林省政府"长白山终身成就奖"、中国书法家协会"德艺双馨"奖和"艺术成就奖"。他曾三次赴台湾讲学交流，其个人著述在吉林书法家中堪称翘楚，尤其是在诗词创作方面可谓成就斐然。图6是刘廼中的四帧诗稿，书录的是其六首诗词。

其一：

七律　中共建党八十五周年祝辞
燔火星星启壮猷，
燎原势劲遍神州。
几经曲折途终坦，
多履艰危志更遒。
荣耻分明知向背，
是非有法辨薰莸。
八旬晋五沧桑历，
无量前程亿万秋。

刘乃（廼）中　2006年7月1日

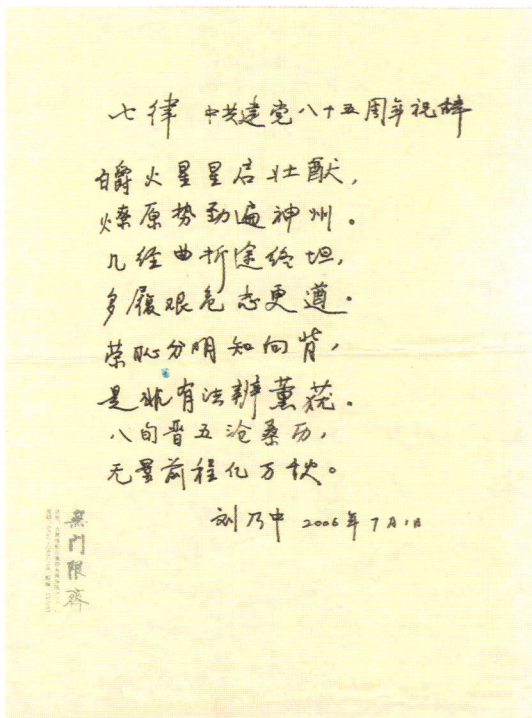

七律　中共建党八十五周年志庆

星火星星启壮猷，
燎原势劲遍神州。
几经曲折途终坦，
多履艰危志更遒。
荣耻分明知向背，
是非省悟耕薫莸。
八旬晋五沧桑历，
无量前程化万犹。

刘廼中　2006年7月1日

完美

咏雾凇（五首）　刘廼中

一、七律（今年新作）

如晶如玉又如珠，
如雪如烟亦若酥。
顿使楼台成珠宇，
还将草芥发碎碟。（注）
耳持筇枝穿冰径，
便羡云英缀袖襦。
羡煞连年观不尽，
今年更与历年殊。

注：碎碟，美石之似玉者

二、蝶恋花（旧作）

都喜西风雕碧树，
愈是寒深，愈见重重雾。
划地晶天迎去路，
匝枝玉琢花无数。

①

完美

卜透朝暾光渐注，
霙雪纷披，胜似杨飘絮。
美景江城人竞慕，
真堪消得仙家驻。

三、临江仙（旧作）

造物偏钟堤畔柳，
柳梢挂月含情。
柳眉桃面玉叙横，
灞桥攀折苦，何处少卿卿！

最是鸣林江岸上，
未丰落叶飘零。
缠枝浓雾化冰凌。
妆成珊玉串，
夺尽鬼神惊。

②

完美

（四）七绝（新作）

分明是雪又如烟，
作绚枝头玉色妍。
晓日霜光呈七彩，
枝头寒葆尔犹连。

（五）七绝（旧作）

多事天公爱弄奇，
枝花江畔弄银丝。
遥看满目琼花雨，
素色严妆称柳枝。

③

图6　刘廼中诗稿（26.9 cm×19.2 cm×4）

其二：

咏　雾　淞（五首）　　刘廼中

一、七律　（今年新作）

如晶如玉又如珠，

如雪如烟亦若酥。

顿使楼台成琼宇，

还将草芥变砟砆。（注）

且持筇杖穿冰径，

便惹云英缀袖襦。

美景连年观不尽，

今年更与历年殊。

　　　　　　注：砟砆，美石之似玉者。

二、蝶恋花（旧作）

却喜西风雕碧树，

愈是寒深，愈见重重雾。

刬地晶天迎去路，

匝枝玉琢花无数。

乍透朝暾光渐注，

霰雪纷飞，胜似杨飘絮。

美景江城人竞慕，

直堪消得仙家驻。

三、临江仙

造物偏钟堤畔柳，

柳梢挂月含情。

柳眉桃面玉钗横。

灞桥攀折苦，

何处少卿卿！

最是鸡林江岸上，

冬来落叶飘零。

缠枝浓雾化冰凌。
妆成晶玉串，
奇景鬼神惊。

四、七绝（新作）
分明是雾又如烟，
结向枝头玉色妍。
映日霞光呈七彩，
枝头寒雀亦留连。

五、七绝（旧作）
多事天公爱弄奇，
松花江畔舞银丝。
迷雾满目琼花雨，
素色严妆扮柳枝。

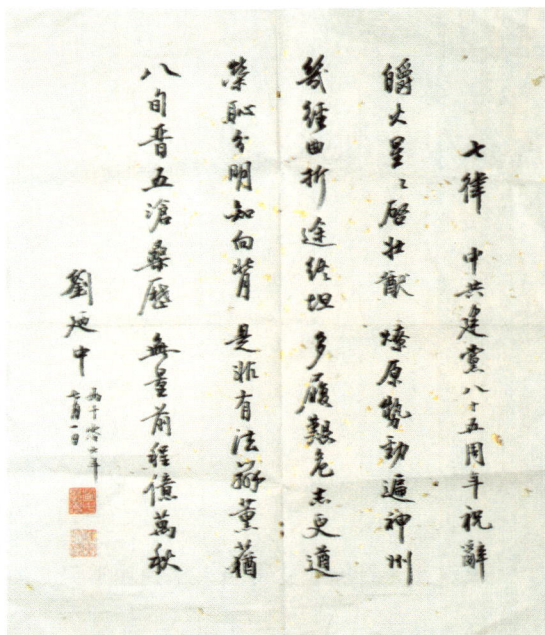

图 7　刘廼中自作诗行楷书条幅（46 cm×38 cm）

刘廼中的诗词韵律工整、感情真挚，七律"祝贺中共建党八十五周年"情真意切，充满正能量；先生对这首诗作很看重，曾以毛笔行楷书之，图 7 即是《七律　中共建党八十五周年祝辞》的行楷条幅，落款刘廼中，两千零六年七月一日，钤白文"廼中长寿"、朱文"汉宽吟稿"印章。

"咏雾凇"的五首，是对自然奇观雾凇感情饱满的咏颂，借景抒情，豪放大气、婉约柔美，诗人的家国情怀尽显佳句之中。

刘廼中（1921—2015），别号汉宽，晚号古柳逸民，居室无门限斋。出生于北京、祖籍天津杨柳青。毕业于北京汇文中学、辅仁大学，曾任辅仁大学附属中学教员，北京电影制片厂科长，东北军区空军工程部科长，吉林市图书馆副馆长、副研究员，中国书法家协会会员、吉林省书法家协会名誉主席、吉林省文史馆馆员、西泠印社社员。

杨振宁

（1922—　）

诺贝尔物理学奖获得者

1957 年，杨振宁获得诺贝尔物理学奖。图 1 是杨振宁的信札：

中骐：

　　附件我不预备回复，你如有兴趣和他讨论很好。

　　　祝

中秋好

振宁

2004 年 9 月 27 日

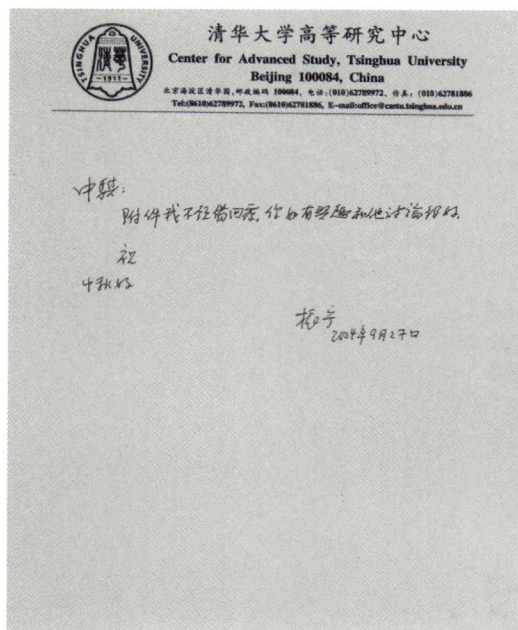

图 1　杨振宁致马中骐信札（29.6 cm×21 cm）及实寄封

　　杨振宁的这封短笺是写给他的学生、合作者、中国科学院高能物理研究所四室马中骐教授的，硬笔横书在一页"清华大学高等研究中心"信笺上，正文只有短短一行字，却言简意赅，虽拒绝了回复附件之事，却不忘祝福弟子"中秋好"，物理学家的直白、简洁明快之风跃然纸上。马中骐教授是我国培养的首批18位博士之一，其博士学位证书号是001号，与杨振宁合作从事冷原子方面的研究，并取得若干可喜成果，杨振宁评价马中骐的研究成果是能留得下来的工作。从信札的落款和实寄封的邮戳可知，短简写于2004年9月27日。

　　1922年，杨振宁出生在安徽合肥的四古巷，爷爷是清末的秀才，早年在私塾教书，后到天津在军阀段芝贵幕府中司"笔札"。父亲杨武之是1923年的公费留学生，先后在美国斯坦福大学、芝加哥大学攻读学士、硕士和博士，是中国第一位数论方面的博士，1928年回国后任清华大学西南联合大学数学系教授、主任，著名数学家华罗庚、陈省身等都是他的学生。杨振宁在清华园长大，16岁中学还没毕业就考取了西南联大，大学毕业后又进西南联大研究院读研究生，1945年考取公费赴美留学生，就读于其父曾获博士学位的芝加哥大学，同样获得了博士学位。1949年，杨振宁进入普林斯顿高等研究院进行博士后研究，并开始同另一位中国籍物理学家李政道合作，两人因共同提出宇称不守恒理论，于1957年获得了诺贝尔物理学奖，成为两个最早获得诺贝尔奖的华人，这一年杨振宁只有35岁。1966年以后，杨振宁长期执教于纽约州立大学石溪分校，并创立主持该校的理论物理研究所。

　　杨振宁于1949年与在美国纽约圣文森学院攻读英国文学的国民党高级将领、抗日名将杜聿明的女儿杜致礼邂逅于普林斯顿的一家中餐馆"茶园餐厅"，这是他们于西南联大分别5年后的重逢，随后他们举行了婚礼；而此时，杜聿明已在淮海战役失败后被俘，关押在天津功德林战犯管理所里。但是，杜聿明受到了优待，于1959年作为第一批特赦战犯获释，并担任全国政协文史资料研究委员会专员。

　　1971年，阔别祖国26年的杨振宁回国访问，毛泽东、周恩来、周培源等会见、宴请了他，昔日的同乡、儿时清华园里的邻居好友、也曾在美国获得博士学位、却在父亲邓以蛰教授的敦促下毅然回国，组织领导中国"两弹一星"研制工作的著名科学家邓稼先送杨振宁由京经沪返美。邓稼先也是在杨振宁此次回国要见的友人名单中排在第一位的人。此后，杨振宁每年都回国访问，为促进中美建交、中美科学技术交流而奔走。1977年，他和梁恩佐等人在波士顿创办了"全美华人协会"。图2是杨振宁于1980年代回国访问时签名的首日封，在1986年发行的《哈雷彗星回归》特种邮票首日封上，杨振宁钢笔横书：

杨　振　宁

图2　杨振宁签名的首日封

图3 《杨振宁演讲集》签名本

　　杨振宁还经常到各大学、科研机构演讲，后来南开大学出版社将这些演讲稿收集整理，出版了《杨振宁演讲集》。图3就是这部演讲集的签名本，在书名页上杨振宁钢笔横书：

杨　振　宁

　　杨振宁的学术成就主要是对物理学的贡献，包括与米尔斯提出了一个被称为非阿贝尔规范场的理论结构、与巴克斯特创立了杨—巴克斯特方程、与李政道合作的高能中微子实验分析和关于 W 粒子的研究、与吴大峻合作的 CP（宇称）不守恒分析、与邹祖德合作的高能碰撞理论等。杨振宁先后获得了费米奖、美国国家科学奖、爱因斯坦奖等。

　　杨振宁从纽约州立大学石溪分校退休后，先在香港中文大学做博文讲座教授，后到清华大学高等研究中心任教授。2017 年 2 月，已放弃美国国籍成为中国公民的杨振宁教授正式转为中国科学院院士，他始终没有停止科学研究工作，被公认为世界物理学界、现代物理场理论的奠基人。

　　　　杨振宁（1922—　　），生于安徽合肥，毕业于西南联合大学、美国芝加哥大学物理学博士。历任芝加哥大学讲师、普林斯顿高等研究院研究员、纽约州立大学石溪分校教授兼物理研究所所长等。

常香玉
(1923—2004)
豫剧表演艺术家

1950 年 6 月，以美国为首的联合国军越过朝鲜三八线。7 月 10 日，中国人民反对美国侵略台湾朝鲜运动委员会在北京成立，抗美援朝运动在全国兴起。8 月 7 日，西安"香玉剧社"提出"为捐献一架飞机"义演，在全国各界的支持下，香玉剧社演出 180 多场，收入超过当时可买一架飞机的 15 亿 270 万元（人民币旧币），全部寄给中国人民抗美援朝总会，申报"香玉剧社号"战斗机。郭沫若会长十分感动，亲自为飞机题写机名。如今，这架在抗美援朝战争中屡立战功的米格 15 飞机陈列于中国航空博物馆。当年，"香玉剧社"及其创办人常香玉的义举极大地鼓舞了志愿军将士和全国人民，常香玉因此被誉为爱国艺人。下图是常香玉的信札：

鲁煤同志：

您好！

在您的支持和两次具体帮助下，"冰山春水"已于本月八日公演。观众反应的强烈出乎我们的预料。几位省委书记都看了演出并上台接见大家，还鼓励大家说这个戏可以到北京去演出。我想这是对大家的鼓励吧，戏还是得认真加工的。

从本月廿五日起还要再演七场，我们很想请您和剧协的专家们来看看戏，再具体帮助我们提高一步，但又明知道你们太忙，不好意思提出，要是您能来看一看那该是多好啊！如果能来请电告，以便迎迓。就是不能来，我和两位作者对于你的两次帮助都是非常感谢的！

您忙不多谈了。

敬礼！

常香玉

十月廿二日

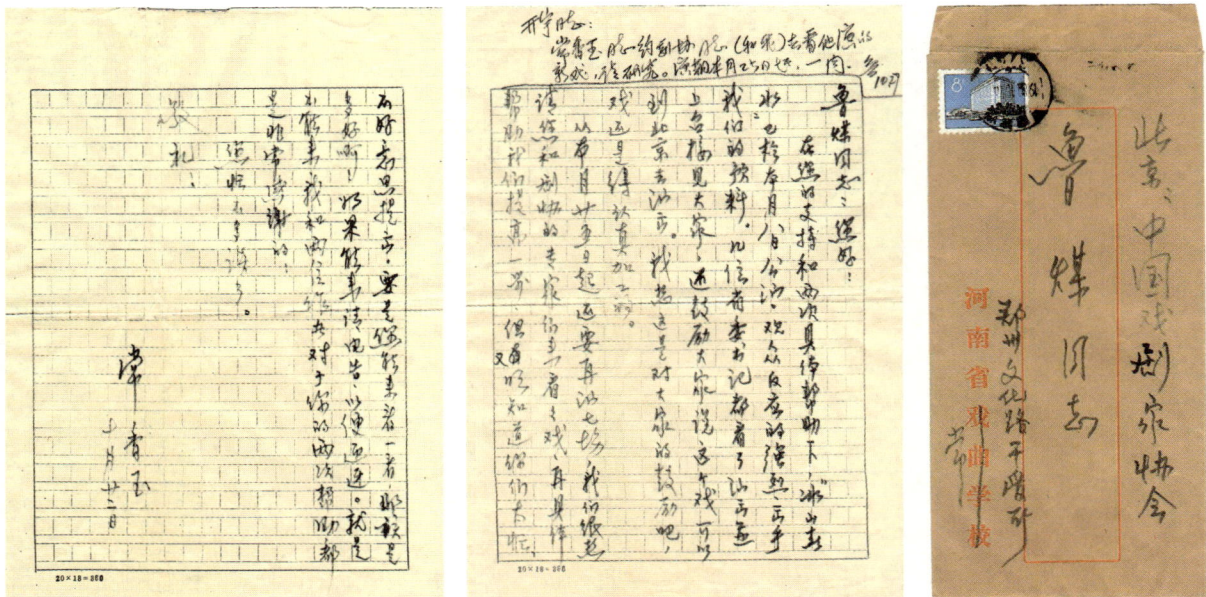

常香玉致鲁煤信札（26.5 cm × 18.5 cm）及实寄封

　　常香玉的信札硬笔直书在二页稿纸上，是写给著名编剧、七月派诗人、中国戏剧协会创作室编剧、《戏剧报》编辑鲁煤（1923—2014）的。是书邀鲁煤等剧协领导去看她们的新戏《冰山春水》，从实寄封的邮戳"1980.10.24"和信札的落款"十月廿二日"推断，该信札写于1980年10月22日，距今已有37年，彼时的常香玉57岁，正值艺术创作的巅峰，《冰山春水》就是由常香玉的丈夫、著名剧作家陈宪章等创作的豫剧现代戏，常香玉在戏中饰演郑豫华，并在公演时获得了成功。

　　常香玉出生在河南巩县董家沟，原名张妙玲。9岁随父张福仙学戏，后拜翟彦身、周海水为师，10岁登台演出。因为族长觉得他们家族中出了个唱戏的，感到丢人，不准她姓张，死后也不准她进张家祖坟；后来，她遇到一位常老大，拜为义父，改名常香玉，为艺术之花高雅纯洁、常香不败之意。常老大对常香玉关爱有加，令常香玉终身不忘。相反，生父张福仙作为常香玉的启蒙老师，常常因为学戏的事对常香玉拳脚相加，一直打到常香玉20岁。但常香玉不记恨父亲，常说父亲是个很有眼光、很有见解的人。在父亲和老师的培养下，常香玉12岁就已经小有名气，每月能挣八块大洋。1937年，常香玉成立了中州戏曲研究社，先后推出新戏《六部西厢》，宣传抗日的《打土地》、《桃花庵》等。这也惹来地方反动势力和地痞流氓的多方干扰。1938年，常香玉不堪洛阳警备阎参议的扰乱，搬离洛阳，赴西安演出；1942年，不堪洛阳卢专员的后台捣乱，怒而跳崖，被救起后即撤离洛阳，二赴西安；1943年，常香玉不堪宝鸡三青帮头子李樾村的欺负，愤而吞金自杀，被救下后与戏剧爱好者陈宪章结婚。后来，陈宪章开始为常香玉写剧本，其中著名的有《花木兰》，常香玉的经典唱段《谁说女子不如男》就出自该剧。1947年，陈宪章被国民党特务以"共产党嫌疑分子"之名逮捕，常香玉竭力营救，几近倾家荡产。新中国成立后，常香玉开始了新生，党和政府给予了常香玉极大的支持和鼓励。1950年，时任中共西北局书记的习仲勋得知常香玉要用义演募捐的方式捐献战斗机的事后，即委派三名干部协助剧社的捐献演出工作。1952年，第一届全国戏曲观摩演出大会上，常香玉与周信芳、梅兰芳、程砚秋一起被授予大会荣誉奖；1953年，常香玉随中国人民第三届赴朝慰问团慰问志愿军部队，彭德怀司令员亲自接见了常香玉并握着她的手说：常香玉，你真不简单。

1955年，文化部决定筹建河南省豫剧院，香玉剧社迁回郑州，常香玉任院长。1956年，长春电影制片厂拍摄了豫剧史上的第一部影片《花木兰》，常香玉饰演花木兰。"文革"开始后，常香玉被批斗并下放周口西华农场劳动，直到1972年调回郑州。1976年，郭沫若填写的词作《水调歌头·粉碎四人帮》经常香玉演唱传遍了全国。1977年，常香玉担任河南省戏曲学校校长、中国戏剧家协会河南分会主席，开始致力于豫剧人才的培养和传统剧目的挖掘整理。1980年，河南省豫剧流派汇报演出在郑州举行，正式确立了豫剧"五大名旦"、"五大流派体系"。《红娘》、《白蛇传》、《花木兰》、《破洪州》等被肯定为"常派"代表剧目，唱腔舒展奔放、表演刚健清新是"常派"的艺术特点。

1988年，常香玉自筹资金设立了戏曲艺术"香玉杯艺术奖"，以奖掖河南省地方剧种和演职人员。

2004年，国务院追授常香玉"人民艺术家"称号。这是迄今为止，全国第一个，也是唯一的一个。

　　　　常香玉（1923—2004），原名张妙玲，出生于河南巩县，8岁随父学艺，10岁登台演出，12岁成名，先后成立中州戏曲研究社、香玉剧社等。新中国成立后，任河南豫剧院院长、河南戏曲学校校长、中国戏剧家协会副主席、中国戏剧家协会河南分会主席等，是第一、第二、第三、第五、第六、第七届全国人大代表。

爱新觉罗·毓嶦

（1923—2016）

末代恭亲王　书法家

清乾隆皇帝在世时钦定了清皇室的"永、绵、奕、载、溥、毓、恒、启"辈分。道光三十九年（1859），道光帝第六子奕䜣（1833—1898）被封为和硕恭亲王；光绪二十四年（1898），爱新觉罗·溥伟（1880—1936）承袭了恭亲王王爵；1939 年，爱新觉罗·毓嶦承袭恭亲王王爵，成为末代恭亲王，这一年毓嶦只有 16 岁。按清皇室的辈分，他是末代皇帝溥仪的侄子。毓嶦号君固，所以毓嶦还有一个名字：毓君固，图 1 是毓嶦用毓君固的名字写的信札：

文锋、晓东二位好！

　　我们自长白山归来又去了新宾县，参加了祭永陵的活动，就找一帮演员扮作皇上、皇后还有几个大臣，及各种仪仗等等，演出了一次从前皇帝的祭祀活动，我们都是参观者，同时县里举行经贸洽谈。

　　前次晓东给我来电话，谈了有两个宣统年的白瓷碗，就和现在饭碗一般大，通白，胎较薄，略透明，似乎用过，在当时大概不为稀奇，现在算是好东西了吧。不过要价太高了，一个要五千，一对就一万元，说是价码可以商量，要了五千，也不能还价五百元吧，我看五百元差不多，两碗一千元就不少了吧。

　　你们收了一些瓷器，现在瓷器市场，价钱等等，我全不摸门儿，宣统年的要五千，要是康熙、乾隆年得多少钱？况且也不是什么有名的瓷器，你们如果有意，可以回个价，五百也没关系，我算是给问过了。

　　我的字慢慢写着，近来事多点，闲事吧。我想年底能写个不大离，你们有时间来取。

　　要有我照的像片底片，有时间给寄来，特别上长白山的照片，有些人要，我说等底片寄来，冲洗新的送你们，有些晓东照的，他照的还多，我送人就没有了，拜

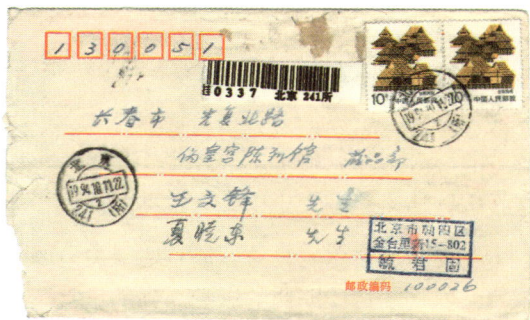

图 1　爱新觉罗·毓嶦致王文锋、夏晓东信札
（27 cm×19 cm×2）及实寄封

托抽空给寄来，别不多叙，即祝

工作顺利

毓君固 11 日

　　毓嶦的信札是写给长春市伪皇宫陈列馆商品部王文锋、夏晓东的，钢笔写在 2 页蓝横格纸上。毓嶦先谈了他从长白山归来后到辽宁省新宾县参加了祭永陵活动的情况。新宾县是全国第一个满族自治县，努尔哈赤曾在永陵赫图阿拉城建立女真国，赫图阿拉被尊为"天眷兴京"，毓嶦专程去新宾县参加祭永陵活动，足见其对先祖的敬仰。毓嶦还谈了两只宣统年间的白瓷碗的售价问题，毓嶦毫不客气地说要价过高，而且直言，"现在瓷器市场，价钱等等，我全不摸门，宣统年的要五千，要是康熙、乾隆年得要多少钱？"可见，皇室出身的毓嶦对

瓷器等古董、金钱等生不带来、死不带去的身外之物的淡然和漠视。从信札的实寄封邮戳：1994.10.11 和落款：11 日推断，该信札写于 1994 年 10 月 11 日，距今已有 20 多年。

毓嶦，1923 年出生在大连，彼时清王朝已被推翻 11 年，移居大连的恭亲王一家过着维持温饱的日子。1936 年，毓嶦的父亲溥伟逝世，毓嶦的母亲带着三个孩子靠典当家里的东西艰难度日。

毓嶦 14 岁的时候只身前往长春，投奔在伪满洲国做皇帝的叔叔溥仪，到溥仪为培养自己的心腹、奴才而在伪皇宫内办的私塾读书。不久，溥仪将毓嶦的母亲和两个弟弟也接到长春，并给一定的生活费，从此他在伪皇宫内生活了 8 年，经受了一段寄人篱下，常被疑心重重、喜怒无常的皇帝打骂、羞辱的生活。日本战败投降后，毓嶦随溥仪逃到了临江县大栗子，而后又从通化乘飞机到沈阳，本想在沈阳转机逃往日本，却在沈阳机场被苏联红军俘虏，被押到苏联的赤塔，后被关押在伯力（又称哈巴罗夫斯克）红河子看守所，前后共 5 年。在苏联改造的 5 年，毓嶦的思想发生了极大变化，从末代亲王到战俘，从皇帝的侄子沦落到异国他乡的囚徒，昔日对皇上一心一意、愿与皇帝同生共死的想法逐渐退去。1950 年，苏联政府将关押在苏联的伪满皇帝、大臣和将军遣返新中国。毓嶦与溥仪等返回中国后，先关押在辽宁抚顺战犯管理所，后又关押在哈尔滨的道里监狱。经历了 12 年囚犯生涯，1957 年毓嶦被

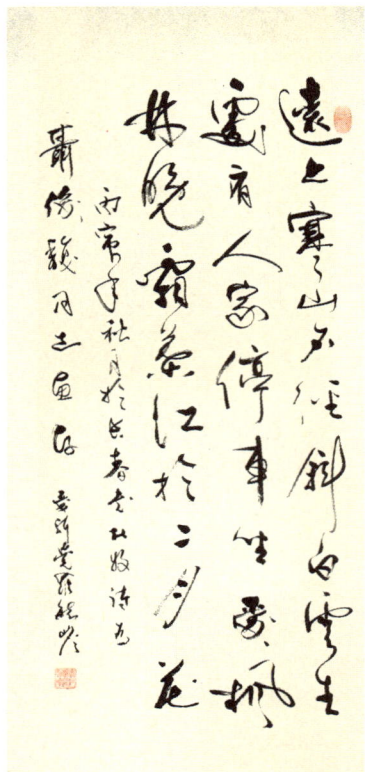

免于起诉，重获自由。他回到了北京，与母亲、弟弟暂住在一起，先靠做小工维生，后到天堂河农场做农业工人。"文革"开始后，他被流放到辽宁凌源劳动，1979 年回到北京，又重回天堂河农场。

毓嶦自幼在父亲溥伟的影响和督管下研习书法，溥伟本人的书法技艺在宫内诸亲王和大臣中享有很高的声望，他还让弟弟、著名书画家溥儒教授毓嶦，溥儒将研习书法的体会传授给毓嶦，毓嶦的书法深受溥儒的影响。到伪皇宫读私塾时，又得老师、进士陈曾寿的真传。后来，无论是在苏联还是在抚顺狱中，毓嶦都没有放弃对书法的研习，到了晚年，其书法日臻成熟，形成了独特的风貌。图 2 是毓嶦的行草唐诗一首：

图 2 爱新觉罗·毓嶦行草唐诗
（67 cm×50 cm）

远上寒山石径斜，
白云生处有人家。
停车坐爱枫林晚，
霜叶红于二月花。

落款：丙寅年秋月于长春书杜牧诗为萧俊馥同志留存 爱新觉罗·毓嶦；钤朱文印章：爱新觉罗·毓嶦。

图3 《爱新觉罗·毓嶦回忆录》签名钤印本

　　毓嶦的这幅行草笔墨潇洒飘逸，神韵浑厚、体态灵动、章法严谨，堪称精品。

　　毓嶦的书法深受日本、韩国、港澳等国家、地区的爱好者和收藏家青睐，在日本广岛的爱新美术馆辟有"爱新觉罗·毓嶦书道展"展室。也许正因为毓嶦书法的名气，在前文信札的结尾有："我的字慢慢写着，近来事多点，闲事吧，我想年底能写个不大离，你们有时间来取"一段，可见，王、夏二位也曾向毓嶦求字。

　　毓嶦还出版了长篇回忆录《爱新觉罗·毓嶦回忆录》，还原了那段中华民族屈辱的历史，将傀儡皇帝的人生真相告诉了今人，引起了不小的轰动。图3就是这部回忆录的签名钤印本，毓嶦在书的扉页上毛笔直书：

爱新觉罗·毓嶦

2005.8.27 日　北京

　　钤朱文印章："爱新觉罗·毓嶦"。

　　毓嶦还热心慈善和公益，多次为辽宁灾区和家乡农村小学捐款，晚年与老伴在北京过着恬静的平民生活。

　　爱新觉罗·毓嶦（1923—2016），号君固，出生在大连，14岁开始在伪皇宫私塾读书，16岁承袭恭亲王爵位，22岁成为苏军俘虏，34岁出狱，先后在北京天堂河农场、辽宁凌源劳动。是著名书法家。

黄永玉

（1924—　）

土家族画家、作家

图1　庚申猴票（2.6 cm×3.1 cm）

1980年，由原邮电部发行的中华人民共和国第一枚生肖邮票庚申猴票（图1），其单枚的市值已达1.6万元，是面值0.08元的20万倍，其图案的设计者是著名的土家族画家黄永玉。

1991年8月12日，一代大师林风眠逝世，黄永玉写下祭文《离梦蹒跚》：

九一年的八月十二日上午十时，林风眠到天堂门口。

"干什么的？身上多是鞭痕？"上帝问他。

"画家！"林风眠回答。

如此高度概括一代宗师苦难一生的笔法和大师与上帝在另一个世界的鬼魅对白，恐怕连专业作家也极少写得出来。可以说这是作家黄永玉的写作风格吧。后来，黄永玉将这篇祭文收录到他的散文集《比我老的老头》中，此外，这本散文集还收录了讲述钱锺书、李可染、沈从文、张伯驹等人的文章，可谓篇篇精彩。图2就是这部文集的签名本，黄永玉在书的扉页上钢笔横书：

黄　永　玉

图3是黄永玉的信札：

美协对外联络部同志：

送上所填卡片一张，以下：

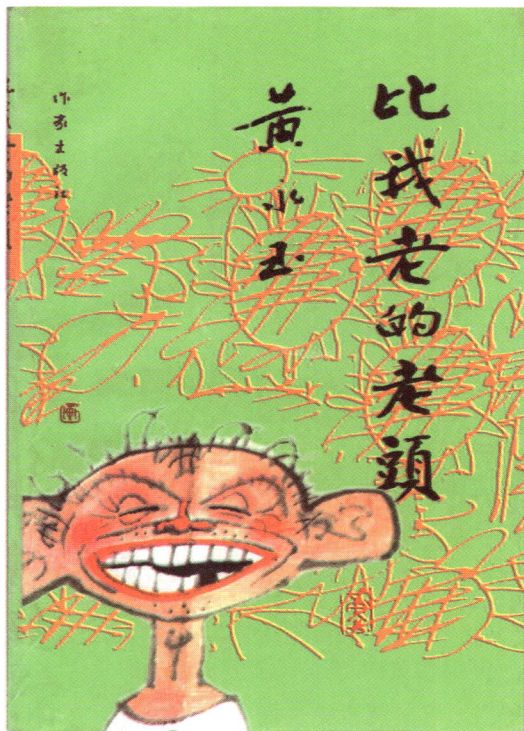

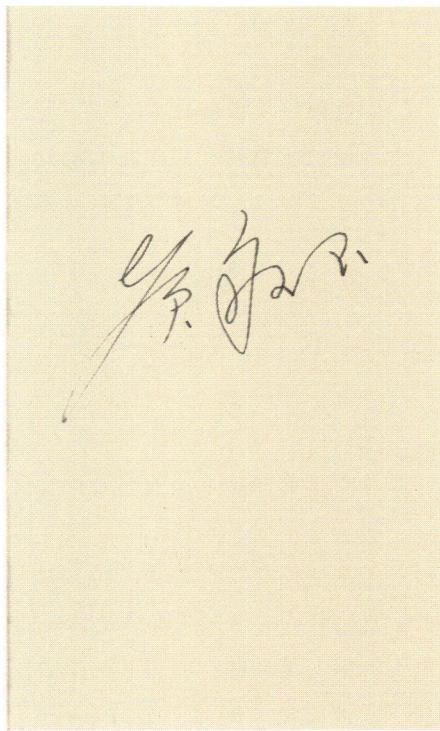

图 2　黄永玉《比我老的老头》签名本

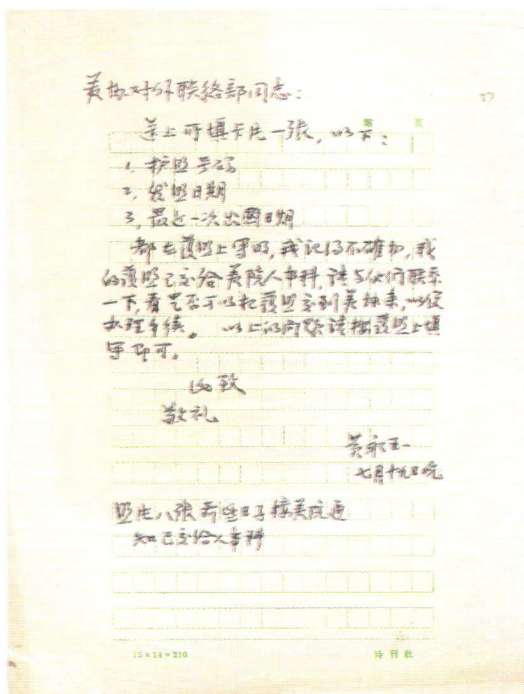

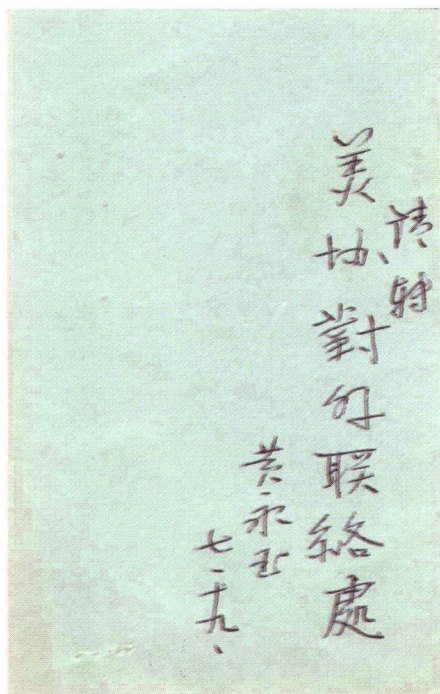

图 3　黄永玉致美协信札（26.7 cm×19.5 cm）及送达封

（1）护照号码

（2）发照日期

（3）最近一次出国日期

都在护照上写明，我记得不确切，我的护照已交给美院人事科，请与他们联系一下，看是否可以把护照交到美协来，以便办理手续。以上的问题请按护照上填写即可。

此致

敬礼

黄永玉

七月十九日晚

照片八张前些日子按美院通知已交给人事科

黄永玉的这通信札写在一页"诗刊社"绿格稿纸上，圆珠笔行书，向美协对外联络部的同志说明了填写卡片的事，明确清楚，一如他简洁、明快的画家风格。

黄永玉的祖上是湘西古城有名的书香门第。曾祖父黄河清是凤凰县城最早的贡生，做过"画院山长"，被沈从文称为"是当地唯一读书人"。祖父黄镜铭长期在外做官，后来衣锦还乡，并在凤凰城创办了第一所邮局，开设了第一家照相馆，其妹黄素英就是沈从文的母亲。黄永玉的父亲黄玉书是沈从文的表兄，曾同沈从文一样是位喜爱美术的文艺青年，两人一起走出凤凰古城到湖南常德漂泊。黄永玉的母亲杨光蕙也是凤凰苗乡人，曾在丁玲（即蒋冰之）母亲创办的常德女子学校任美术教员、教务长。1924 年，黄永玉就出生在常德，起名黄永裕，黄永玉是后来沈从文给他起的笔名。黄永玉出生几个月后，被父母送回老家凤凰。后来父亲任凤凰北门男子小学校长，母亲任登瀛街女子小学校长，黄永玉也在凤凰开始了他的童年和小学生涯，所读的小学正是当年沈从文读书的文昌阁小学，并在父亲的影响下学习美术、画漫画。然而好景不长，在京城为总理熊希龄做事的祖父不幸去世，黄家失去了经济来源。由于父亲黄玉书的收入无法支撑家庭的支出，父亲只好背井离乡到长沙谋生，黄永玉也先到长沙后又到厦门，开始了 8 年的漂泊生活。这 8 年正值抗战，黄永玉先在著名侨商陈嘉庚创办的集美学校读书，在这里他开始学习木刻，后来到瓷乡德化当瓷器作坊的小工，后又到泉州参加"战地服务团"当美工，最后到蒋经国主政的赣南，先在信丰县民众教育馆工作，并在这里与未来的妻子张梅溪相识相恋。1947 年，黄永玉到上海进入中国木刻协会担任常务理事。1948 年，在香港《大公报》编辑萧乾的帮助下，黄永玉的首次画展在香港大学冯平山图书馆举行，那一年他只有 24 岁。1951 年、1952 年，黄永玉先后两次在香港思豪酒店举办画展。1953 年，在沈从文的鼓励下，黄永玉携全家离开香港，回到北京，成为中央美院版画系最年轻的教师，后来成为副教授、教授、系主任，中国美协副主席，他的版画《阿诗玛》等轰动中国画坛。

图 4 是黄永玉的版画，年轻美丽的土家族母亲在月夜里摇着摇篮中的孩子唱着动听的摇篮曲，画面人物惟妙惟肖、静美恬然。右下方钤朱文圆印章：黄永玉。著名诗人臧克家曾在《永玉的人和他的木刻》中写道："他的画面上尽是乡村的纯朴和儿童的天真。这纯朴，是恬静的，是使人相看而不厌的，这纯朴简直像醇酒一个味了。还有那天真，一点也没有生活给予的悲苦和忧郁的阴影，他是童话的，几简是神话的了。永玉的刀底下所刻的，正是他生命里的所有的。在这一点上，永玉和他的木刻成了一个整体。他的作品之所以能动人，也就在这里。"

黄永玉旅居香港期间，开始为长城电影公司编写剧本，其中以黄笛笔名发表的《女儿经》被拍成了电影。他还创作了大量诗歌、散文和小说，其文集图文并茂，独具一格。20 世纪 80 年代黄永玉出版了《罐斋杂志》、《芥末居杂记》。图 5 是出版于 2006 年的《沿着塞纳河到翡冷翠》（签名本），这是黄永玉的代表作。

然而，黄永玉艺术成就最高的是绘画，他画国画，也画油画，国画花鸟、人物、山水兼工，尤喜画荷。他画荷花源起 1974 年的"黑画事件"。1973 年，黄永玉在朋友许麟庐家受邀为南京画家宋文治留在许家的册页画了幅《猫头鹰》，没想到这幅随意之作却被列入批判的"黑画"榜首。黄永玉的这幅"猫头鹰"睁一只眼，闭一只眼，是根据猫头鹰的习性而画的，猫头鹰晚间捕食、活动，白天休息，但为了保持警惕，就常常睁一只眼闭一只眼——而这却成了黄永玉仇视无产阶级文化大革命和社会主义制度的证明而被批判。"黑画事件"后，黄永玉无奈之下、无聊之时，常到北京西郊外的一片荷花池去赏荷玩，而后开始画荷，并一画而不可收。后来他干脆在通州徐辛庄修了座院子，起名"万荷堂"并自称万荷堂主，图 6 是黄永玉发给国家画院杨晓阳的请柬。封面是黄永玉画于壬辰年（2012）的荷花天鹅鸳鸯图，其内文如下：

八月二十五日下午三时请来万荷堂小叙一番，有一点音乐、一点吃喝。不一定特别有意思，只是大家聚一聚。如果你忙就不要来；不忙，来聊聊，敝老头自然很高兴。

黄永玉　敬邀

● 一券限定一人
● 莫带宠物（包括小孩）

黄永玉的请柬诙谐幽默、别具一格，也体现了他画家兼作家的性格：喜雅聚，但不强求；爱热闹，但要清静。

黄永玉的水墨人物变型、夸张、独特，尤其是其经典之作《黄永玉大画水浒》，将《水浒传》中的 142 个人物的形、神、貌"大画"于一本书里，并配以文字，表达出自己对水泊梁山人物的独特理解，雅俗共赏，堪称精品。图 7 就是这部书的签名钤印本，黄永玉在书名

图4　黄永玉版画（30 cm×30 cm）

页上毛笔楷体直书：

有生先生留念
湘西黄永玉书于万荷堂。
引首钤朱文印章：永玉；落款钤
白文印章：黄永玉。

黄永玉的这部书是签赠给中国美协书记
处书记、外联部部长江有生的，而本文开篇
的信札也是写给美协外联部的，看来黄永玉
与美协的外联部联系较多。

2009年，黄永玉的长篇小说《无愁河
的浪荡汉子》在《收获》上连载，洋洋80
多万字，被称为"堪比现代活化石"的小
说。2014年，90岁的黄永玉出版了这部
小说的第一部《朱雀城》，他还计划在有生之年写完后两部：《抗战八年》和《解放后这
几十年》。

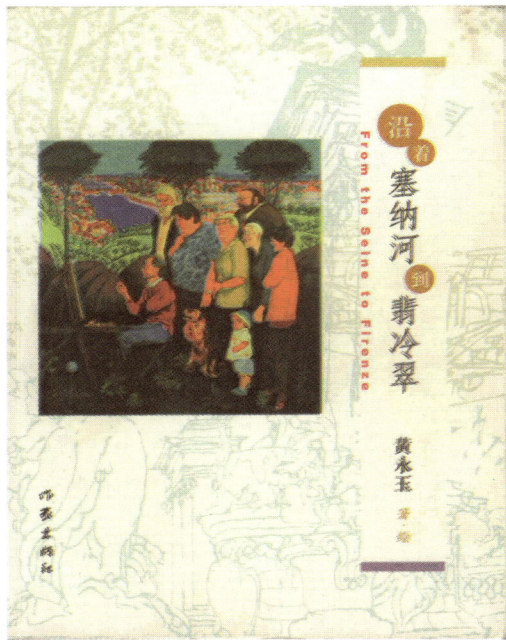

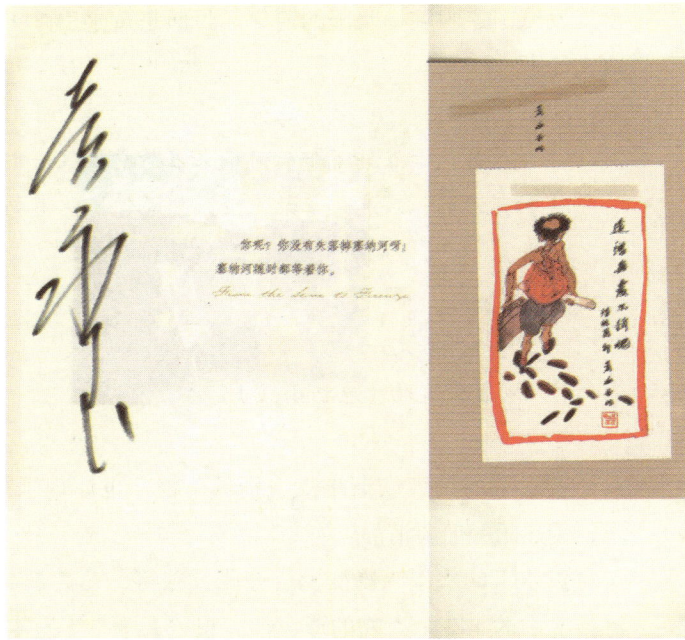

图5　黄永玉《沿着塞纳河到翡冷翠》签名本和藏书票

北京市通州区徐辛庄万荷堂

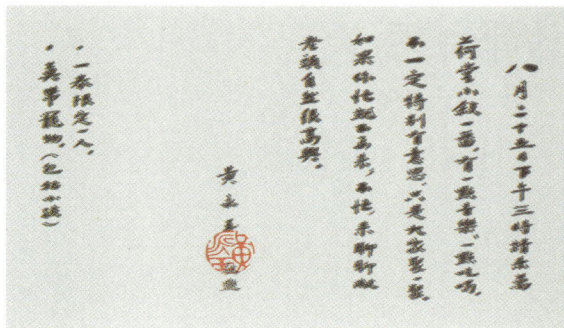

图6　黄永玉致杨晓阳请柬

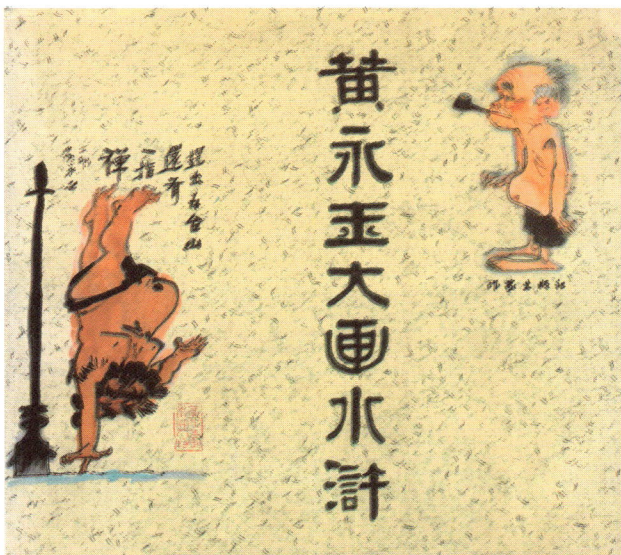

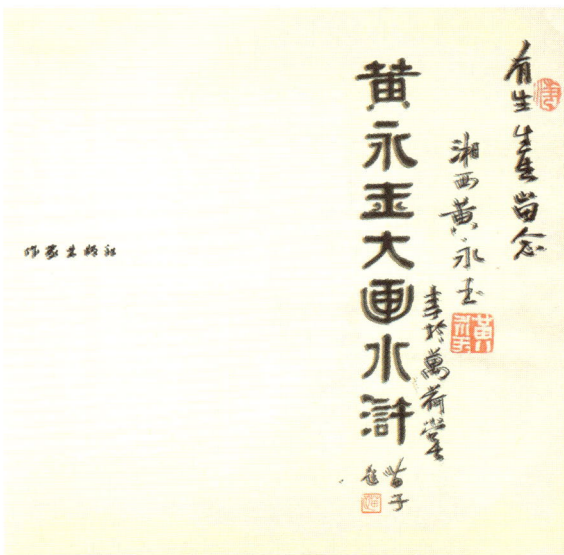

图7　《黄永玉大画水浒》签名钤印本

　　黄永玉（1924—　　），本名黄永裕，笔名黄杏槟、黄牛、牛夫子、黄永玉。出生于湖南省常德县，祖籍湖南凤凰县城，土家族人。受过小学和不完整的初中教育，做过瓷场小工、中小学教员、民众教育馆馆员、剧团见习美术队员、报社编辑、电影编辑、中央美术学院教员、教授、系主任，中国美术家协会副主席。

陆文夫

（1928—2005）

作家　美食家

在中国当代作家中，有两位被称为"美食家"，一位是北京的汪曾祺（1920—1997），另一位是苏州的陆文夫。原来现代汉语中没有"美食家"一词，是 1983 年陆文夫在《收获》上发表了中篇小说《美食家》后，"美食家"一词才不胫而走。用陆文夫在小说开篇的解释是：

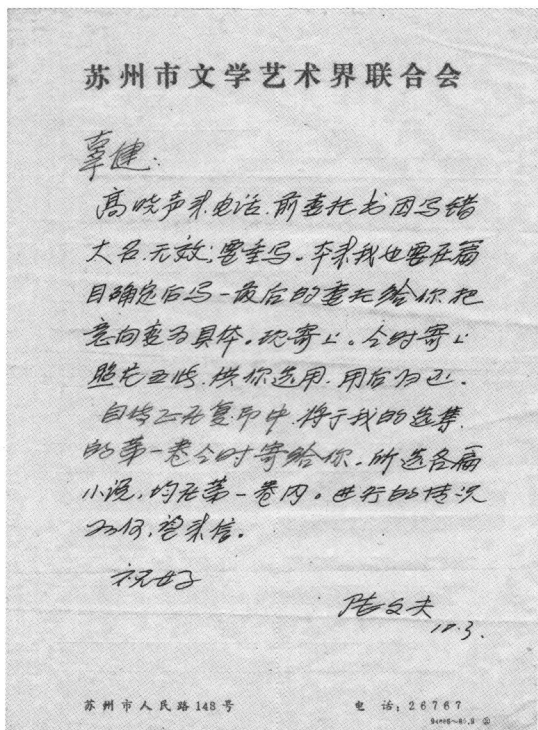

图 1　陆文夫致辜健信札（26 cm×19 cm）

美食家这个名称很好听，读起来还真有点美味！如果用通俗的语言来加以解释的话，不妙了：一个十分好吃的人。

自然，人们也将"美食家"这顶桂冠赠给了陆文夫，成了他与"著名作家"称号相伴的又一个别称。图 1 是陆文夫的信札：

辜健：

高晓声来电话，前委托书因写错大名，无效，要重写。本来我也要在篇目确定后写一最后的委托给你把意向变为具体。现寄上。同时寄上照片五张，供你选用，用后归还。

自传正在复印中，将于（与）我的选集的第一卷同时寄给你，所选各篇小说，均在第一卷内。进行的情况如何，望来信。

祝好

陆文夫

10.3

陆文夫的信札是写给香港著名出版人、作家辜健的，钢笔写在一页"苏州市文学艺术界联合会"信笺上。谈的是江苏的另一位著名作家高晓声和他本人著作出版委托书等事宜，语气平实、言简意赅。从落款"10.3"和信札中所言："自传正在复印中，将于（与）我的选集的第一卷同时寄给你，所选各篇小说，均在第一卷内"推断，该信札写于 1991 年 10 月 3 日，因为《中国当代作家选集丛书·陆文夫》于 1991 年 6 月由人民文学出版社出版。图 2 就是这部选集的签名本，陆文夫在书名页上钢笔横书：

池伯贤同志指正

陆文夫

1991.1.11

陆文夫的这部选集是签赠给苏州市人大常委、苏州市计划委员会池伯贤的。

陆文夫原名陆纪贵，因他不愿为官，一心为文，故改名陆文夫。江苏泰兴人，少年时到苏州求学，苏州高中毕业后，返回老家泰兴，在华中大学集训半年，于 1948 年随解放军渡江北上。1949 年任新华社苏州支社采访员，后到《新苏州报》当记者。1953 年开始写小说，1955 年发表了短篇小说《荣誉》。1956 年发表了成名作《小巷深处》，通过妓女徐文霞在新社会中的新生历程与复杂的心理状态，使徐文霞等被人们遗忘的小人物重新进入人们的视野，让人们听到了那苏州寂静小巷里坚决的擂门声，而且：

那性急的擂门声，在空寂的小巷子里，引起了不平凡的回响。

1957 年，陆文夫调到江苏省文联从事专业创作。因与高晓声、方元、艾煊、叶至诚等青年作家筹办《探索者》同人刊物，而被打成"探索者"反党小集团，被下放到苏州机床厂当车工。1960 年，江苏省文联重建创作组，陆文夫作为在劳动改造中表现较好的作家，第一个回到专业创作队伍中，很快写出了《葛师傅》、《二遇周泰》等小说。1964 年，著名作家、文化部部长茅盾在《文艺报》上发表长文《读陆文夫的作品》，文中写道："他力求每一个短篇不踩着人家的脚印走，也不踩着自己上一篇的脚印走，他努力要求在主题上，在表现方法上，出奇制胜"。并说："读了他的几乎全部作品后，我以为作者现正处于向更成熟的艺术境界发展的阶段"。茅盾是文坛泰斗，身兼中国作家协会主席，他的文章在文坛上引起了

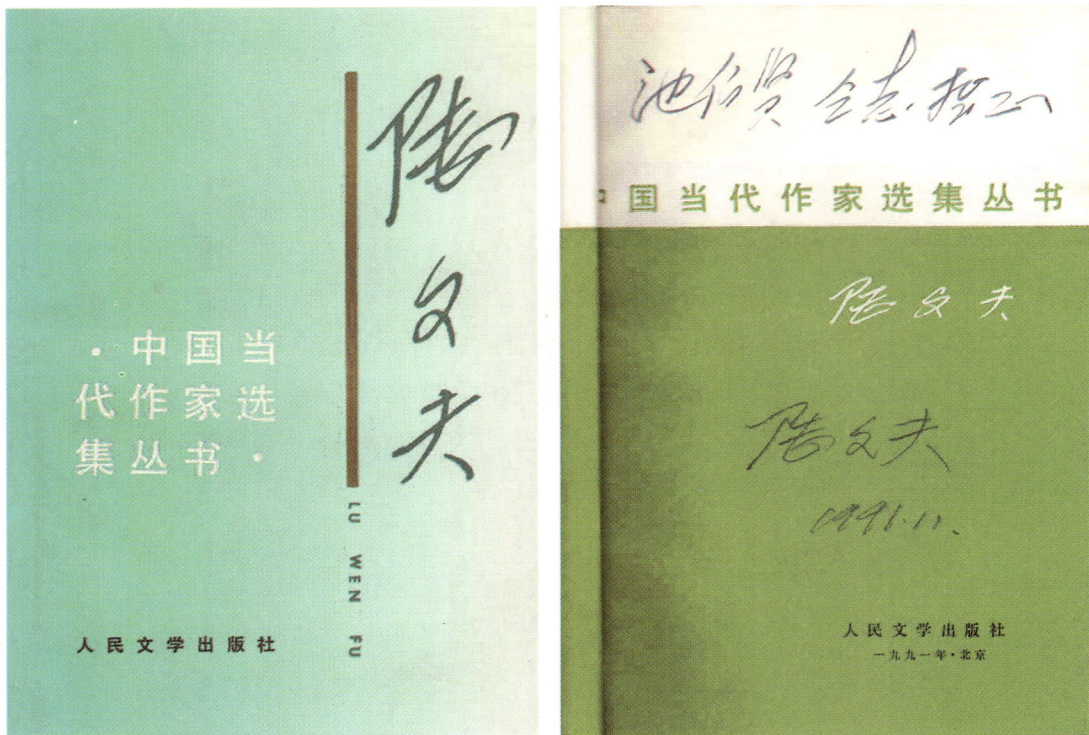

图2 《中国当代作家选集丛书·陆文夫》签名本

很大反响，他的评价几乎确立了陆文夫在中国文坛的地位。然而，天有不测风云，这篇文章发表仅三个月，批判陆文夫的文章就出笼了，陆文夫再次受到冲击，"文革"中 陆文夫全家被下放到苏北农村，直到1978年才又重回文坛。不久，陆文夫发表了小说《献身》，提出了发人深省的"尊重知识、尊重人才"问题。1983年，小说《美食家》发表后，许多国际友人到苏州都要拜访作家、美食家陆文夫，陆文夫干脆在十全街上开了间"老苏州茶酒楼"，并将楹联"一见如故酒当茶，天涯来客茶当酒"悬于正门两侧。陆文夫在《美食家》里独创的"南瓜盅"：将八宝饭放入挖空瓤的南瓜中，上笼蒸之，品食时，弃南瓜，食八宝饭，成为酒楼的招牌点心。《美食家》还被翻译成多国文字在海外发行，仅在法国巴黎就销售了十万余册，且每年都在加印。陆文夫多次被邀请到法国访问，一次在一家法国的高级饭店用餐前，陆文夫听到傲慢的饭店老板在演说中攻击中国菜，他就站起来发表了35分钟的演讲，介绍了中国菜的色、香、味之美，赢得了阵阵掌声。法国政府文化部还授予陆文夫"法国文学艺术骑士勋章"。一些法国人常从法国来到苏州找陆文夫吃饭，在法国有许多有名的小餐馆也知道美食家陆文夫。

晚年的陆文夫致力于编办《苏州杂志》，他为杂志制订了一不登裸女照片、二不登广告的办刊方针，而对一批苏州学人坚守人文精神的学养、人品、道德却彰扬有加，俞平伯的淡泊、顾颉刚的坚韧、叶圣陶的儒雅、杨绛的睿智、郑逸梅的博闻，以及朱生豪夫妇在穷困潦倒中完成莎士比亚剧全译的写真实录，是杂志的重头戏；而吴中风物和旧闻、山水园林，以及历史钩沉则是杂志的"卖点"。在办杂志的十多年里，陆文夫精心组稿，且每稿必读，使《苏州杂志》成为独树一帜的地方杂志，陆文夫也赢得了"陆苏州"的美名。

陆文夫先后获得了全国优秀短篇小说奖、优秀中篇小说奖等诸多奖项，并担任了中国作家协会副主席、中国文联副主席等。然而，他有一个终身遗憾，就是他从20世纪50年代起就想写民间音乐家、瞎子阿炳（1893—1950），直到逝世也没有写成；其中缘由，也成了历史之谜。

陆文夫（1928—2005），原名陆纪贵，江苏泰兴人，苏州高中毕业后回家乡泰兴，在华中大学集训半年。1948年随解放军渡江北上，投身革命。1949年回到苏州，任新华社苏州支社采访员，《苏州日报》记者。1955年成为江苏省专业作家，1957年被打成右派下放工厂劳动。"文革"中再受冲击，下放苏北农村。1978年重返文坛，先后任苏州文联副主席、江苏省作家协会主席、全国作家协会副主席，是全国第六、第七、第八届人大代表。

余光中

（1928—　　）

台湾诗人

1971 年，出生于南京的台湾诗人余光中已离开大陆 20 多年，漂泊他乡，骨肉分离，思家心切。诗人在台北市厦门街旧居内赋诗一首：

小时候，

乡愁是一枚小小的邮票，

我在这头，

母亲在那头。

长大后，

乡愁是一张窄窄的船票，

我在这头，

新娘在那头。

后来啊，

乡愁是一方矮矮的坟墓，

我在外头，

母亲在里头。

而现在，

乡愁是一弯浅浅的海峡，

我在这头，

大陆在那头。

这就是著名的现代诗篇《乡愁》，至今仍在海峡两岸传诵。图 1 是余光中的信札：

光明先生：

　　十一月廿五日来信收到，多谢。《书海浮槎》拟将我纳入，且有林海音，梁锡华为伴，是好安排，可以同意。你如代编，不妨先草出目录，再由我略作增减，并提供一、二新作。《人民日报》年初出我的《桥跨黄金城》，也是如此。

　　惟我在大陆出书，有关版权问题，均委托北京东四南大街85号中华版权代理总公司（游涵先生）处理。所以合同条件等等，尚请就近与该公司一洽。专此即祝

　　　　近佳

　　　　　　　　　　　余光中

　　　　　　　　　　　1996.12.5

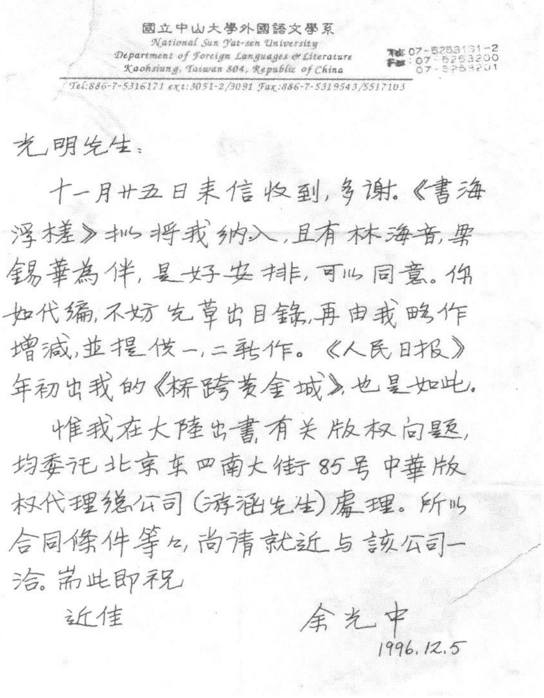

图 1　余光中致傅光明信札（27 cm×21.5 cm）

　　余光中的这通信札是写给中国现代文学馆研究员傅光明博士的，楷书字体，用笔方圆兼备，工整洒脱，笔画劲拔，老道自然，潇洒秀逸，娟静和美，其传统魏碑功底可见一斑。从落款时间"1996.12.5"推断，余光中时年 68 岁，距今已有 20 多年。

　　余光中 19 岁入金陵大学，学的是外语，后转入厦门大学，21 岁时迁居香港，22 岁到台湾考入台湾大学外文系三年级，其求学的经历就是一段漂泊游弋的经历。这期间他出版了第一部诗集《舟子的悲歌》，时年 20 岁。25 岁时与人合创"蓝星诗社"，而后去美国进修，开始了他海外游学的历程。此后的 50 多年，他时而美国，时而台湾，时而香港，时而大陆，或研修、或教书、或写作，一直走在文学创作道路上，其在诗歌、散文、文学评论、外文翻译及研究等诸多领域颇有建树，尤以诗歌、散文成就最高，先后出版散文集 11 种，诗集 20 多部，被称为台湾"十大诗人"之一。图 2 是余光中的第十九本诗集《藕神》的签名本，余光中在诗集的扉页上钢笔直书：

余　光　中

　　从该书的钤印"珍藏本　485"可推断，这是台湾九歌出版有限公司 2008 年为余光中"八秩寿庆"出版的纪念典藏版，是该书的第 485 本珍藏本，珍贵程度不言而喻。

　　余光中 1995 年后多次来大陆，这是因为他的诗经大陆著名诗人流沙河等人的推介，受

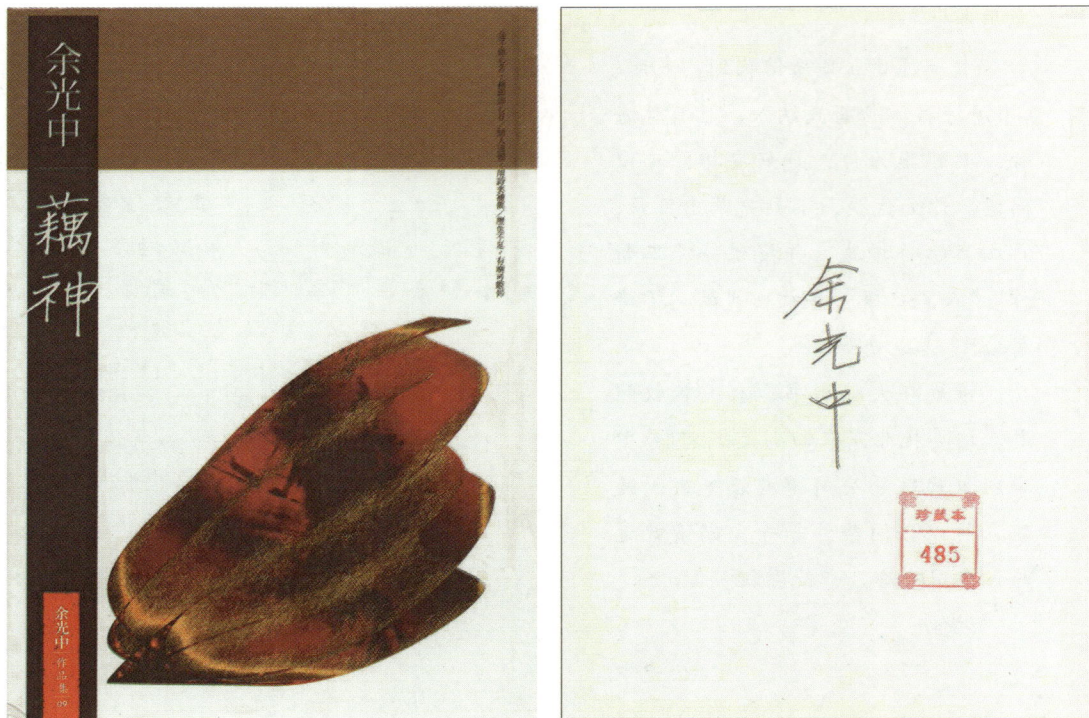

图2   余光中《藕神》签名本

到大陆读者的欢迎，甚至在一个时期内掀起了一股"余光中热"。余光中先后被厦门大学、江南大学、吉林大学、东北师范大学等聘为客座教授，被北京大学等聘为"驻校诗人"。他的诗集《乡愁》、《白玉苦瓜》、《余光中经典》等也先后在大陆出版。前面所记，他写给傅光明博士的信札主要谈的就是他的诗集纳入傅编《书海浮槎》丛书及大陆版权委托代理事宜。可见，我国在20年前的20世纪末已开始重视版权问题，从这个角度说，余光中的这通信札也是我国重视版权保护的一个有力的例证，具有相当的史料价值，这也是信札搜集、整理和研究的社会意义所在。

余光中（1928—   ），祖籍福建永春，出生在南京，先后就读于南京第五中学、金陵大学、厦门大学，毕业于台湾大学外文系，后赴美研修，获艾奥瓦大学艺术硕士，先后任教于台湾东吴大学、台湾师范大学、台湾大学、台湾政治大学。是美国、中国香港、中国大陆多家大学的客座教授。已出版诗集20多种，散文集11种，评论集5种，翻译集13种。

郭兰英

歌唱家　画家

　　20 世纪 40 年代，在革命圣地延安，周恩来义女孙维世、南洋归国华侨冯凤鸣、延安平剧研究院张醒芳和郭兰英被称为"延安四大美女"。新中国成立后，郭兰英在中国歌剧团任歌唱演员，创作演出了《白毛女》、《窦娥冤》、《小二黑结婚》等优秀歌剧作品。图 1 是郭兰英

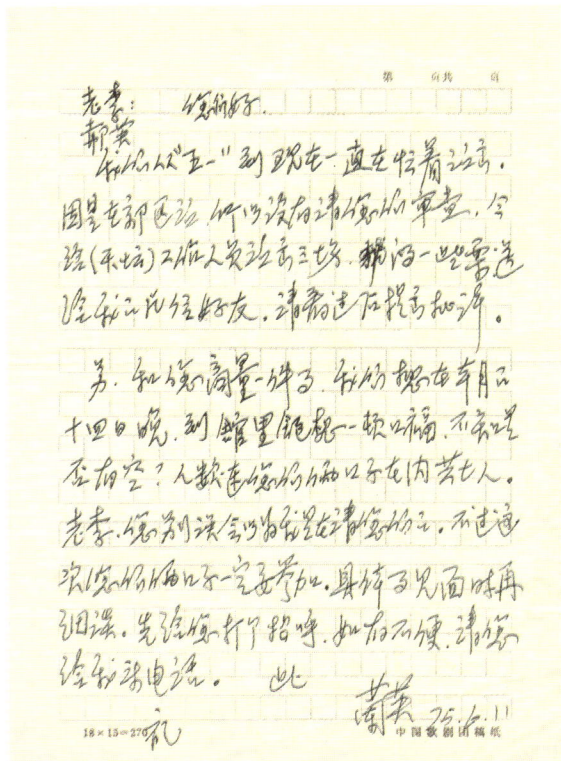

图 1　郭兰英致老李、郝英信札（26 cm×16.5 cm）

图 2　郭兰英、万兆元合作雏鹰芭蕉图
（68.5 cm×45 cm）

的信札：

老李：

郝英　您们好！

我们从"五一"到现在一直在忙着演出，因是在郊区演，所以没有请您们审查，今给（天坛）工作人员演出三场，（预）留一些票送给我的几位好友，请看过后提出批评。

另，和您商量一件事，我们想在本月的十四日晚，到馆里饱想（享）一顿口福，不知是否有空？人数连您们俩口子在内共七人。老李，您别误会以为我是在请您们的，不过这次您们俩口子一定要参加，具体事见面时再细谈。先给您打个招呼，如有不便，请您给我来电话。

此

礼

兰英　75.6.11

郭兰英的信札钢笔写在一页"中国歌剧团稿纸"上，是送演出票给朋友老李、郝英夫妇，并邀请他们"俩口子"吃饭的信。从落款"75.6.11"推断，该信札写于 1975 年 6 月 11 日，距今已有 40 多年。

郭兰英出生在山西平遥一个贫苦家庭，是家中的第六个孩子，6 岁从人贩子手中逃脱，被家人送到戏班子里开始学山西梆子（晋剧），7 岁登台，11 岁随戏班到太原市演出《秦香莲》等传统戏剧。16 岁在张家口参加八路军成为文艺兵，17 岁时因演出大型民族歌剧《白毛女》而一举成名。1946 年，她在张家口离开戏曲团，参加华北联合大学（中国人民大学前身）文工团。1947 年，进入华北联合大学戏剧系边学习边参加秧歌剧《夫妻识字》、《兄妹开荒》等演出。1949 年 4 月，郭兰英随中国青年代表团去匈牙利参加第二届世界青年联欢节，以演唱《妇女自由歌》获奖。新中国成立后，郭兰英先后在中央戏剧学院附属歌舞剧院、中央实验歌剧院、中国歌舞剧院任主要演员，主演了新歌剧《刘胡兰》、《春雷》、《红霞》等，演唱了《翻身道情》、《南泥湾》、《绣金匾》和电影《上甘岭》的主题歌《我的祖国》等。34 岁时，在北京举办了"郭兰英独唱音乐会"，轰动京城，开了中国民族声乐个人演唱会的先河，也为中国新歌剧体系的建立和中国民族歌曲的发展作出了开拓性的贡献。1981 年，复出后的郭兰英在京举办"郭兰英歌剧片段晚会"。1982 年，53 岁的郭兰英告别舞台到中国音乐学院任教，先后培养出了李元华、万山红、刘玉玲、彭丽媛等著名歌唱艺术家。1985 年，郭兰英与丈夫、画家万兆元一起卖掉全部家产，举家南迁到民族音乐家冼星海的故乡——广东番禺，创办中国民间艺术专科学校——郭兰英艺术学校（中国民族民间艺术专业学校），培养了千余名毕业生。

万兆元是著名画家李苦禅的弟子，曾任北京少年宫美术辅导员。"文革"中，离开舞台的郭兰英与丈夫一起跟李苦禅学画，当时的苦老也在中央美院受到冲击，心情郁闷。学画之余，郭兰英、万兆元夫妇就关紧门窗，由郭兰英唱歌给苦老听，以解苦老忧愁。万兆元、郭兰英夫妇与李苦禅一家结下了深厚情意。1985 年，郭兰英、万兆元离京到番禺创办艺术学校后，万兆元默默地支持郭兰英办学，还亲自担任学校的美术教师。紧张的创业之余夫妻二人常常联袂作画，图 2 就是郭兰英、万兆元合作的雏鹰芭蕉图，舒展宽厚的芭蕉叶上站立着五只生机勃发欲试飞的雏鹰，或打盹似睡、或仰天长叫、或目视远方，有精神抖擞的，也有华而不炫、韬光养晦、蓄势待发的，将郭兰英立志办学，十年树木百年树人的理想以一幅水墨画表达得淋漓尽致。

　　落款：戊辰年初春　　兰英画　兆元题于番禺；钤白文印章："郭兰英、万兆元"。

这是一幅作于戊辰年（1988）的国画，当时正是郭兰英艺术学校创立 2 周年之时，正值起步的关键时期，万兆元、郭兰英夫妇此时合作雏鹰芭蕉图，其合作技法风格、款识浑然一体，花鸟传神，以画言志，表达了他们齐心协力寻求、探索艺术教育之路，弘扬炎黄文化、贡献民族艺术的信念和决心。1991 年《万兆元郭兰英画集》出版。

郭兰英的艺术成就得到了人民的高度认可，1989 年获得了中国首届金唱片奖，2005 年获得了"中国电影音乐特别贡献奖"，2009 年获得了"中国音乐金钟奖终身成就奖"和"新中国 60 年文艺界十大影响力人物"。郭兰英耄耋之年不忘回馈社会，2014 年郭兰英艺术发展基金会成立。

　　　　　　　郭兰英（1929—　　），山西平遥人，6 岁开始进戏班学习山西梆子（晋剧），16 岁参加八路军成为文艺兵，17 岁演出《白毛女》一举成名。新中国成立后，在中央戏剧院、中央实验歌剧院、中国歌剧舞剧院任主要演员。1982 年后到中央音乐学院任教，1986 年在广东创办郭兰英艺术学校并任校长。是中国音乐家协会理事。

窦黎明

（1930—2013）

草根书家

　　窦黎明生前自谦为"草根书家"。但是，他的艺术成就犹如矗立于白山松水间的一座文化巅峰，至今少有人超越。

　　我与窦黎明相识，是 20 多年前的事了，而后见面和交往的次数并不多，然而当我整理出他的墨迹，仿佛又看到他挥毫的身影，听到他爽朗的笑声。

　　图 1 是窦黎明的信札：

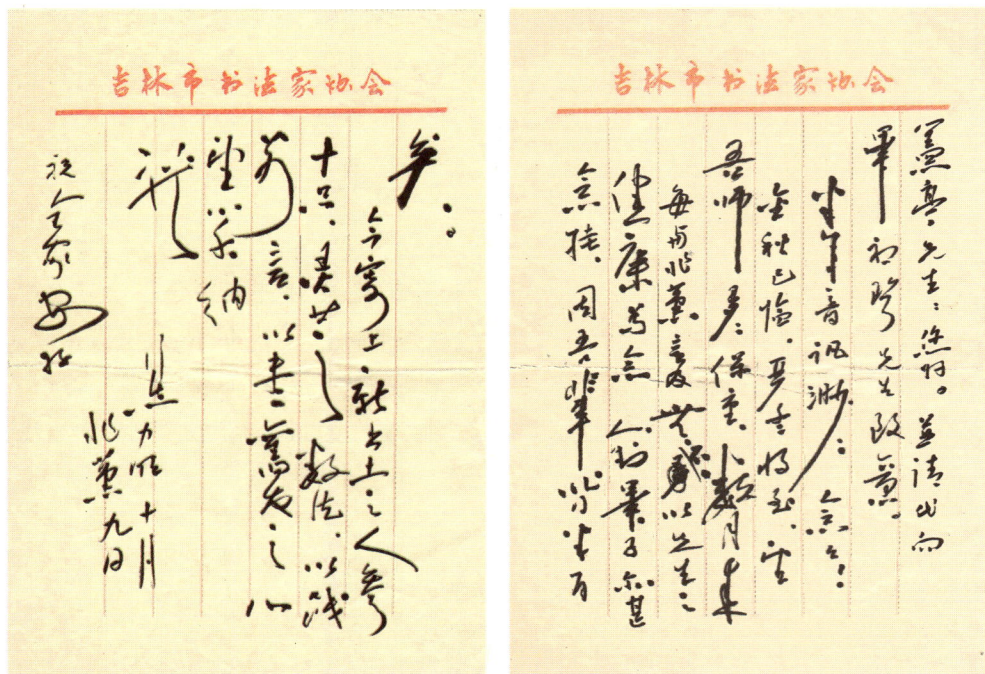

图 1　窦黎明致刘宪亭信札（26.5 cm × 19.3 cm）

宪亭先生：您好。

并请代向毕初等先生致意。

半年音讯渺渺，念念！

金秋已临，严冬将至，望吾师多多保重。数月来，每与兆慧言及无不以先生之健康为念，以及毕子，亦甚念挂，因吾辈皆半百矣。

今寄上新出土之人参十只，灵芝数片，以践前言，以尽旧友之心，望笑纳。

礼！

祝全家安好

　　　　　　　　　　　　　　　　　　　　　　　　　同志　力明

　　　　　　　　　　　　　　　　　　　　　　　　　　　　兆慧

　　　　　　　　　　　　　　　　　　　　　　　　　　十月九日

　　窦黎明的这通信札毛笔直书在两页"吉林市书法家协会"红八格纸上，行草字体，纯任自然，一无做作，下笔迅疾，势如破竹，力透纸背，虽是尺幅手札，却如他生活的城市吉林市的那条松花江江水，穿城而过，一泻千里，劲如强弩，秋醴郁勃之美，汇于笔下，但很难归宗于哪个门派、师法哪个碑帖，只能说是自成一家，这正是其书法的魅力所在。

　　窦黎明的这通信札是写给著名古鱼类专家、中国科学院古脊椎动物与古人类研究所刘宪亭的，刘宪亭曾于20世纪50年代与著名古脊椎动物学家杨钟健、裴文中、贾兰坡等筹建了"古脊椎动物研究室"，即1957年组建的古脊椎动物研究所的前身，而从1957年起，窦黎明开始担任中国古脊椎动物奠基人、中国科学院古脊椎动物与古人类研究所所长杨钟健（1897—1979）院士的秘书，窦黎明与刘宪亭多有交往并称刘为"吾师"。

　　窦黎明出生在山东郯城一个大户人家，小时受的是传统的私塾教育，14岁在徐州读书时与清末举人、著名书法家、收藏家、学者、曾任段祺瑞北洋临时政府副秘书长的张伯英（1871—1949）接触，学习其书法。张伯英刚正不阿，不为金钱诱惑，不卖宋拓王羲之《十七帖》给日本人，生活清苦却醉心于金石书画的清雅节操，对窦黎明影响至深。窦黎明19岁时参加解放军，先在第一野战军军政大学文艺新闻大队学习，后到二野文工团、西南军区战斗文工团参加解放西南的战斗并在武装工作队参加川、滇剿匪和战地文艺工作。1953年调到北京总政话剧团工作。1957年因"历史问题"而转业到中国科学院古脊椎动物与古人类研究所，并被推荐给所长杨钟健学部委员（院士）做秘书。杨钟健是湖南反帝反封建组织新民学会的创始人之一，李大钊的同事，毛泽东的同学，中国研究恐龙的鼻祖，他毕业于北京大学，留学德国，获哲学博士，学成归国后曾主持周口店中国猿人的发掘，并当选为中央研究院院士，新中国成立后任中科院编印局局长。担任杨的秘书是件不容易的事，窦黎明以惊人的记忆力和勤奋好学的态度赢得了杨钟健的认可，一干就是4年。这期间他结识了终身伴侣、在研究所从事文物摄影工作的张兆慧，即信札中的"兆慧"。1958年的反右，令坦荡、直言的

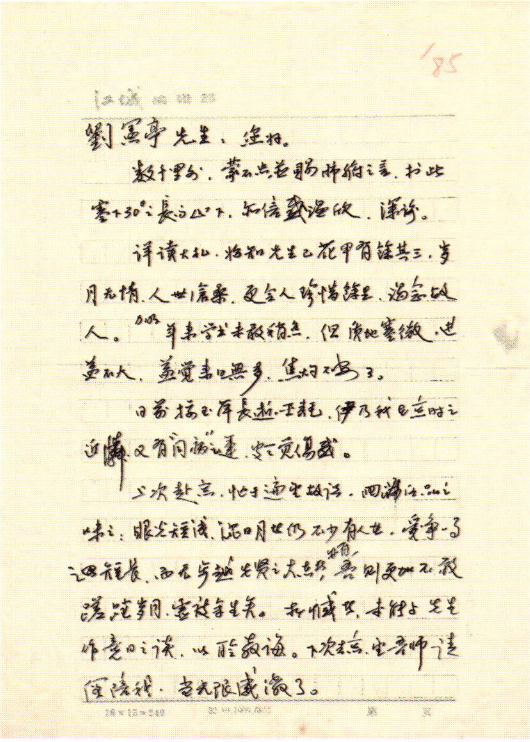

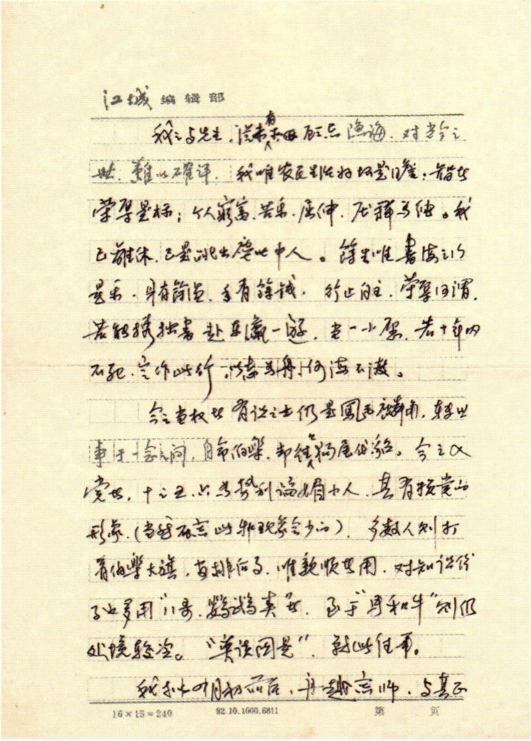

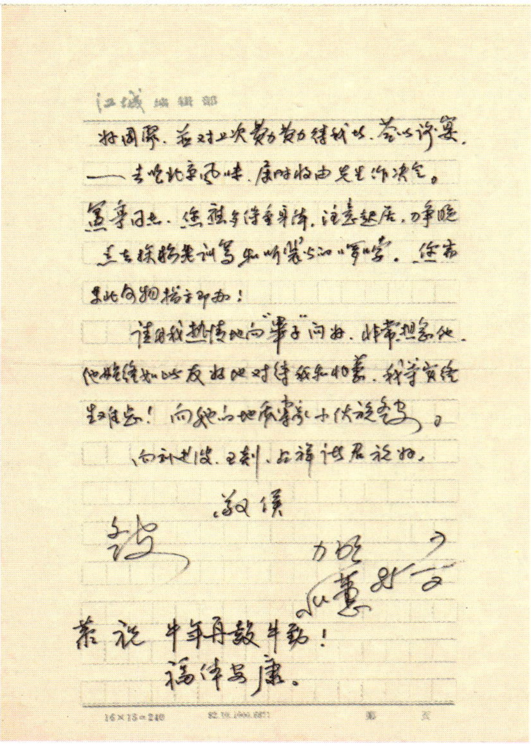

图2　窦黎明致刘宪亭信札（26 cm×18.9 cm×3）

图 3　窦黎明书法横幅（67 cm×33 cm）

窦黎明再遭劫难，而这次的结局是被下放到当时还是满目荒凉的东北吉林市，从此他与张兆慧就没离开过这座城市。他先在吉林市话剧团工作，后又到商业部门工作，1983 年 53 岁的窦黎明因病离休。从此，他潜心书法，并开辟出了人生新天地。

图 2 是他离休后写给刘宪亭的信札：

刘宪亭先生：您好。

数千里外，蒙不忘并赐肺腑之言，于此零下 30° 之长白山下，我倍感温欣（馨），深谢。

详读大札，始知先生已花甲有余其三，岁月无情，人世沧桑，更令人珍惜余生。渴念故人。力明年来学书未敢稍怠，但质地寒微，进益不大，益觉来日无多，焦灼不安了。

日前接玉萍长逝噩耗，伊乃我在京时之近邻，又有“同病”之连，颇觉伤感。

上次赴京，忙于遍望故识，回归后，品之味之：眼光短浅，混日月者仍不少有人在，爱争一事之短长，而无步越先贤之大志者亦有，吾则更加不敢蹉跎岁月，虚度余生矣。我憾者，未能与先生作竟日之谈，以聆教诲。下次去京，望吾师请假陪我，当无限感激了。

我之与先生，从未有过顾忌隐诲（晦），对当今之世，难以确评，我唯农民生活好坏是瞻，智者荣辱是标；个人穷富、苦乐、屈伸、

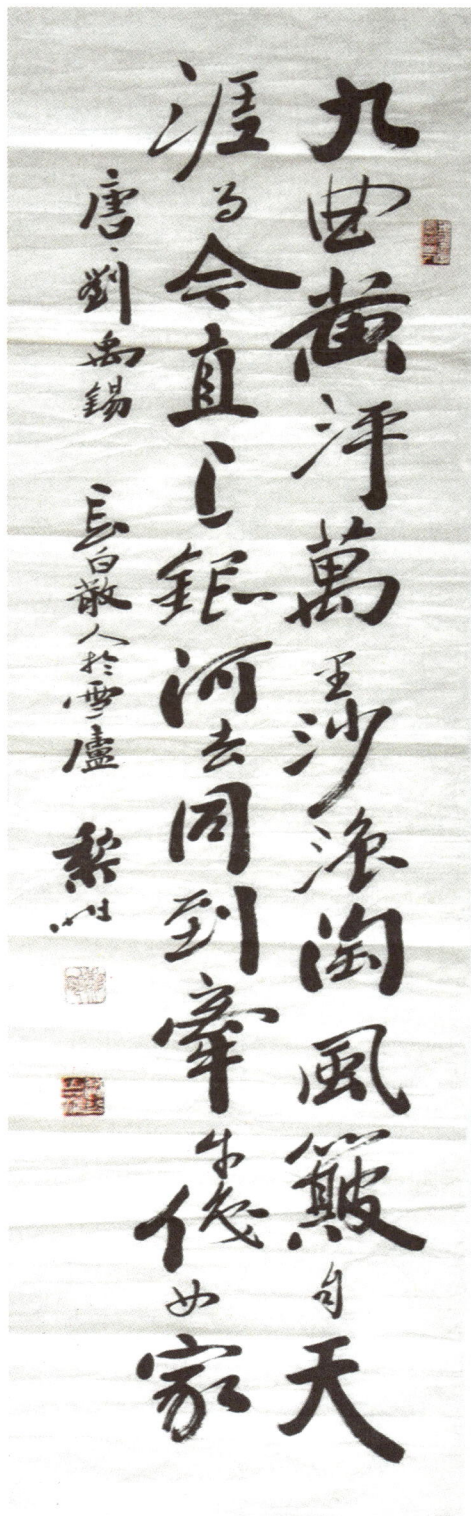

图 4　窦黎明书法条幅（133 cm×35 cm）

压释为绳。我已离休，已是跳出尘世中人。余生唯书海之行是乐，身有余温，手有余钱，行止自主，荣辱何谓，若能携拙书赴东瀛一游，当一小愿，若十年内不死，完成此行，以志为舟，何海不渡。

……

我拟四月初前后，再赴京师，与其正好团聚，并对上次勤勤待我者，答以谢宴，——去吃北京风味，届时将由先生作决定。宪亭同志，您应多保重身体，注意起居，力争晚点去挨杨老训骂和听裴公的啰嗦，您需东北何物指示即办。

请代我热情地向"毕子"问好，非常想念他，他始终如此友好地对待我和兆慧，我等实终生难忘！向她的地质专家小伙祝冬安。

向刘进波、王刿、占祥诸君祝好。

敬候

冬安

力明

兆慧　85 3/2

恭祝　牛年再鼓牛劲！

福体安康。

窦黎明的这通信札，钢笔写在3页"江城编辑部"稿纸上，信札中谈到了他"年来学书未敢稍息"，又自谦"但质地寒微，进益不大，益觉来日无多，焦灼不安了。"从另一个侧面反映了窦黎明晚年学书，力求进步的心情。他还写到：对当今之世，难以确评，我唯农民生活好坏是瞻，智者荣辱是标；个人穷富、苦乐、屈身、压释为绳。我已离休，已是跳出尘世中人。余生唯书海之行是乐，身有余温，手有余钱，行止自主，荣辱何谓，若能携拙书赴东瀛一游，当一小愿，若十年内不死，完成此行，以志为舟，何海不渡。表达了自己淡泊明志，要在十年内携书法作品赴日本展出的愿望。从信札的落款85.3.2判断，此信札写于1985年，彼时的窦黎明55岁，已过知天命之年，俗话说五十不学艺，而55岁的窦黎明却立志要学有所成，可谓老骥伏枥，志在千里，令人感佩。

年幼的家传、私塾的功底、张伯英的精髓加之后天的努力创造，窦黎明书法与日精进，深受各界的喜爱，大街小巷开始出现窦黎明题写的匾额，青少年书法爱好者开始聚集在窦黎明的门下。然而，刚正不入俗流的窦黎明并不讨少数掌握权杖的书协负责人喜欢，使他迟迟不能走进当时被认为是书法界艺术水准、书法界地位标志的中国书法家协会的大门。对自己书法水平充满信心和底气的窦黎明于1987年进京，在八一电影厂搞了个内部观摩展，当时的中国书坛大家欧阳中石、李铎、夏湘平等亲临现场参观，并给予极高的评价。在地方深受委屈的窦黎明站在自己的作品前向来参观的中国书法家协会的高层申问：请你们看看我的作品，说句公道话，我够不够资格成为中国书法家协会的会员？在场的书法家无不认为窦黎明具备入会的资格，于是他填表入会，这在中国书协发展会员的过程中不能不说是个特例。

窦黎明从京返吉不久，时逢吉林市举行首届青年书法大赛，他毫无疑义地与时任中国书协理事的金意庵，西泠印社社员、中国书协会员刘迺中，中国书协会员李林一起被聘请担任大赛评委。赛评之余我请窦黎明赐墨，他欣然挥毫（图3）：

清　　泉
清清泉水可以濯目　李勇同志正　黎明
落款钤白文印章："窦黎明"；引首钤朱文印章："百草斋主"。

窦黎明的书法刚劲雄健、开张自如、潇洒飘逸、气势非凡，跋语清新、释义明晰，特立独到。

图4是窦黎明的书法条幅：

九曲黄河万里沙，浪淘风簸自天涯。
如今直上银河去，同到牵牛织女家。
落款：唐刘禹锡　长白散人于雪庐　黎明；钤朱文印章：黎明；引首钤白文印章：长白山人。

21世纪初，笔者有幸与窦黎明先生搬进了同一住宅小区并成为前后楼邻居，可以隔窗相望，笔者常常看到先生黎明即起，临池研磨。先生性格耿直、率真、热情、好善，小区大门上的字就是先生题写的。先生不仅友好于邻里，而且还热心于公益。2008年5月12日，四川汶川大地震发生后，市美协主席找到笔者，让笔者帮忙找个企业和场地搞一个为灾区的捐赠活动，笔者找到了一位企业家朋友，请他的企业协助举办捐赠活动。没想到捐赠活动当天，已78岁高龄，行动多有不便的窦黎明先生拄着拐杖亲自送来了新创作的横幅书法"大爱无疆"等作品，捐赠给了为灾区捐款的义卖活动，令所有在场的人动容。

窦黎明的书法很难说师宗何师、何家，但于笔墨中可见，笔笔不离书法的精髓，似汉简、近魏碑、是行书、有狂草，像"二王"、似"米黄"，博采傅山、张伯英等大家笔法精华，又有所突破，说其自成一家，实不为过。

窦黎明身后，对其书法艺术的评价日隆。他在世时，社会低估了他的艺术成就，追思会、纪念会上，领导、专家、名流纷纷给予迟到的肯定。窦黎明的作品一时不为社会认知却不改如一追求，虽然人生多了一点悲凉，却不失多样色彩，他在东北大地留下的一大批艺术作品，如一座山峰，足以令人仰止。

窦黎明（1930—2013），力明，号长白散人，山东郯城县人。4 岁入家塾，14 岁在徐州读书时开始接触和学习张伯英书法艺术。19 岁加入中国人民解放军，参加过多次战役并立二等功，他的名字被载入中国人民解放军第二野战军史。1949 年参加解放军进军大西南，1953 年被调至总政话剧团工作，后转业至中国科学院脊椎动物与古人类研究所，为杨钟健做秘书。1961 年来到吉林市，53 岁开始立志在书法艺术中探索。1993 年成为韩国现代美术人协会名誉理事，2003 年为该协会名誉会长。2002 年获吉林市第二届松花湖文艺奖成就奖。2004 年《窦黎明书法集》出版。是中国书法家协会会员。

韩羽

（1931— ）

画家 评论家

一直以来，都认为韩羽是位了不起的画家，可拜读了他的著作后，觉得他还是位评论家。图1是他的信札：

郭兄：

　　酷暑之季，北京当亦毒热，身体可好，时在念中。听小牛说分配还算可以，总算了此一桩心事。

　　方成正为三联书店编十本外国漫画集，他约我给卜劳恩漫画写一小序，要求写二百余字即可。之后，我顺便又写了一短文，现寄上，请兄看看能否在《读书》上占点地方？因我手头只有一本《父与子》，我想三联书店总会有此书的，不再附寄了。湖南有消息否？盼赐回音。

　　即颂

暑祺

　　　　　　　　韩羽

　　　　　　　　八月十三日

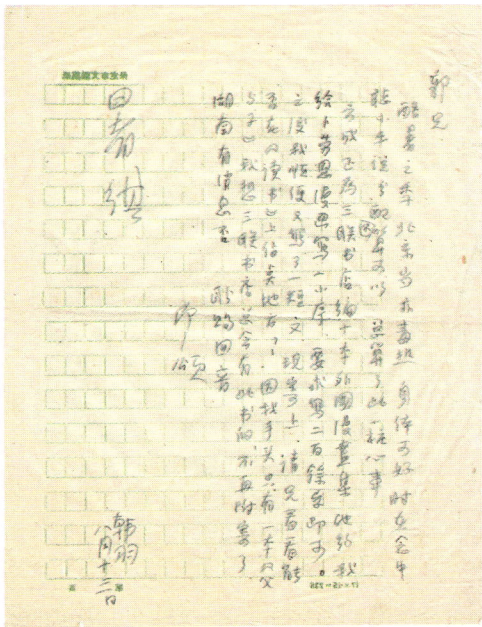

图1　韩羽致郭振华信札（25.5 cm×19 cm）

　　韩羽的信札是写给人民出版社美术组组长兼《读书》杂志美术编辑郭振华（1931— ）的，钢笔直书在一页"保定市文联稿纸"的背面。信札中谈了为三联书店所编卜劳恩漫画写一小序，又希望能在《读书》上发表一篇短文，言词恳

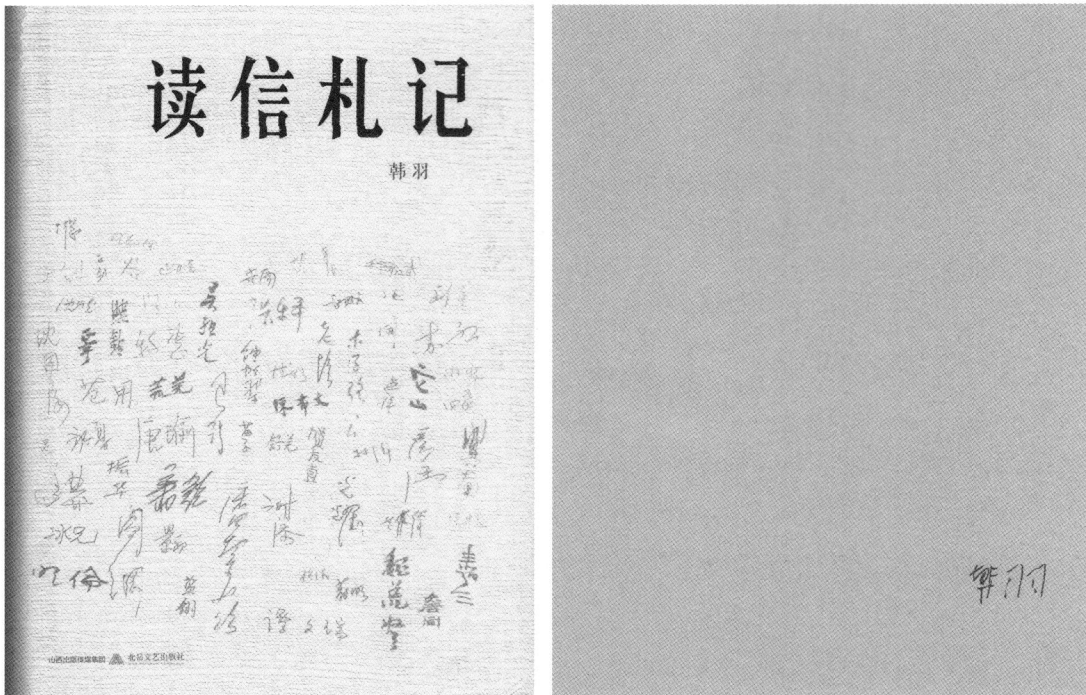

图 2   韩羽《读信札记》签名本

切。图 2 是韩羽著《读信札记》的签名本，韩羽在书的扉页上硬笔横书：

韩　　羽

　　在这部书的 322—336 页"郭振华的信"中有"湖南的事，想等老潘出差回来，借他拍的彩片。或寄一些现成的印刷资料给湖南，以便他们开会时定下来——他们已来函要资料，说社务会议上定。主要倾向是要'百花齐放，百家争鸣'，要给韩羽出一本！"据此推测，该信札中"湖南有消息否"是指湖南出版社要为韩羽出书之事。由《读信札记》中"郭振华的信"有"韩注 1984"字样及韩羽的信札中有"酷暑之季，北京当亦毒热"一句推断，韩羽这通给郭振华的信札写于 1984 年夏天，距今已有 30 多年了。当时，郭振华任职的著名的《读书》杂志已创刊 5 年，许多知识分子能为在该杂志上发表文章为荣，当时身为画家、编辑的韩羽也不例外，"我顺便又写了一短文，现寄上，请兄看看能否在《读书》上占点地方？"诙谐幽默中表达了想在《读书》上发稿的愿望。

　　韩羽，山东聊城人，1931 年生，初中一年级辍学，继之当学徒，所以，韩羽填写简历时，填的是"小学毕业"。韩羽 1948 年参加工作，先后从事美术编辑、创作、教学等工作。他的国画、书法、漫画、插图作品同时入选《中国现代美术全集》国画卷、漫画卷、书法卷和插图卷等 4 卷。韩羽善画戏曲人物，惟妙惟肖、栩栩如生，他的漫画获得过中国漫画金猴奖成就奖，插图作品获全国插图优秀作品奖，布尔诺国际实用美术展铜牌奖。他担任美术设计的动画片《三个和尚》、《超级肥皂》，不仅获文化部奖、金鸡奖、百花奖，还在德国、丹麦、葡萄牙、马尼拉等国际电影节上获奖。他还是评论家和作家，出版有《韩羽文集》、《韩羽杂文自选集》、《信马由缰》、《画眼心声》、《杨贵妃撒娇》等文集，获连专业作家都很难问鼎的"鲁迅文学奖"。著名评论家黄苗子在《大巧若拙——韩羽其人其画》一文中写道："韩羽画如其人，土头土脑，似蠢而雅，土极而洋到了家，具有浓厚的现代感。"

　　韩羽（1931—　），山东聊城人，1948 年开始从事美术编辑、教学工作，历任《邯郸农民报》、河北工艺美术学校编辑、教员，河北美术出版社总编辑、中国美协理事，河北美协副主席、名誉主席，河北文学艺术研究会名誉会长。

王蒙

（1934—　）

作家　文化部长　茅盾文学奖获得者

　　2015 年 8 月 6 日，作家王蒙的小说《这边风景》获得第九届茅盾文学奖。图 1 就是这部长篇小说的题签本，王蒙在书的扉页上硬笔横书：

这边风景独好！

王蒙

2015.8.24

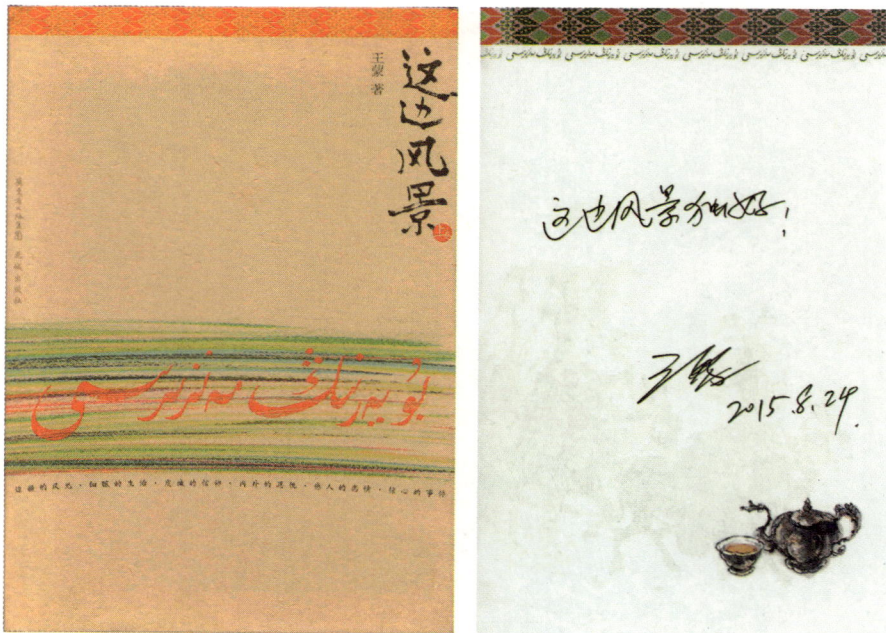

图 1　王蒙《这边风景》签名本

这是王蒙在获得茅盾文学奖 18 天后的签名本，此时的王蒙已 81 岁，而早在 1956 年，他在《人民文学》9 月号上发表成名作《组织部新来的青年人》时只有 22 岁，成名与首次获得中国最高文学荣誉奖之一的茅盾文学奖相隔 60 年。这 60 年中，王蒙与时代一起走过了极不平凡的风雨历程。在这一个甲子中，王蒙从共青团干部、到右派、到专业作家，再到中国艺术研究院院长、中央委员、文化部长，又回归作家、学者，其人生可谓波澜起伏、精彩纷呈。然而，王蒙在多舛的人生长河中坦然正视命运安排、从容面对宠辱，且颇有心得，《我的人生哲学》《尴尬风流》《半生多事》等著述记叙了他作家之外的人生感悟，而对老庄等哲学先贤思想的研究，令许多专家钦佩之至。

图 2 是王蒙在文化部长任上写给著名剧作家曹禺的信札：

曹禺老师：

　　大函敬悉，承蒙关心，我将把您的意思告艺研院注意。

　　同时，我的一贯主张，行政领导应注意自己的"权"的限度，不可能事事靠领导批示解决。如日前关于美术家藏画所有权纠纷事，我就不表态，而劝双方用诉讼法律手段判断这一类民事纠纷。最后，法院以法律为准判以事实为依据办了此事，避免任何一位个人可能有的倾向性偏差。

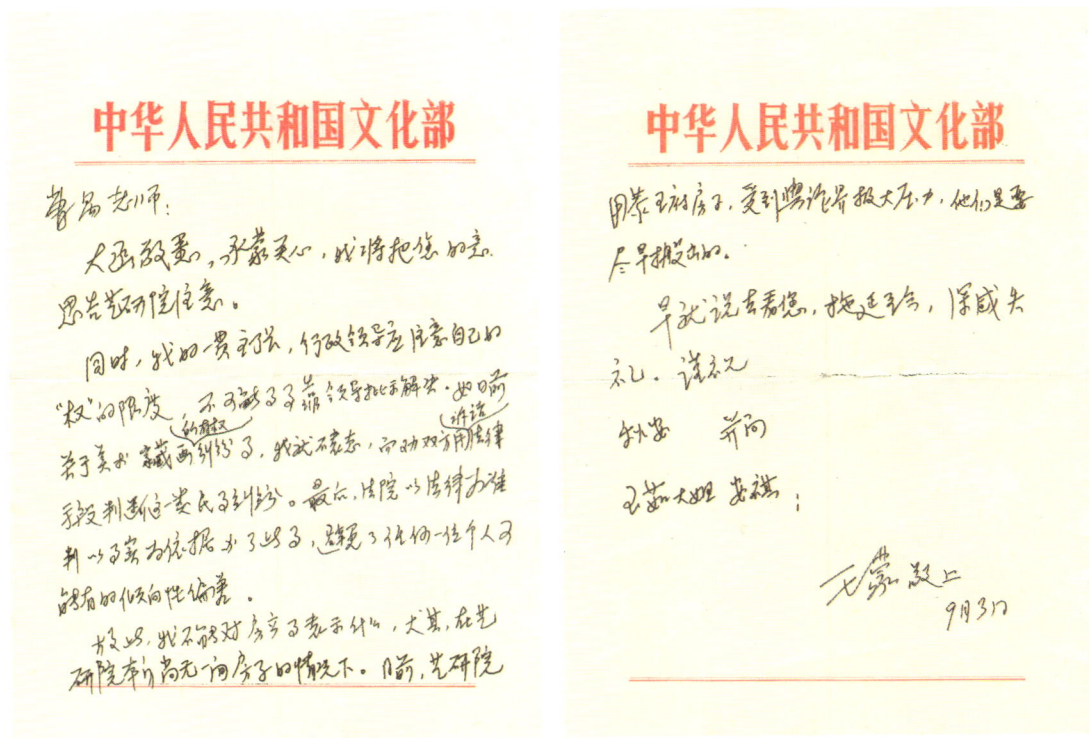

图 2　王蒙致曹禺信札（26.5 cm × 19 cm × 2）

　　故此，我不能对房产事表示什么，尤其，在艺研院本身尚无一间房子的情况下。目前，艺研院用恭王府房子，受到舆论界极大压力，他们是要尽早搬出的。

　　早就说去看您，拖延至今，深感失礼。谨祝

秋安　　并问

　　玉茹大姐　安祺！

王蒙敬上
9 月 3 日

　　王蒙的这通信札钢笔手书在 2 页"中华人民共和国文化部"信笺上，格式规范、书写流畅、风格自然，语言亲切、彬彬有礼，开篇尊称曹禺为老师；结尾又问曹禺夫人玉茹大姐安祺，可见王蒙对曹禺一家的敬重。更难能可贵的是，作为上级行政领导，对于有争议的问题不以领导批示解决，而是以法律为准绳，依法解决，可谓是依法行政的典型，也可见王蒙的民主、法制思维和工作作风，值得行政领导干部借鉴。

　　王蒙出生在北京沙滩，父亲王锦第毕业于北京大学哲学系，与著名文学家何其芳是室友，王蒙的名字就是何其芳起的。王蒙的童年在北京香山幼稚园和北师附小度过，而后考上了私立平民中学，这期间他接触到了第一位共产党员——在北平军事调处执行部叶剑英身边工作的李新，开始有"革命"倾向，并开始读巴金、曹禺、茅盾等左翼作家的作品。后来，王蒙又结识了学生地下党员何平，何平成了他革命的领路人。

　　1948 年，王蒙初中毕业后进入河北高中即冀高学习，并在冀高加入中国共产党，当时的王蒙还不满 18 岁。1949 年 3 月，王蒙被调入北京团市委，成为团干部，然后到中央团校二期学习八个月，亲耳聆听了李立三（1899—1967，中国工人运动的杰出领导人之一，原中共中央政治局常委兼秘书长、宣传部长，新中国成立后任中共中央工委书记，中华全国总工会副主席）讲的工人运动课，王明（1904—1974，中国共产党早期领导人之一，曾任中共中央政治局委员、长江局书记、中央代理书记、新中国成立后任政务院政法委员会副主任）讲的婚姻法课，邓颖超（1904—1992，中共中央妇委书记、新中国成立后任全国妇联副主席、党组副书记、名誉主席）讲的妇女工作课，冯文彬（1911—1997，新中国成立后任青年团中央书记处书记）讲的青年运动课，艾思奇（1910—1966，哲学家，新中国成立后任中央党校副校长）讲的哲学课，田家英（1922—1966，毛泽东秘书）讲的毛泽东思想课等，并在毕业时受到了毛泽东主席的接见。后来，王蒙被分配到北京市第三区团工委任中学部、组织部负责人，并开始文学写作，继 1956 年发表了改变他一生的《组织部新来的青年人》后，又创作完成了长篇小说《青春万岁》。本来，中国青年出版社等准备出版这部小说，却因种种原因没能如期与读者见面，直到 20 多年后的 1979 年才正式出版；而且，一出版即引起轰动，平均每 3 年就要重印一次，至今已发行近 50 万册，成为王蒙作品的最畅销之作。

　　1959 年，王蒙被划为右派，遭受了批判，而后下放劳动。1963 年，王蒙提出去新疆工作，从此他在新疆生活了 16 年。在这 16 年中，中国经历了"文革"，而远在新疆的王蒙在善良的维吾尔族农民的保护下躲过了这场浩劫，他还学会了维吾尔语，也是在这期间他创作了获得茅盾文学奖的长篇小说《这边风景》。1979 年王蒙调回北京，先在市作协搞专业创作，后任作协北京分会副主席，1986 年当选中央委员，中国作协副主席、书记处书记，文化部长。然而，王蒙是个不修边幅的人，在文化工作上也总是提倡宽容，提倡并存与互补，提倡创作自由，提倡从容讨论，反对动辄搞爆破式的批判，反对动辄上纲上线。他听从指示和规定，上级不让干什么，他绝对不干什么，不能办的事，他绝对不办，因此，有人背后说他"形右实左"。王蒙在信札中对曹禺说："我的一贯主张，行政领导应注意自己的'权'的限度，不可能事事靠领导批示解决。"这在今天看来，是不是就是"把权力关进制度的'笼子'里"？

王蒙于 1989 年辞去了文化部长职务。而后，他又专门从事创作、研究，并担任中国海洋大学、中国传媒大学、新疆大学、南京大学、浙江大学等多所大学的教授、名誉教授。同时，他以感恩之心、反哺之情回报生活了 16 年保护了他的新疆，被称为"新疆各族人民忠诚的歌者"。2013 年 5 月 23 日，以王蒙名字命名的"王蒙书屋"在新疆伊宁巴彦岱镇落成，书屋藏书 2 万多册，向村民免费开放，成为民族团结的见证、民族间文化交流及文化旅游的载体。图 3 是"王蒙书屋"落成签名纪念封和明信片，上面印着王蒙 2009 年夏天题写的文字：

想念伊犁　祝福伊犁

北大教授严家炎说："王蒙是中国当代最活跃、最有创造力的小说家之一，同时，他又是文学上全能选手。"每一门类他都有大量作品，其小说、散文、评论、诗歌作品有一千多万字，尤以小说创作的多元化著称，意识流小说《蝴蝶》、诗情小说《布礼》、文化寻根小说《在伊犁》、荒诞小说《来劲》、寓言小说《坚硬的稀粥》、幽默小说《说客盈门》等在当代中国文坛占有重要地位。图 4 是王蒙的《王蒙诗情小说》签名本，王蒙在书的扉页上硬笔直书：

小蒋弦韧
同志正
王蒙
一九九九、二月

王蒙还出版了《王蒙自传》，共三部：《半生多事》、《大块文章》和《九命七羊》，图 5 是其第一部《半生多事》的签名本，王蒙在扉页下方硬笔横书：

图3 "王蒙书屋"落成签名纪念封和明信片

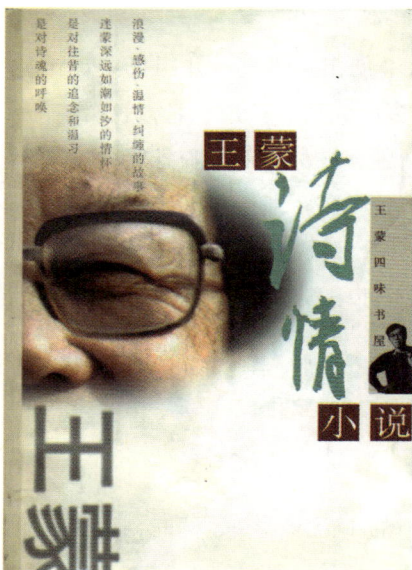

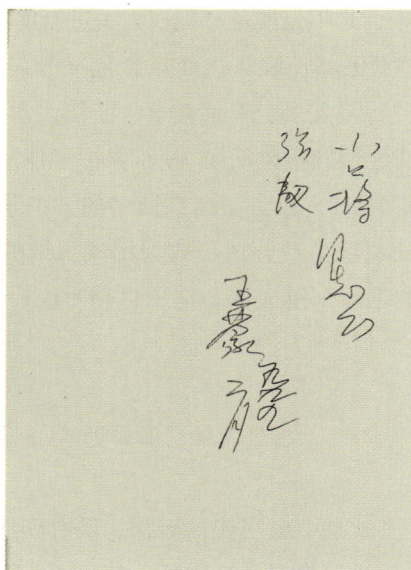

图4 《王蒙诗情小说》签名本

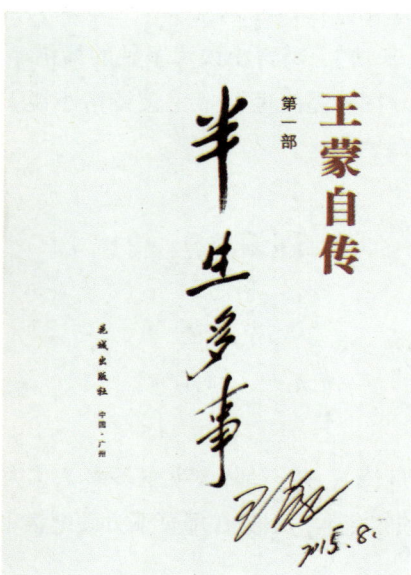

图5 《王蒙自传　第一部
半生多事》签名本

王　蒙

2015、8、

《王蒙自传》具有重要的文学史意义，这本在王蒙获得茅盾文学奖当月的签名本很有价值。

王蒙（1934— ），河北南皮人，生于北京。曾任北京团市委干事、北京师范学院教师、《新疆文艺》编辑、北京文联专业作家、中国作协北京分会副主席、文化部长、中国作协主席，中共第十二届、第十三届中央委员，第八、第九、第十届全国政协常委，中央文史馆馆员等。.

章含之

（1935—2008）

毛泽东的英文老师

1963 年 12 月 26 日是毛泽东七十大寿，毛泽东邀请了四位湖南老乡：程潜（1882—1968，曾任湖南省长）、叶恭绰（1881—1968，书画家，曾任北洋政府交通总长、孙中山广州国民政府财政部长）、王季范（1885—1972，毛泽东表兄，曾在湖南第一师范任教）、章士钊（1881—1973，教授、律师，曾任北洋政府司法总长及教育总长，新中国成立后任中央文史馆长）来中南海参加寿宴，章士钊遵嘱带了在北京外国语学院任教的女儿章含之赴宴。席间，毛泽东问了章含之的工作情况后说："章老师，你愿不愿当我的老师啊？我跟你学英语"。于是，从 1964 年初起，章含之成了毛泽东的英文老师。图 1 是章含之的传真手稿：

小肖：

现发来中心的简介。下属单位中划"√"的协会就是我现在掌管的。

另有以下几点请转告你的朋友：

一、国务院发展研究中心和协会有许多大型国际会议的经验，来宾有基辛格等国际著名人士。举办国际会议是没有问题的。

二、我估计欧洲方面的组织者是一家会议公司，因此对口应是协会。但会议的主持可以是中心。我们需要主办公司正式来函及委托他们的代表进行正式洽谈。如双方同意应正式签协议书。

三、我们需要一份该活动的详细建议书。

四、如会议在上海举办，恐怕还需有上海一家单位协办，很多具体工作将由上海来做。此事可能会有矛盾，因为上海方面也许会认为不需要北京方面插手，他们可以成为主办单位（实际上他们肯定也有能力）。因此，是否与北京合作，请他们考虑。

先提以上几个问题，我们保持联系。

章

章含之的传真稿是发给上海《文汇报》"笔会"副刊主编、上海文汇出版社总编肖关鸿的，写在一页"中华人民共和国国务院发展研究中心中国城乡发展国际交流协会"的传真纸上，圆珠笔横书，字体清秀、流畅，层次清晰、达意明确，与肖谈的是有关国际会议的筹办问题。从传真的时间"1999.2.1"推断，章含之时年64岁，正在负责中国城乡发展国际交流协会的工作。有关资料显示，该协会系全国性民间国际交流机构，组织非官方的对外合作与交流，并开展旨在促进中国城乡经济社会发展的国际咨询工作等。

章含之其实是章士钊的养女，章士钊除了是毛泽东的同乡外，还是毛泽东的岳父、杨开慧烈士的父亲杨昌济（1871—1920）的挚友，在北京大学任教伦理学的杨昌济将在北京勤工俭学的毛泽东介绍给

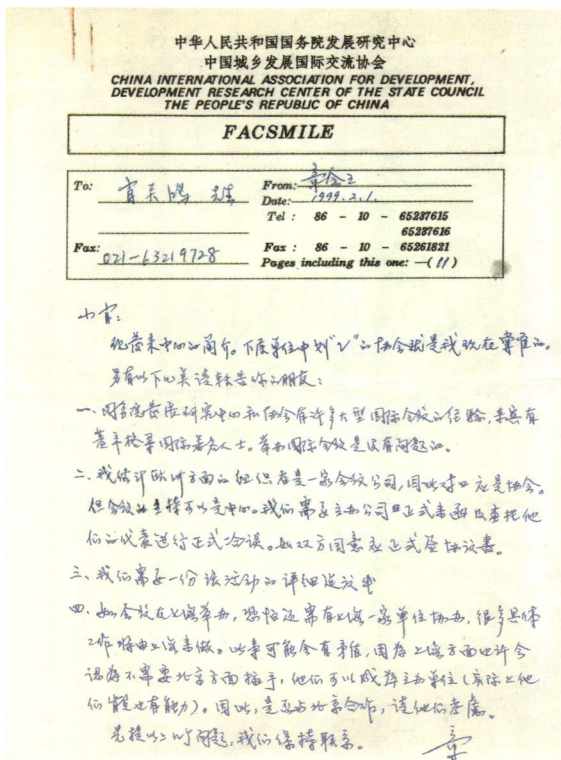

图 1　章含之致肖关鸿传真手稿（29.8 cm×21.8 cm）

章士钊。1921 年，毛泽东找到章士钊请他帮助一批有志青年去欧洲留学，章士钊不仅自己慷慨解囊，而且在社会名流中筹措到 2 万银元交给毛泽东。毛泽东将这笔钱一部分交给赴法国留学的同志，另一部分则带回湖南发动"秋收起义"，后来上了井冈山。知恩图报的毛泽东自 1963 年起，每年春节都从自己的稿费中拿出 2 000 元以"还债"为由补贴给章士钊，而章士钊坚决不要。后来章含之被保送到北京外国语学院。毕业后留校任教。"文革"中，章含之与青年教师张幼之一起给毛泽东写信，反映学院军宣队、工宣队包庇极"左"势力，迫害干部、教师的情况，毛泽东作了批示。1970 年，正在北京针织总厂下放当工人的章含之再次见到了毛泽东，毛泽东让章含之回外国语学院搞外语教改，并指示章含之搞完教改后去外交部工作。毛泽东说："我们现在需要女外交家，我看我的这个章老师可以，又能说又能写。你给我的信是蛮厉害的呢。你要到外交部去，当发言人。"1971 年章含之调到外交部工作，但她并没有成为发言人，而是到亚洲司，从一般科员做起，在各种外事场合担任英文翻译，后任处长、副司长，以及出席联合国大会中国代表团副代表。1973 年，章含之与时任外交部部长的乔冠华（1913—1983）结婚，此后的 10 年章含之与乔冠华相依为命，走过了一段曲折的人生之路。

从 1982 年起，章含之任中国人民对外友好协会常务理事，此时的乔冠华已重病入院，她一直陪伴在乔冠华的身边，直到他离世。

　　失去相伴 10 年的丈夫，章含之悲痛万分，然而她挺过了失去亲人的悲痛，挺过了某些人阻止她去蛇口工作的风波，在乔冠华的老友黄镇（1909—1989，著名的"将军大使"，曾任外交部副部长、文化部部长）、宋之光（1916—2005，曾任外交部部长助理）、李颢（苏州医学院教授，乔冠华的生死之交，新中国成立前乔冠华在重庆新华社工作时，身为重庆市民医院外科主任的李颢冒着被国民党迫害的危险抢救了因肠穿孔引起急性腹膜炎的乔冠华，乔冠华则引导李颢投身革命）、冯亦代（1913—2005，著名翻译家，曾任《读书》副主编）、徐迟（1914—1996，著名报告文学作家，曾任《外国文学研究》主编）等的同情和帮助下开始了新的生活。这时，她的女儿洪晃（1961—　，《世界都市 iLook》杂志主编兼出版人）已在美国大学毕业并工作，成为她最大的心灵慰藉。她开始撰写回忆录，《跨过厚厚的大红门》、《我与乔冠华》先后出版，引起轰动。图 2 是《跨过厚厚的大红门》的签名本，在书的扉页上章含之钢笔横书：

章含之

　　图 3 是《我与乔冠华》的签名本，在书名页上章含之钢笔横书：

刘磊石同志：
章含之
1994.6.10

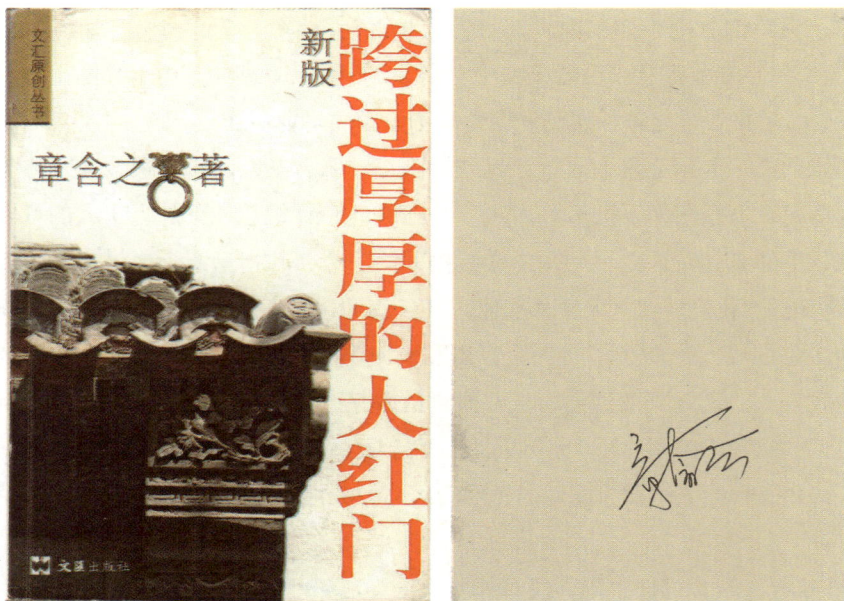

图 2　章含之《跨过厚厚的大红门》签名本

图3　章含之《我与乔冠华》签名本

　　冯亦代在该书的"前言"中写道：章含之是老乔挚爱的人，她写了他们二人共同生活的回忆，可以使后人看到老乔的片段生活，同时也说明他们的爱情是血泪凝成的。人生得一知己并非易事，可遇而不可求，我为老乔晚年又得一知己，感到无比高兴。

　　章含之曾利用于1993年去纽约联合国总部的机会，进入档案库房中查对当年"组织和群众"认定乔冠华在联合国大会发言中讲了当时"四人帮"极力宣传的毛泽东遗嘱"按既定方针办"，这也是审查乔冠华的问题之一。章含之认真查对了1976年10月5日中国代表团团长乔冠华的原始自然段发言记录和英文翻译，都没有"按既定方针办"这句话。章含之请联合国工作人员复印了乔冠华的中、英文发言全文带回国内，为乔冠华洗刷了不白之冤。

　　章含之（1935—2008），生于上海，1949年随养父章士钊全家迁居北京。先在北京贝满中学读书，后被保送到北京外国语学院英语系，毕业后于该校研究生班任教。1971年调入外交部，任科员、副处长、处长、副司长、中国驻联合国代表团副代表。1983年后，任中国人民对外友好协会常务理事、国务院农村发展研究中心国际部主任、国务院发展研究中心国际部主任等。

刘宗汉

（1936—   ）

书法家　学者

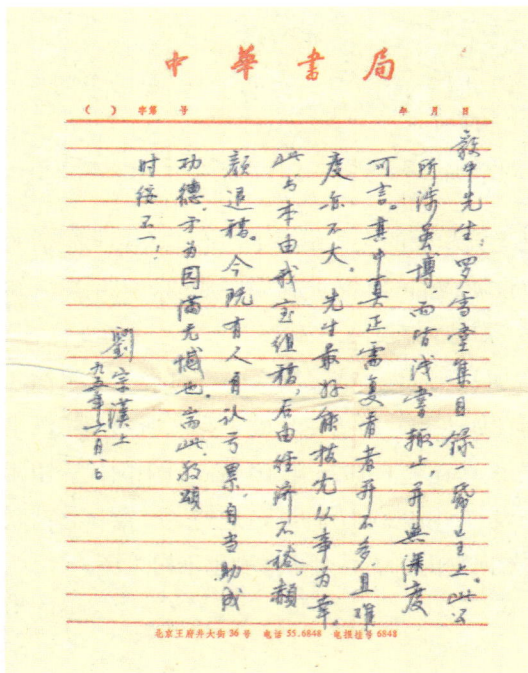

图1　刘宗汉致程毅中信札（26.5 cm×19.5 cm）及送达封

刘宗汉长期从事古文字、古钱币的研究和编译工作，曾任以整理古籍为主的著名出版社中华书局的语言文字编译室主任、编审。图1是刘宗汉写给著名古典文学编辑和古籍整理专家，曾任中华书局副总编辑的程毅中（1930—   ）的信札：

毅中先生：

　　罗雪堂集目录一纸呈上。此公所涉虽博，而皆浅尝辄止，并无深度可言。其中真正需复看者并不多，且难度亦不大。先生最好能拨冗从事为幸。此书本由我室组稿，后由经济不裕，颇颇退稿。今既有人自认亏累，自当助成功德，方为园（圆）满无憾也。专此静颂
时绥不一！

　　　　　　　　　　　刘宗汉　上
　　　　　　　　　　　九五年六月八日

　　刘宗汉的信札圆珠笔直书在一页"中华书局"信笺上，书写沉稳端庄、文言白话相兼，有学者的观点坦述："此公所涉虽博，而

皆浅尝辄止，并无深度可言"；有下级向老上级的请示："先生最好能拔冗从事为幸"；也有成人之美的商量："今既有人自认亏累，自当助成功德，方为园（圆）满无憾也"。学者的正直、谦恭、宽容情怀于笔墨上一览无余。

刘宗汉出生在北京，曾受著名学者、辅仁大学校长陈垣的指教涉足考证之学，并任辅仁大学美术系助教，1959 年入北京大学历史系学习，1961 年后任光绪举人、中国营造学社创始人、曾任北洋政府交通总长和代理国务总理的朱启钤（1872—1964）秘书。家学的浸润、名家的指教、巨擘身边的耳濡目染，使刘宗汉在古文字、钱币学研究方面颇有建树，先后任文物博物馆研究所研究员、故宫博物院专门委员、北京师范大学教授、中国社科院近代史研究所高级研究员，并于 1979 年进入中华书局任语言文字编辑室编辑、主任、编审等，著有《文陶汉字征》《秦汉钱币研究》等。图 2 是刘宗汉《字诂义府合按》签名钤印本，在书的扉页上刘宗汉毛笔直书：

经元兄指正
刘宗汉

钤白文印章："刘宗汉印"。

刘宗汉的书法幼承庭训，楷书从唐柳公权《玄秘塔》入手，兼习魏碑，行书临蔡襄《自书诗册》、南朝智永写本《千字文》。后经书画大家启功指点，取法北朝《张猛龙碑》，临晋二王行书，兼米芾笔意，逐渐形成清雅、端庄的风格。图 3 是刘宗汉书录王安石诗条幅。

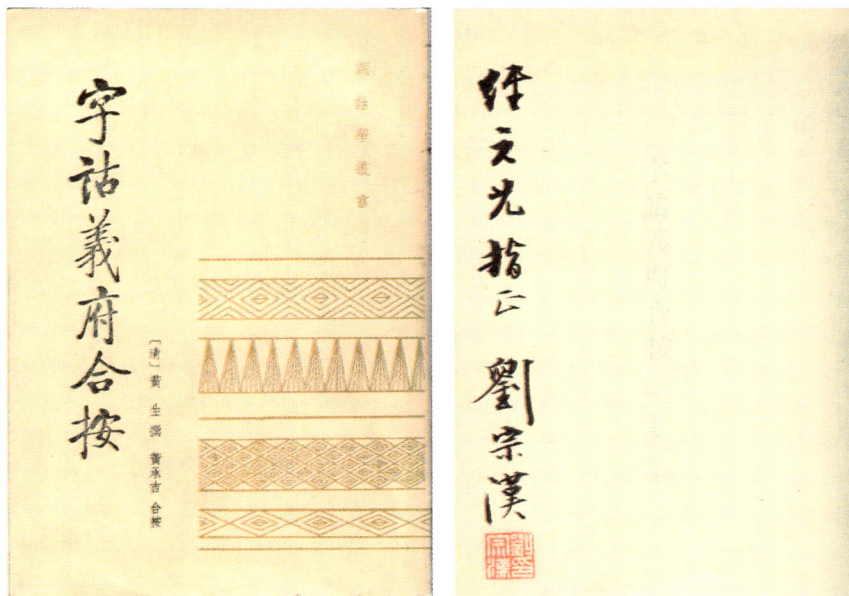

图 2　刘宗汉《字诂义府合按》签名钤印本

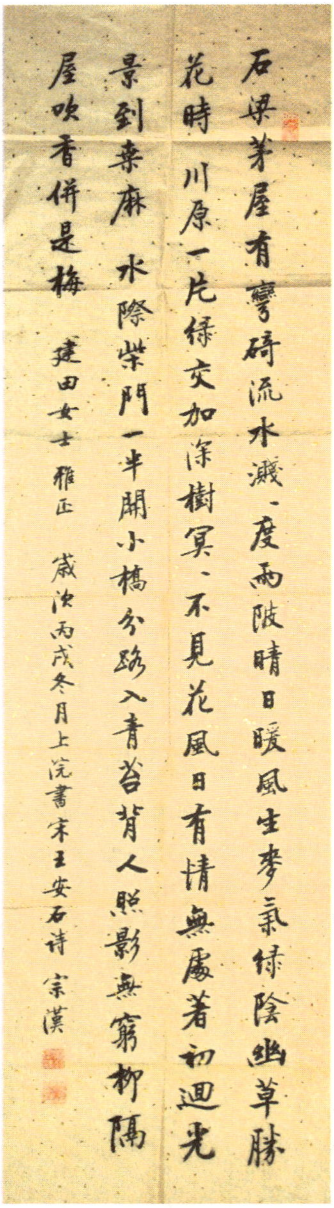

图3　刘宗汉录王安石诗条幅
（131 cm×33.5 cm）

石梁茅屋有弯碕，
流水溅溅度两陂。
晴日暖风生麦气，
绿阴幽草胜花时。

川原一片绿交加，
深树冥冥不见花。
风日有情无处著，
初回光景到桑麻。

水际柴门一半开，
小桥分路入青苔。
背人照影无穷柳，
隔屋吹香并是梅。

　　落款：建田女士雅正　岁次丙戌冬月上浣书宋王安
石诗　宗汉

　　钤白文印章："刘宗汉"；朱文印章："比松堂"。

　　刘宗汉的这一条幅书录的是王安石的三首诗《初夏即事》、
《出郊》、《金陵即事》，楷书字体，古朴华美、格调高雅、俊朗
飘逸，堪称精品。

　　刘宗汉（1936—　），字谨斋老人，别署比松堂，北京人。
辅仁大学美术系助教，文物博物馆研究所研究员，故宫博物院
专门委员，北京师范大学教授，中华书局语言编辑室副主任、
编审，中国书法家协会会员，全国政协委员，北京文史馆馆员。

十世班禅

（1938—1989）

藏传佛教领袖　国务活动家

　　班禅喇嘛在藏传佛教格鲁派（即黄教，此派的创始人是宗喀巴）中，与达赖喇嘛并称。班是梵文"班智达"，意为博学；禅是藏文"钦波"，意为"大"。西藏人一般认为班禅是"月巴墨佛"，即阿弥陀佛的化身。1713年，清朝康熙帝封五世班禅为"班禅额尔德尼"，"额尔德尼"是满语，意为"珍宝"，并加封以前各世班禅，从此这一活佛系统得此封号，其驻跸地为日喀则的扎什伦布寺。1941年，3岁的贡布慈丹被班禅行辕堪布会议厅认定为九世班禅的转世灵童候选人，后被迎往青海省塔尔寺供养。1949年6月国民党中央政府批准其为十世班禅，并于8月举行了坐床大典。1949年10月1日，十世班禅致电毛泽东、朱德表示拥护中央人民政府。1951年，十世班禅参加《关于和平解放西藏办法的协议》的签署。1959年，藏区骚乱，第十四世达赖逃亡印度，十世班禅则选择留在西藏，接受中央人民政府任命的西藏自治区筹备委员会代主席职务，为西藏民族自治做出了贡献。图1是十世班禅邀请范司令的请柬。

范司令：

　　兹定于一九八七年十月十四日晚六时以班禅副委员长的名义，在班禅小楼二楼举行便宴，招待中央工作组。请届时光临。

　　　　此致

　　　　　　　　　　　　　班禅

　　一九八七年十月十四日

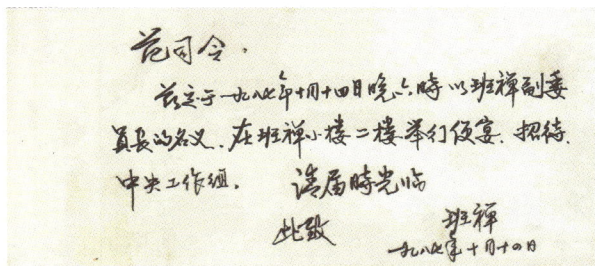

图1　十世班禅手书请柬（33 cm×9 cm）

　　班禅的这帧请柬毛笔横书在"西藏宾馆请柬"的内页上，楷书字体，峻整骨力、清秀流畅、自然赋形，既有颜筋柳骨之势，又有敦厚质重之风，可见汉字书法功力。

　　从请柬所书"招待中央工作组"和落款"一九八七年十月十四日"推断，此次便宴是招待赴西藏处理突发事件的中央工作组的。1987 年 9 月 27 日，拉萨发生了骚乱。21 名喇嘛和其他 5 个举着"雪山狮子旗"，喊着"西藏独立"等反动口号的人在八角街一带游行，在大昭寺广场发表煽动性的演讲，冲击自治区政府、打伤公安人员。10 月 1 日，30 多名色拉寺的喇嘛煽动居民上街游行，打伤民警、记者 300 多人，围攻派出所、焚烧车辆，造成了 600 多万元损失。下午 2 时许，干警用消防水枪驱散闹事者，3 时左右事态才渐渐平息下来。当夜，中央派出工作组乘专机飞往拉萨。在自治区、拉萨市党委政府、汉藏干部及公安武警的共同努力下，拉萨的局势很快稳定下来。也许正因为此，班禅在他的拉萨住处，于中央政府为他修建的班禅小楼里举行便宴，招待中央工作组。可见，班禅对中央工作组的重视，也体现出了班禅与中央在处理拉萨骚乱问题上的一致态度，其大局意识及全局观念，令人肃然起敬。

　　班禅额尔德尼·确吉坚赞，藏族，1938 年正月初三出生在青海省循化县一个藏族农民家庭，俗名贡布慈丹，3 岁时被扎什伦布寺寻访第九世班禅转世灵童的欧曲活佛记下了名字；1942 年，班禅堪布会议厅将寻访到的 10 多名男孩集中于塔尔寺，让他们辨认九世班禅的遗物，贡布慈丹在混杂的真假遗物中，拿起一枚戒子，戴在手上，这枚戒子恰是九世班禅生前常戴的饰物，贡布慈丹与另外 2 名孩童过了关。1944 年，班禅堪布会议厅请塔尔寺护法神唐木钦降神占卦，并在碟中摇出写有 3 名灵童名号的 3 枚糌粑面丸中的一枚，当众启封法断十世班禅为贡布慈丹，由拉科仓为首的 10 位活佛为他举行出家仪式，授沙弥戒，取法名为罗桑成烈伦珠确吉坚赞，从此开始了不平凡的一生。

　　1961 年，十世班禅在西藏、四川、青海、云南等地藏区访问考察时发现人民公社、民族、宗教、统战政策等方面的问题后，耗时五个月用藏文写成了《关于西藏总的情况和具体情况以及西藏为主的藏族各地区的甘苦和今后希望要求的报告》，即《七万言书》，请精通藏文的汉族干部李佐民翻译后递交给国务院，得到了周恩来总理的重视。但后来《七万言书》被定性为"无产阶级敌人的反攻倒算"而受到批判，十世班禅的全国人大副委员长、全国政协副主席等职务被撤销，只保留政协常委一职。"文革"爆发后，十世班禅受到批斗，1968 年被关进秦城监狱，在狱中他靠一本《新华字典》学习汉语。1977 年十世班禅出狱，1980 年被增补为全国人大副委员长，重新走上国家领导人岗位，1988 年被彻底平反。

　　十世班禅与周恩来、习仲勋等中共领导人结下了深厚的友谊，十世班禅曾说："我在监狱里没有死掉主要是周恩来先生的恩情。"周恩来逝世后，每年春节，班禅都要向周恩来夫人邓颖超献上哈达。1982 年十世班禅返藏视察就是习仲勋报请胡耀邦同意而成行的。

　　1989 年 1 月 7 日，十世班禅乘专机从北京动身前往西藏日喀则扎什伦布寺，主持班禅东陵扎什南捷开光典礼，临行前一天去天安门广场人民英雄纪念碑刻有周恩来手书的碑文一侧献了花圈，因为第二天是周恩来的忌日。1 月 22 日，班禅点燃五世至九世班禅合葬灵塔"扎什南捷"灵堂的金灯，开光大典圆满收场。1 月 26 日，班禅为近两万名群众摸顶，从上午十点一直摸到下午六时，其间班禅曾感到后背发凉，工作人员劝他休息，他执意不肯。1 月 28 日晚，因劳累过度，平时健壮、无任何心脏病症的十世班禅突发急性下壁和广泛前壁心肌栓塞抢救无效而圆寂。

图 2 是班禅的题字：

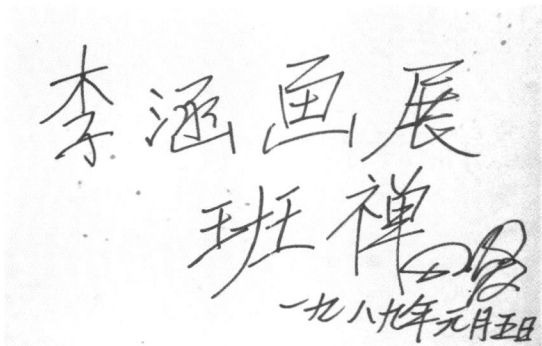

图 2　十世班禅题字（48.5 cm×34 cm）

李　涵　画　展

班禅（藏文班禅）

一九八九年元月五日

这是班禅在离京前 4 天在中国美术馆参加著名画家、中央民族学院美术系教授李涵画展时的题签，硬笔横书在宣纸册页的首页，这是否是班禅离京前的绝笔？我们不得而知……

十世班禅（1938—1989），藏族，1938 年出生在青海省循化县一个藏族农民家庭，俗名贡布慈丹。1944 年班禅行辕堪布会议厅按宗教程序认定十世班禅为贡布慈丹，授沙弥戒，取法名为：罗桑成烈伦珠确吉坚赞，迎往青海省塔尔寺供养。1949 年 6 月国民党中央政府批准其为十世班禅，并于 8 月举行了坐床大典。1949 年 10 月 1 日，十世班禅致电毛泽东、朱德表示拥护中央人民政府；1951 年十世班禅参加《关于和平解放西藏办法的协议》的签署；第十四世达赖逃亡印度后，接受中央政府任命的西藏自治区筹备委员会代主席职务。曾任全国人大副委员长、全国政协副主席等职。

张桂铭

（1939—2014）

新海派画家

　　海上画派是中国近代以来最为重要的绘画流派之一，她海纳百川，在继承传统的基础上，融合中西和古今艺术的精华，从 19 世纪 40 年代产生到现在已发展到第三代，而张桂铭则是其中的佼佼者。图 1 是张桂铭的画作，一只画着小鸟的黄色瓶子里插着一支带果实的树枝，全景、截景、折枝的破碎结构，却将鸟、果实、枝、叶等造型元素加以变形和装饰化，以满构图和错落分布的空白，用重色和原色的穿透力重新编织成一种艳丽、空灵的新结构，给人以眼前一亮、耳目一新的感觉。从落款"桂铭　丁卯冬"推断，该画作于 1987 年，距今已有 30 年。当时张桂铭 48 岁，正值艺术巅峰。彼时，他的写意人物画《画家齐白石》刚刚在第六届全国美展上获得金奖。其枯涩的笔意、清雅的淡墨，极其精妙地塑造了一代宗师齐白石的形象，作品展出后大获好评。这幅精品后来被中国美术馆收藏。图 2 就是"中国美术馆收藏作品致酬单"，致酬单显示，该作品 1985 年被中国美术馆收藏，付稿酬 400 元，张桂铭于 1985 年 7 月 17 日签收。也就是在创作《画家齐白石》的时候，张桂铭看到了齐白石画的《白玉兰》，受其启发，张桂铭叩响了绘画向现代转型的大门，即由人物画创作向现代水墨艺术转型的初期。

　　张桂铭出生在绍兴，与鲁迅是同乡，绍兴这片造就了王羲之、陆游、唐琬、徐渭、陈老莲、秋瑾、徐锡麟等文化名人的灵慧的人文水土滋养了他。张桂铭于 1959 年进入浙江美术学院中国画系学习，并于 1964 年进入上海中国画院从事国画创

图 1　张桂铭国画（64 cm × 43 cm）

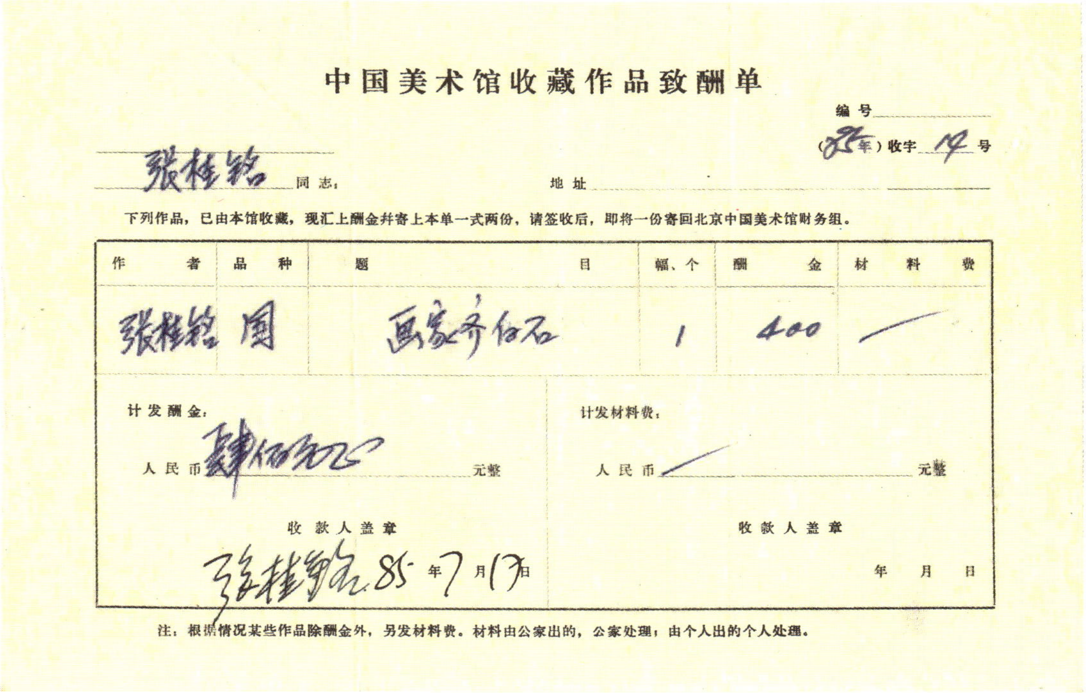

中国美术馆收藏作品致酬单

编号____

（85年）收字 14 号

张桂铭 同志：　　地址____

下列作品，已由本馆收藏，现汇上酬金并寄上本单一式两份，请签收后，即将一份寄回北京中国美术馆财务组。

作者	品种	题目	幅、个	酬金	材料费
张桂铭	国	画家齐白石	1	400	—

计发酬金：人民币 肆佰元正 元整

计发材料费：人民币 — 元整

收款人盖章 张桂铭 85 年 7 月 17 日

收款人盖章 年 月 日

注：根据情况某些作品除酬金外，另发材料费。材料由公家出的，公家处理；由个人出的个人处理。

图 2　张桂铭签收的“中国美术馆收藏作品致酬单”（27 cm × 19 cm）

作，1984 年起任副院长，1997 年调任刘海粟美术馆任执行院长。图 3 是张桂铭的信札，所写的主要内容就是自己的简历。

伟明先生：您好

资料寄上，请收。

因为照片不甚理想，故寄上明信片，未知可否？

本人 1939 年出生于浙江绍兴，1964 年毕业于浙江美术学院（现名中国美术学院）中国画系，同年入上海中国画院专业创作，1997 年调刘海粟美术馆工作。

作品曾参加全国第六、七、八、九届美展，其中“画家齐白石”、“荷满塘”分别获奖。作品为中国美术馆、上海美术馆等收藏。出版有“张桂铭画集”、“张桂铭”（日本版）等。

还有何要求，望请告知。

祝

顺利

张桂铭

2000. 元 .12

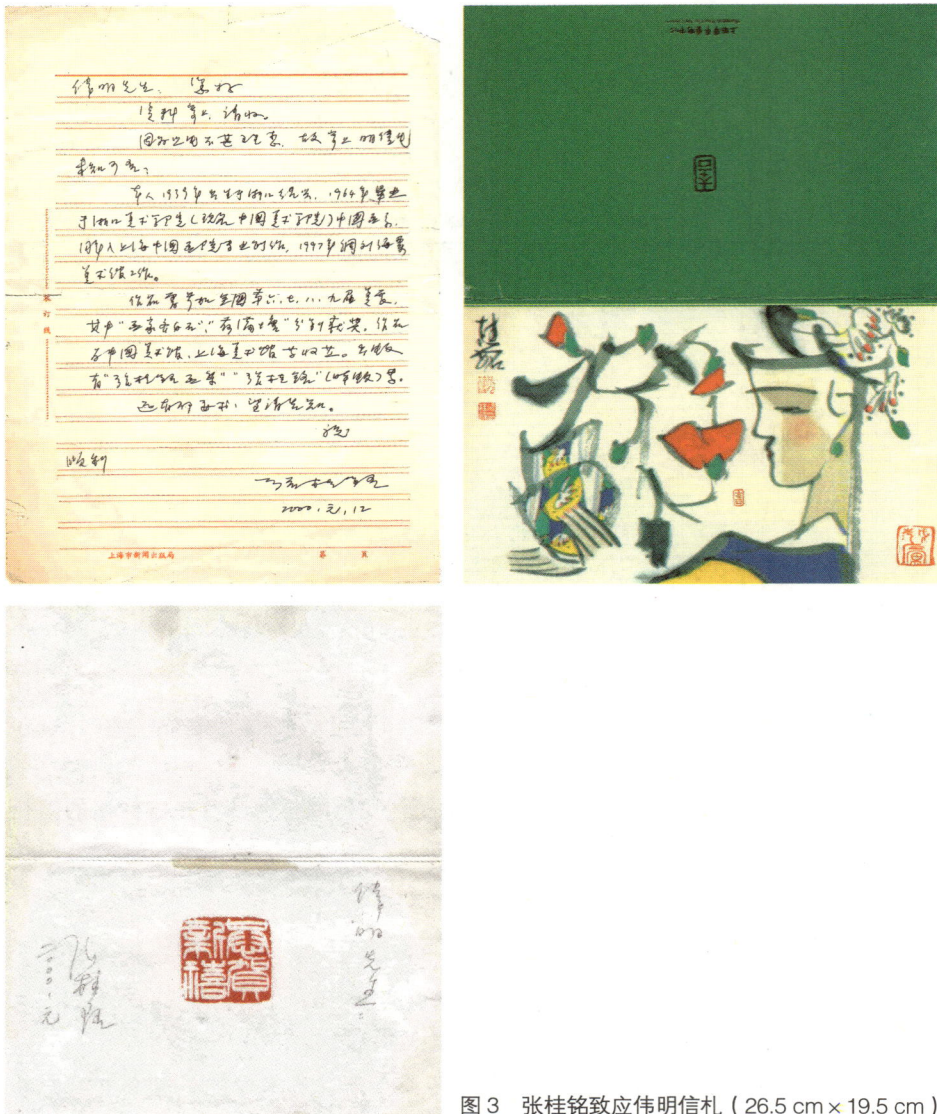

图3　张桂铭致应伟明信札（26.5 cm×19.5 cm）及贺卡

　　张桂铭的信札是写给画家应伟明的，钢笔横书在一页"上海市新闻出版局"信笺上，因正值 2000 年新年，张桂铭还随信寄上了新年贺卡，信中张桂铭只是介绍自己的工作经历，而未提自己担任的副院长、执行院长等职务，以及中国美协理事等艺术荣誉，可见张桂铭的谦卑和修养。

　　著名画家徐善循教授是张桂铭生前的挚友，他曾写过一篇《稽山镜水桂铭声色——与张桂铭先生艺术交往记》，文中说："张桂铭老师大多场合却是个沉默寡言的人，是个满面含笑的静静的倾听者，这样安静内敛的人，下笔竟是一派明艳瑰丽，奇崛放任，一直葆有一股青春坦荡浩然率性……"张桂铭自己也说，他从人物画转变到花鸟画，最深的触动是一次看到一本挂历，挂历中有一张齐白石的玉兰花，寥寥几笔，却有神来之笔的感觉，他很喜欢，也想试试，所以他画花鸟最早就是从玉兰花开始的。他的画似乎不太注重单体形象的完整，却很讲究整体造型的美观，少一笔，画面的美感即被破坏；若要硬添几笔，就令人感到臃肿繁琐。他非常注重书法与绘画的结合，线条是张桂铭作品的重要特征，其色彩以原色为主，红、黄、青、绿等色彩鲜明，特别像戏剧脸谱、服装等的配色，也像民间的年画、版画、剪纸、刺绣等等，改变了写意画"重水墨、轻色彩"的传统观念，而成为"新海派"的代表人物。有人将他与另两位海派著名画家杨正新、陈家泠并称为新海派"三剑客"，也有人称张桂铭是"国画界的毕加索"。然而，无论是在他的画受到冷遇，还是画价不断高升和名气正隆的时候，张桂铭都很冷静。图4是张桂铭写给上海市文联办公室副主任毕尔刚的信札：

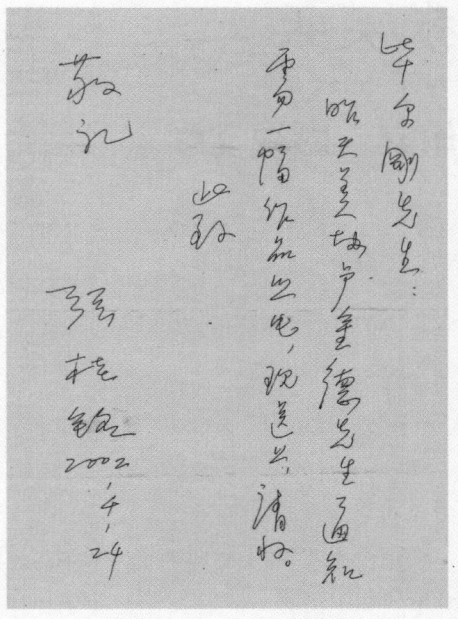

图4　张桂铭致毕尔刚信札（29.6 cm×21 cm）

毕尔刚先生：

　　昨天美协卢金德先生通知需一幅作品照片，现送上，请收。

　　此致

敬礼

张桂铭

2002-4-24

张桂铭的这通信札钢笔直书在一页白纸上，寥寥数语，却及时回复了昨天美协的通知。2002年，正值张桂铭63岁，其融合东西方绘画艺术、创现代意境的国画风格已得到各界的认可，其里程碑地位正被确立，他却及时响应市美协的通知，亲自做送上作品的照片这样的琐事，令人敬佩。

2011年，张桂铭艺术馆在绍兴市仓桥直街正式开馆，这是绍兴市第一家以书画名家名字命名的艺术馆。

张桂铭（1939—2014），浙江绍兴人，浙江美术学院国画系毕业，曾任上海中国画院副院长、刘海粟美术馆执行馆长等，是中国美术家协会理事。

张笑天

（1939—2016）

作家　影视文学家

　　2014 年，当《流淌的人文情怀——近现代名人墨记》（四）即将出版时，我们最希望能由我们的杰出校友、著名作家张笑天作序，我们的这个愿望在好邻居、著名作家王家男的联络下得以实现。2014 年 11 月 15 日，我们高兴地收到了张笑天发来的短信："序言《天风海雨扑面来》，已经写好并发至你邮箱，请查收，但愿你们能满意。"我们兴奋难抑，迅速打开邮箱，清新、隽永、流畅的文字扑面而来，令我们感动万分，彼时正值岁尾年初，这篇序言是我们收到的最好的新年礼物。此后，我们与张笑天有几次短信联络，却一直没有机会谋面，实为遗憾。

　　图 1 是张笑天的信札。

　　汪兄台鉴：

　　　　四月函悉。正在我们切盼之时，所报佳音，令阖家高兴，对于夷非，这是个极好的适就机会，这几年学院确有点"神"，大约可化腐朽为神奇，在那里镀一镀，

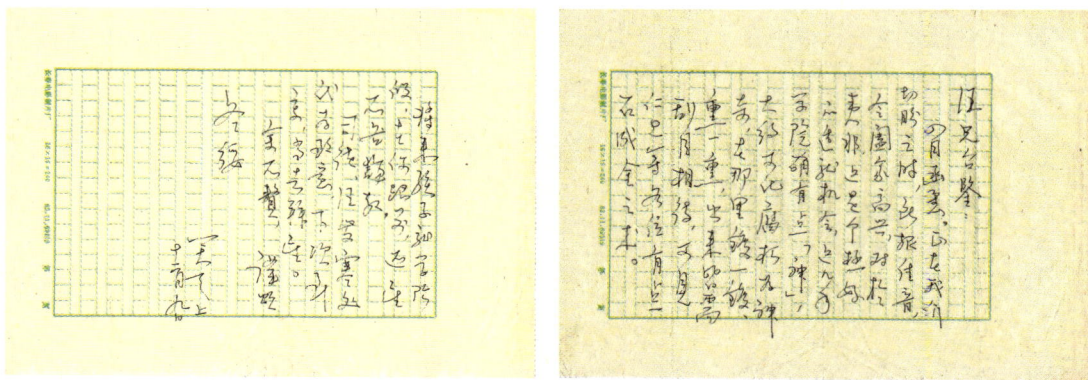

图 1　张笑天致汪流信札（26.8 cm×19.3 cm×2）

熏一熏，出来皆需刮目相待，可见仁兄等各位有点石成金之术。

　　将来孩子就学阶段，在你跟前，还望不吝诲教。司徒、汪岁寒处代为致意，下次到京，当去拜望。

　　余不赘，谨颂

冬绥

笑天　上

十一月九日

　　张笑天的这通信札是写给北京电影学院学术委员会副主任、文学院教授汪流（1929—2012）的，钢笔直书在2页"长春电影制片厂"稿纸上，行草字体，流畅、欢快，将得到爱子张夷非进入北京电影学院导演进修班的欢欣喜乐跃然纸上。信中张笑天赞汪流教授等"各位有点石成金之术"，拜托其对孩子"不吝诲教"。还请他代问司徒（司徒兆敦，北京电影学院导演系教授）、汪岁寒（北京电影学院教授）好。信札的落款是"十一月九日"。张夷非1990年毕业于北京电影学院导演进修班，据此推算，该信札写于1988年左右，张笑天时年近50岁。

　　张笑天出身于黑龙江省延寿县黑龙镇一个书香门第，父亲曾做过督学，后设馆从教。张笑天13岁时即在《中国少年报》上发表了小说《新衣》。1957年，考入东北师范大学历史系，在校期间写出了小说《白山曲》。1961年毕业后被分配到吉林省敦化县做了9年中学老师，后调入县文化局、宣传部工作，其间发表了大量文学作品。1973年，张笑天的第一部长篇小说《雁鸣湖畔》发表。1975年，张笑天调入长春电影制片厂任专业编辑。1976年，由他的长篇小说改编、并由其任编剧的电影《雁鸣湖畔》上映，这部农村题材的电影在社会上引起了很大反响，这也是张笑天第一次"触电"。此后，一发不可收，历史题材的《佩剑将军》、挽救失足青年的《她从雾中来》以及《末代皇后》、《关东女侠》等电影剧本先后被搬上银幕，尤其是重大历史题材影片《开国大典》、《重庆谈判》，使他获得了全国电影文学剧本创作奖等多项大奖，进一步奠定了张笑天影视文学家的地位。图2是张笑天的签名首日封，在《中国电影》特种邮票首日封上硬笔横书：

张　笑　天

图2　张笑天签名的《中国电影》特种邮票首日封

　　张笑天先后担任了长春电影制片厂副厂长，吉林省作家协会主席，吉林省文联主席等。此外，

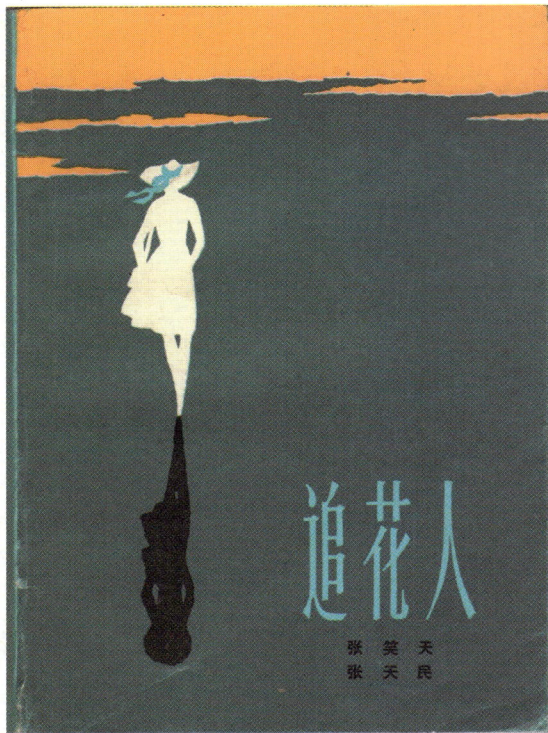

图3　张笑天、张天民《追花人》签名本

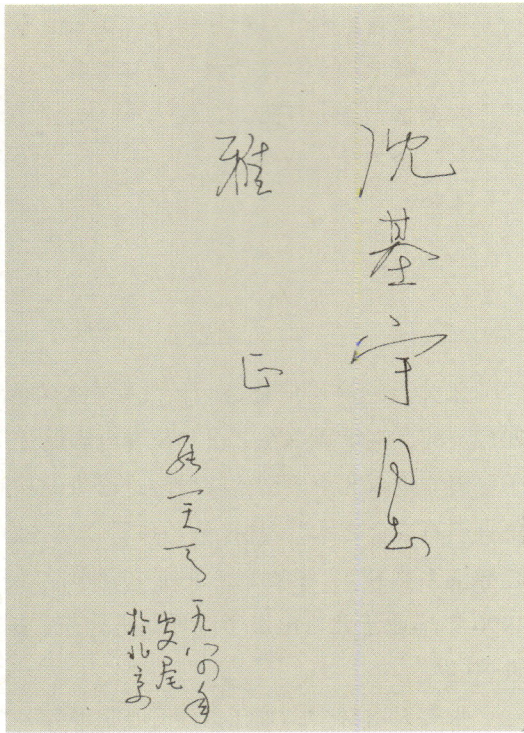

图4　张笑天书法（28.8 cm×19.7 cm）

他还创作了《严峻的历程》、《归来吧罗兰》、《永宁碑》、《太平天国》、《死岛情仇》等40余部长、中篇小说，出版了《张笑天中篇小说选》、《张笑天短篇小说选》等，其中小说《公开的"内参"》、《离离原上草》曾引起广泛争议。2009年，张笑天还凭借小说《沉沦与觉醒》获得了"30省作协主席小说巡展"一等奖。图3就是他与著名作家张天民作品合集《追花人》的签名本。

张笑天在书的扉页上钢笔直书：

沈基宇同志雅正

张笑天

一九八四年岁尾于北京

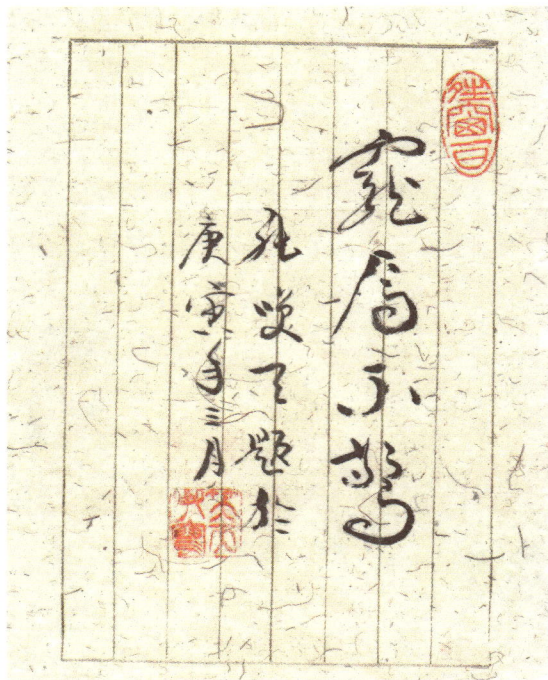

张笑天还是书法家，图 4 是他的书法：

宠　辱　不　惊

　　落款：张笑天题于庚寅年三月，钤朱文印章："笑天手书"；引首钤朱文印章："晴窗一日"。

　　张笑天出身文人世家，自幼的书法熏陶为他日后的书法风格奠定了基础。张笑天的书法是文人书法，也是作家书法，他延伸了作家的艺术特质，完善了作家的修养，提升了作家的艺术美誉。在吉林省内外，有许多书法家、画家办展览、出书画集都愿请张笑天题签。张笑天书法特有的细腻、委婉、生动、灵性、隽永浸透于汉字的间架结构中，与他的文学、影视作品相得益彰，交相辉映。

　　张笑天（1939—2016），黑龙江延寿县黑龙镇人，笔名纪延华、纪华、严东华。东北师范大学历史系毕业后，先后在延边朝鲜族自治州敦化县任中学教师，后调入县文化局、宣传部工作。1975 年，调到长春电影制片厂，任专业编辑、副厂长。是中国电影家协会理事、吉林省作家协会主席、吉林省文联名誉主席。

卢玮銮

（1939—　　）

香港作家　教育家

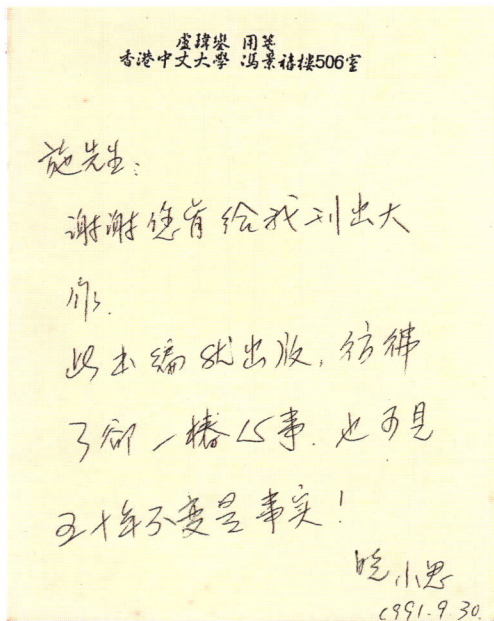

图1　卢玮銮致施蛰存信札（15.4 cm×11.7 cm）

香港曾被称为"文化沙漠"，然而，"沙漠"中也有苦苦找寻绿洲的中西文化跋涉者，卢玮銮便是其中的一位。

卢玮銮，笔名小思，图1是她的信札：

施先生：

　　谢谢您肯给我刊出大作。

　　此书编就出版，仿佛了却一桩心事，也可见五十年不变是事实！

晚　小思

1991.9.30

卢玮銮的信札圆珠笔写在一页"卢玮銮用笺"上，是写给华东师范大学教授施蛰存的，因为1991年卢玮銮编辑了一本民国初期著名学者、文人写香港的名篇集《香港文学散步》，该文集收录了施蛰存的散文《许地山先生挽词》、《薄凫林杂记》，出版前卢可能征求了施蛰存的意见，施同意编入，所以信札有"谢谢您肯给我刊出大作"之语。《香港文学散步》于1991年8月由商务印书馆（香港）有限公司出版，这部书中还收录了蔡元培《在香港圣约翰大礼堂美术展览会演词》、鲁迅《老调子已经唱完——一九二七年二月十九日在香港青年会演讲》、戴望舒《香港的旧书市》、萧红《在香港给华岗的信》等与香港密切相关的诗词、信札、演讲、散文等，被称为是香港文学、文化史的名著。该信札写于1991.9.30，是在文集出版的1个多月后，也是答谢施蛰存的短笺，距今已有26年。

卢玮銮是土生土长的香港人，她毕业于香港中文大学新亚书院中文系，师从著名思想家、教育家唐君毅。唐君毅一生致力于人文精神的重建，先与国学大师钱穆等人创办新亚书院，后并入香港中文大学，卢玮銮便在此学习，从唐君毅身上她学会了坚守原则，待人以爱。唐君毅的教导帮助卢玮銮确立了人生目标，立志做一名教师，承担教育下一代的责任，在香港

图2　卢玮銮《承教小记》签名本

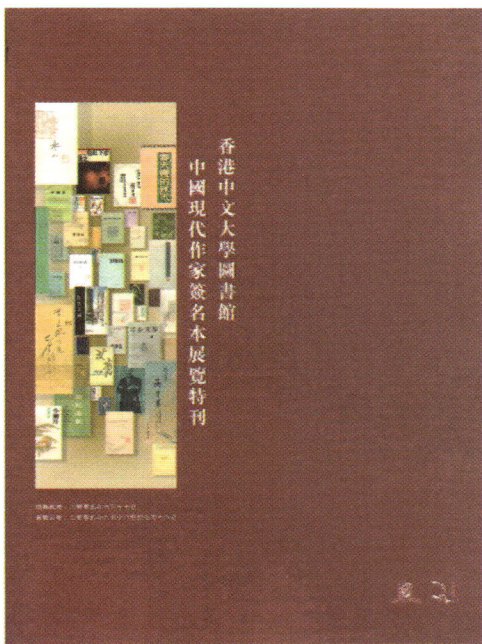

图3　《中国现代作家签名本展览特刊》

保护、守望和推广中国文化。在卢玮銮看来，中国传统一直都融合于香港本土文化中，一直都在教养着香港人。卢玮銮新亚学院毕业后，到罗富国师范学院学习，获得教育文凭，开始从事教育工作，先后在香港的多所小学、中学任教，同时开始小说、散文的写作。1973年，卢玮銮赴日本京都大学人文科学研究所研究中国文学。1978年，开始在香港大学中文系任教。1979年，卢玮銮回到母校香港中文大学任教。1982年，出版了写给中学生的散文集《路上谈》。中国传统的知恩图报情感，在卢玮銮身上传承。唐君毅逝世后，卢玮銮将自己1978年至1981年期间创作的64篇散文汇集出版并以其中的一篇《承教小记——谨以此段文字追念唐君毅老师》作为文集的名字，以表达自己承接老师教业之意。图2就是这部文集的签名本，卢玮銮在书名页上钢笔直书：

古剑先生指正

小思

一九八四年二月

卢玮銮的这部散文集是签赠给曾任香港《新报》、《东方日报》、《华侨日报》副主编的著名出版人古剑（本名辜健）的。《承教小记》被古剑称为装帧朴实的书，该书先由香港明川出版社1983年初版，后又由华汉文化事业公司等多家出版社再版，十分畅销。这部签赠本被古剑先后收录到他的《书缘人间——作家题赠本纪事》中，他在其中的《小思（卢玮銮）》一文中写道：

> 小思我觉得很熟、满亲近，却记不起我们有多少往来的印记。
> ……
> 她给我的印象是谦卑低调，长年默默地从旧报纸刊物中钩沉香港文学史料，最后成为著名的香港文学史料专家。《香港的忧郁》、《不老的缪思》是她钩沉史料的副产品。
> 说亲近，或与我们的认识跟施蛰存老师有关，是施老师介绍我们认识的，小思在搜集资料准备博士论文时，正巧戴望舒太太到中大，寻访戴望舒作品到大陆出版，她们两人相遇，有了施蛰存先生的地址。小思给施先生写了封信，此后的通信多与买书和论文有关。
> ……
> 我知道小思为施蛰存先生办了不少事，来往书信不少，她不想张扬……

的确如古剑所说，"小思为施先生办了不少事"，从前文她写给施蛰存的信札我们已有所体会，她收集了施蛰存的散文在港出版，也该算是所办事情之一吧。

卢玮銮还结交了许多作家，他们互赠著作，题签为念。2005 年，香港中文大学图书馆举办了"中国现代作家签名本展览"，展出了包括丁玲、冰心、巴金、俞平伯、钱锺书、聂华苓、余光中、林海音、程乃珊等在内的 120 多位中国现代作家签赠给卢玮銮的书籍，十分珍贵，为此香港中文大学图书馆出版了《中国现代作家签名本展览特刊》（图 3），我们得知该书出版的信息后，就托在港大任教的友人代购一册，朋友百忙中去香港中文大学图书馆购得一本寄给我们，我们甚是喜爱，常常翻阅。

卢玮銮为香港文学、香港文化传承所作的努力得到了香港学术和社会各界的认可。她将自己多年研究整理的香港文学史料捐赠给了香港中文大学图书馆，发起成立了香港文学研究中心，开展了香港文学口述历史等活动。2003 年，她被香港教育学院授予"杰出教育家奖"，2011 年，她被香港中文大学授予荣誉院士。

卢玮銮（1939—　　），笔名小思、明川、卢骝，生于香港，原籍广东番禺。1964 年，毕业于香港中文大学新亚学院，获文学学士学位。1973 年，赴日本京都大学人文科学研究所，从事中国现代文学研究工作。1978 年任香港大学助教，1979 年任香港中文大学教师，1981 年获中文系硕士学位，后任香港中文大学香港文学研究中心主任、客座教授。著有《日影行》、《彤云笺》、《丰子恺漫画选择》、《不迁》、《香港家书》、《翠拂行人首》、《香港文纵》、《七好文集》等。

古剑

（1939—　）

作家　藏书家

　　古剑，本名辜健，出生在马来西亚，幼年随父亲回到福建，1957 年考入华东师大中文系，成为著名学者施蛰存的学生。1974 年，移居香港进入报馆工作，先后任《新报》、《良友》、《东方日报》等执行主编、副刊主编等。最早知道古剑是读他在大陆出版的一本很有趣味的书《书缘人间——作家题赠本纪事》（图 1），读罢方知古剑还是位藏书家。古剑在港担任报馆主编，自然与大陆学者、作家多有交往，图 2 就是古剑写给中国社会科学院文学研究所何文轩教授的信札：

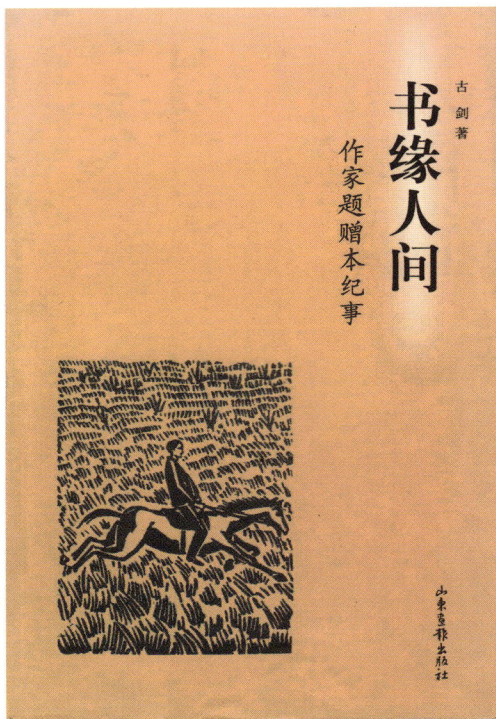

何文轩先生：

　　燕祥兄介绍我写信给你，因我在华侨日报主编文艺周刊"文廊"需要评述大陆文坛现象的文章，燕祥兄认为你是最佳人选，星岛日报与此同类的文章由程德培执笔。附上一文供你参考。"大陆文坛动态"讯息，由晓蓉执笔。两个月一篇，这样每月都有评述或动态各一，若有大事发生，当然可以打破此限。文长两千上下，少则千字文，长则不宜过三千。不应以字数害文意。

　　来稿时请说明收稿费者的姓名、地址、汉译拼音姓名。我这里还登作家墨迹，可否代求下之琳先生、钱锺书先生的墨迹？为难就不必了，或那（哪）位画家还能画

图 1　古剑《书缘人间——作家题赠本纪事》

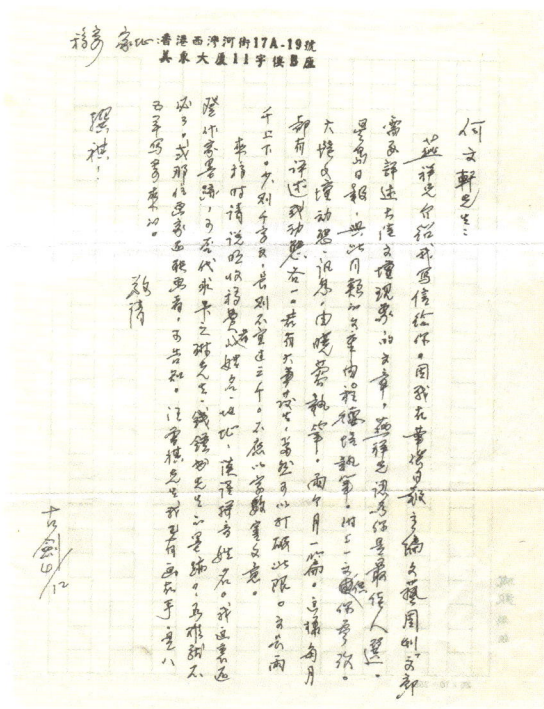

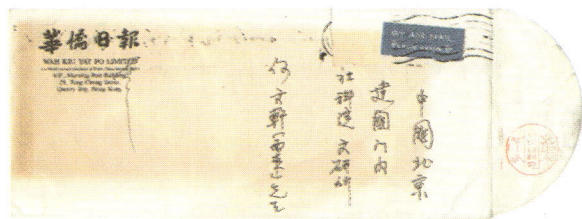

图 2　古剑致何文轩信札（26.7 cm×19 cm）及实寄封

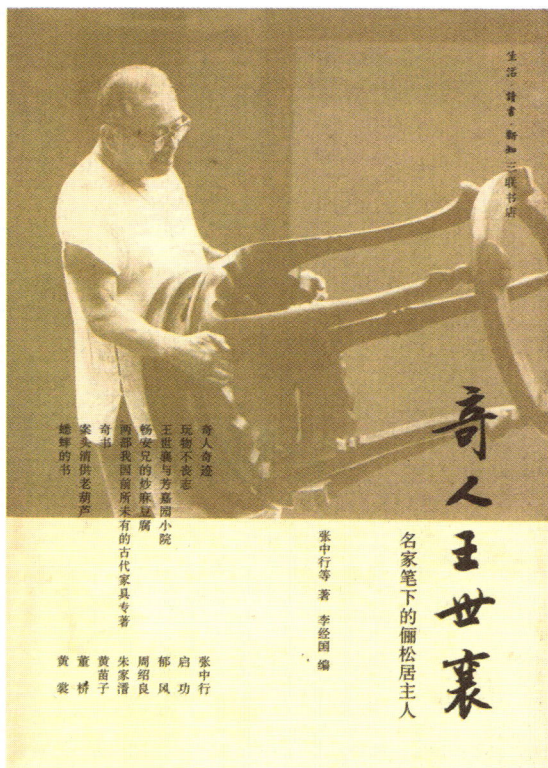

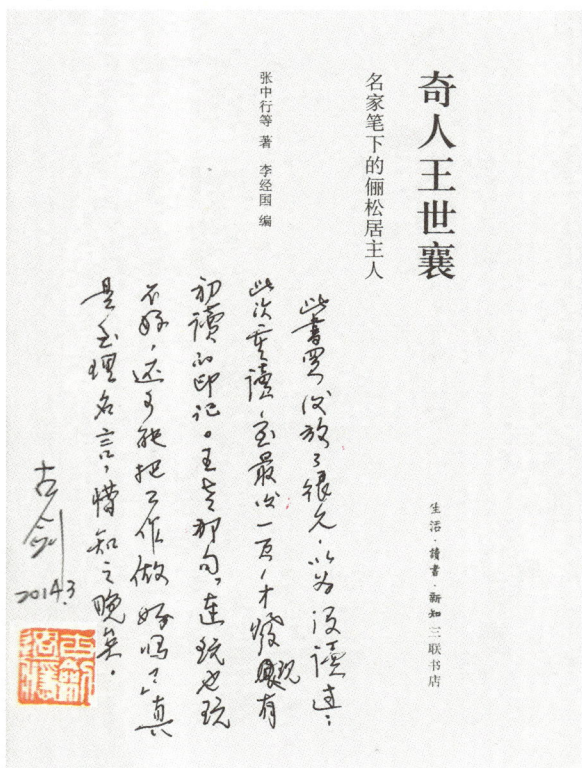

图 3　古剑在《奇人王世襄——名家笔下的俪松居主人》扉页上的长跋

者，可告知。汪曾祺先生我已有画在手，是八五年写寄来的。

敬请

撰祺！

古剑　4/12

古剑的这通信札写在一页稿纸的背面，钢笔繁体字直书，行书字体，是一通约稿信，也是一通托何文轩求在中国社科院工作的著名诗人卞之琳、学者钱锺书先生墨宝的信，流畅的语言、秀丽的文字，可见古剑的科班功底和海外报馆主编的硬笔书法功力，更见现代文人的修养与品味。从信札的落款 4/12 和实寄封的邮戳 1992.12.15 可推断，该信札写于 1992 年，距今已有 25 年，彼时的古剑 53 岁，正值年盛笔健之时。

古剑读了许多书，这与他的家教密切相关，也与他的专业和职业密不可分。在香港的第三大报《新报》工作期间，他在报上开了个书评专栏《书眼》，每天写一篇书评，而且一办就是三年，向读者推介了千余本书，而这些书都是他的藏书，且仅仅为藏书的一部分。

古剑读书常在书上记下读书的心得体会。图 3 就是他重读《奇人王世襄——名家笔下的俪松居主人》一书后写在扉页上的长跋：

此书买后放了很久，以为没读过；此次重读，至最后一页，才发现有初读的印记。王老那句，"连玩也玩不好，还可能把工作做好吗？"真是至理名言，惜知之晚矣。

古剑
2014.3

钤白文印章："古剑过隐"。

有时，古剑的读书跋语只是只言片语，却有语破天惊之感。图 4 是古剑在《茅盾书简》扉页上的短跋：

给周作人、姚雪垠的信最可注意。

古剑

钤白文印章："古剑过隐"。

廖廖数语却讲明了一本书最有价值的东西所在。

古剑与许多作家、学者多有交往，这其中不乏黄裳、台静农、吴冠中、柯灵、黄苗子、汪曾祺、黄永玉、沙叶新、罗孚、董桥、余光中、聂华苓、白先勇、何怀硕等大家，古剑的真诚与勤奋深深地打动了他们，使他们不仅为古剑编辑的报刊赐稿，而且还将自己的作品赠予古剑为念。其中，吴冠中的水墨画、汪曾祺的书法、黄永玉的人物画、董桥的签名本都十分珍贵，更为珍贵的是这些名人写给古剑的信札，仅施蛰存写的信札就有几百封，古剑将其中的数通信札整理出版了《施蛰存海外书简》，保留和展示了被称为"中国新文学大师"的施蛰存的墨迹，其传承人文思想之举，功不可没。古剑长期生活在港岛，对香港作家的关注理是自然，他曾担任《文学世纪》主编、香港文学创作奖散文组及文学双年奖评审，还将香港作家张君默、阿浓、陈青枫、吴克勤、施友朋、舒非、陶然、昆南等用感性之墨、文学之笔书写他们住过的地方、他们生活中珍藏的往事的文字编辑成《香港记忆》一书，让香港的本土作家带领广大读者回首过去、放眼今天，其作用和意义不言而喻。正如古剑在该书扉页上题跋所言（图5）：

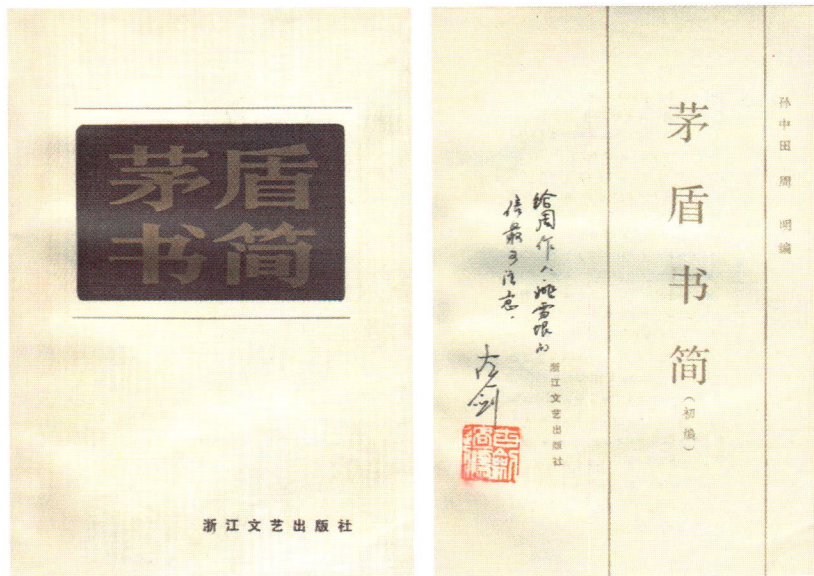

图4　古剑在《茅盾书简》
　　　扉页上的短跋

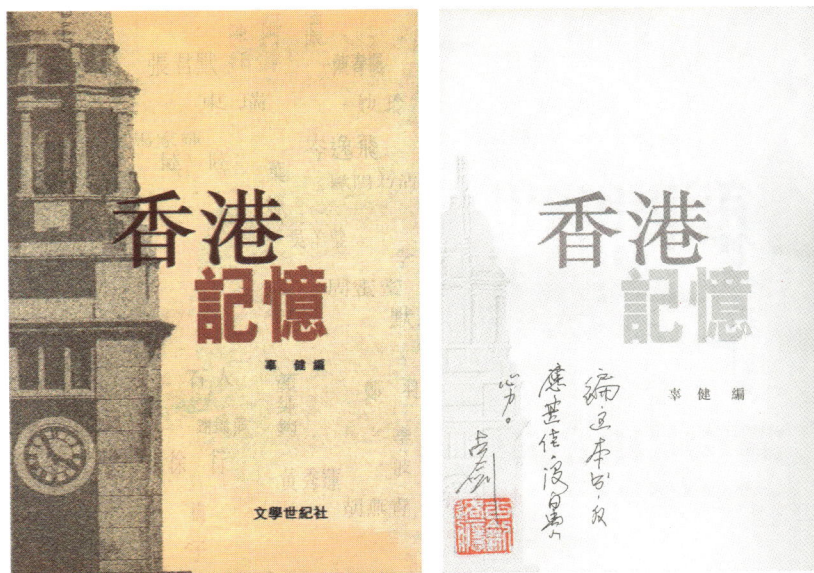

图5　古剑在《香港记忆》
　　　扉页上的题跋

编这本书，反应甚佳，没白费心力。

古剑

也许，这正是曾为香港各界庆祝香港回归祖国活动委员会委员的古剑在香港回归祖国后让更多的人"既可看到香港过去的生活情态，亦可窥见香港一路变迁的身影"的初衷。

古剑（1939—   ）本名辜健，祖籍福建泉州，生于马来西亚，10岁落籍厦门。1957年，从厦门一中考入华东师大，毕业后任华侨大学助教。"文革"后下乡劳动。1974年移居香港，历任《新报》、《东方日报》、《华侨日报》副刊编辑，《良友画报》、《文学世纪》主编，编辑《林海音散文》，著有《有情人间》、《梦系人间》等。

陈忠实

（1942—2016）

不朽的 "关中农民作家"

陈忠实的 "垫棺作枕" 之作《白鹿原》扉页，引用了法国现实主义作家巴尔扎克的话：

小说被认为是一个民族的秘史。

图 1 就是这部不朽之作的签名钤印本，在书名页上，陈忠实钢笔横书：

陈 忠 实

2011.3.29

钤白文印章："陈忠实"。

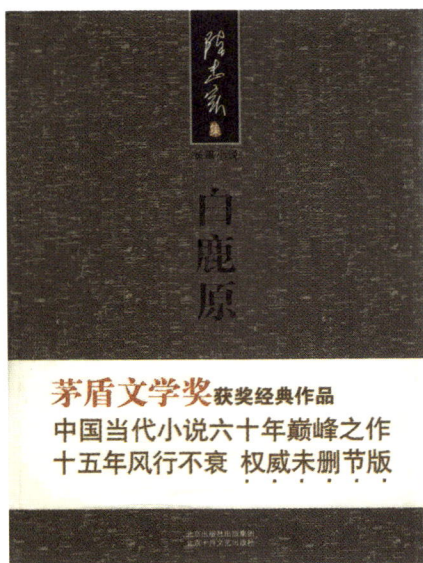

图 1　陈忠实《白鹿原》
　　　签名钤印本

陈忠实出生在陕西西安霸陵乡西蒋村，西蒋村南倚白鹿原北临灞河，全村不足百户人家。为了能使陈忠实上中学读书，当农民的父亲卖了小叶杨树为陈忠实换来学费，陈忠实穿着磨破鞋底的血鞋走了几十里的路到西安市第三十四中学读书。其间，柳青的《创业史》（时称《稻地风波》）在《延河》上连载，陈忠实每个月都用节衣缩食省下来的2角钱买一本来阅读，陈忠实把柳青视为自己文学创作的导师；他还读了许多赵树理、刘绍棠的小说，尤其是刘绍棠对陈忠实的影响和感召颇大。1962年高考落榜后，陈忠实回到家乡西蒋村小学当老师，1964年到西安市郊区毛西农业中学任教，并于1965年开始文学创作，其散文《夜过流沙沟》在《西安晚报》副刊上发表，被陈忠实视为自己的处女作。1968年，陈忠实任西安市郊区毛西公社党委副书记、革委会副主任，同时业余时间搞文学创作，1978年后任西安市郊区文化馆副馆长、区文化局副局长等职。从1982年开始到陕西省作协任专业作家，其间创作的短篇小说《信任》获1979年全国优秀短篇小说奖，还发表了《土地诗篇》、《康家小院》、《毛茸茸的酸杏》、《初夏》、《到老白杨树背后去》、《轱辘子客》等中、短篇小说。1982年出版了第一本短篇小说集《乡村》，获得了飞天文学奖、当代文学奖、长城文学奖等。1982年陕西青年作家路遥发表了著名的长篇小说《人生》，陈忠实读到《人生》后，被"几近彻底的摧毁"，读完《人生》后"有一种瘫软的感觉"。从此，陈忠实开始以小他7岁、同在陕西省作协工作的作家路遥为参照系。1985年，43岁的陈忠实开始了第一部长篇小说的创作构思，他从查阅县志、地方文史资料和社会调查入手，在县志中长达四五个卷本的"贞妇烈女"卷中发现了大量素材；阅读了许多近代史著作和中外当代作家的名著，在历史知识和艺术技巧上作了大量的积累和准备。他还为自己立下了"不再接受采访，不再关注对以往作品的评论，一般不参加应酬性的集会和活动"等三条约律，沉静下来创作。1988年4月1日，陈忠实只身来到乡下的祖屋，写下了《白鹿原》的第一行字。此后的4年，陈忠实在西蒋村的平房里抽着廉价的工字牌雪茄，吃着老伴做的腜子面和馍馍，进入"我的父辈爷爷辈老爷爷辈生活过的这座古原的沉重的历史烟云之中"，"寻找属于自己的句子"。1992年3月，陈忠实写完了《白鹿原》的最后一行字，"顿时陷入一种无知觉状态"。于是，陈忠实给人民文学出版社的副总编何启智写信，希望能由《当代》杂志和人民文学出版社发表、出版。《当代》杂志的洪清波和人文社当代文学一室负责人高贤均受命到西安去取《白鹿原》的手稿，当陈忠实把一大包手稿交到编辑手里时，突然有一句话涌到嘴边："我连生命都交给你们了。"可是，最后这位关中硬汉还是将这句心底里的话压到喉咙底下没有说出来，但他的眼里已充满了泪水。1992年8月，《当代》杂志主编朱昌盛签署了在《当代》1992第六期和1993年第一期连载《白鹿原》的终审意见；何启智签署了《白鹿原》单行本的审读意见：

这是一部显示作者走向成熟的现实主义巨著。作品恢弘的规模、严谨的结构、深邃的思想，真实的力量和精细的人物刻画（白嘉轩等人可视为典型），使它在当代小说林中成为大气（磅礴）的作品，有永久艺术魅力的作品。

1993 年 6 月，封面是一个老农拄着拐杖站立的《白鹿原》出版，图 2 就是这部长篇小说的书影。

《白鹿原》一面世，读者、评论界、媒体好评如潮，一时洛阳纸贵，并于 1997 年获得中国长篇小说最高荣誉茅盾文学奖，迄今已发行逾 200 万册。后来，陈忠实说：我终于把握住了属于自己的十年，哦，上帝，我在迈进五十岁的时候拯救了自己的灵魂。

陈忠实对最早出版《白鹿原》的人民文学出版社怀有深厚的感情，与人文社的编辑也有来往，图 3 是陈忠实写给曾任人文社现代文学编辑室主任的著名诗人牛汀（1923—2013）的信札：

牛汀同志：

　　您好。

　　遵嘱写了您指定的诗歌，不曾下功夫练字，只是用毛笔随意写成，称不得书法，毛笔字而已。请验收。

　　祝愉快，新年顺遂。

陈忠实

元、1

陈忠实的信札钢笔写在一页绿格稿纸上，是对诗人所嘱书写诗歌的回复，字体粗实大气，语气朴实谦恭，一如关中农民的厚道和羞涩。仅从落款"元、1"我们推断不出信札写于哪一年，但是新年的第一天，新年伊始送上书法和祝福，可见陈忠实对牛汀的重视和深厚的友情。

几乎在《白鹿原》发表、出版的同时，陈忠实当选为中国当代小说的重镇陕西省作家协会主席，筹建作协的办公大楼等行政事务占去了他许多时间和精力，但他没有停止文学创作，出版了散文集《生命之雨》、《家之脉》、《原下集》等，《陈忠实文选》（7 卷）、《陈忠实小说自选集》（3 卷）也陆续出版，并从 2001 年起担任中国作家协会副主席。

《白鹿原》里写到了一个白鹿书院，其山长朱先生的原型是陕西蓝田清末举人牛兆濂，牛兆濂曾主持蓝田县的"芸阁学舍"，该学舍可以上溯到宋代"关学"代表人物吕大忠、吕大防、吕大钧、吕大临所修的"四献祠"。为传承中国传统文化之风神秀骨，2005 年陈忠实在西安思源学院的支持下，在西安东郊创建"白鹿书院"并任院长。图 4 是白鹿书院成立的邀请函，陈忠实硬笔横书：

王西京先生

陈忠实

2005.6.20

陈忠实的这帧邀请函是写给著名画家、后来成为陕西省美术家协会主席的王西京的，同

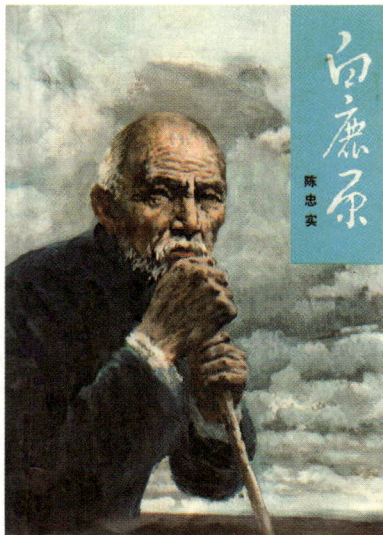

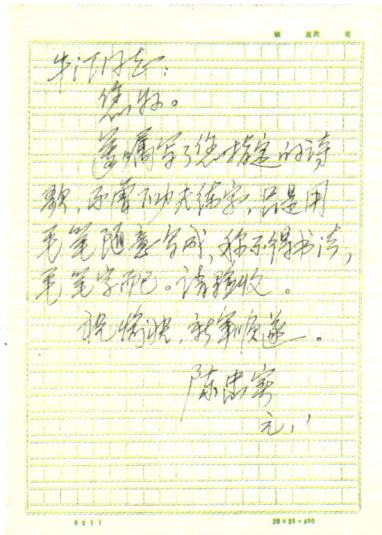

图2 《白鹿原》初版书影（左）

图3 陈忠实致牛汀信札
（26.6 cm×19.5 cm）（右）

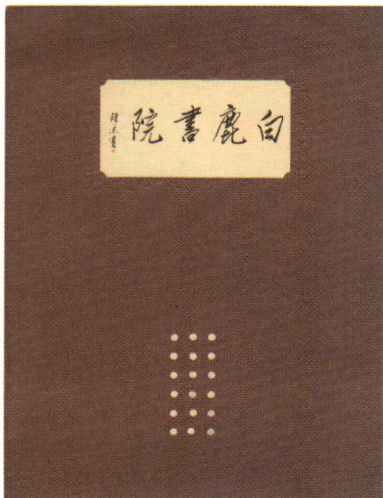

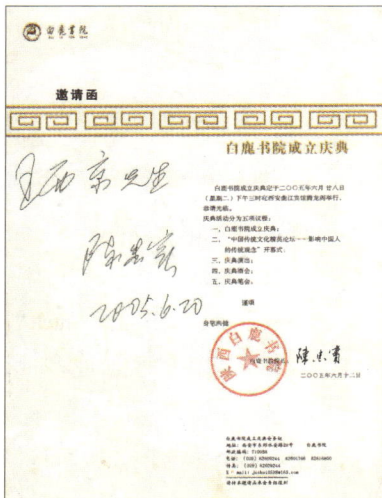

图4 陈忠实致王西京邀请函

时也是为白鹿书院征集藏品。

　　2016年4月29日，陈忠实因患喉癌医治无效在西安逝世，有读者借用《白鹿原》中白嘉轩的话说哀悼他：白鹿原上最好的先生去世了。

　　　　陈忠实（1942—2016），陕西西安西蒋村人，高中毕业后在小学、中学任教，1968年后任西安郊区毛西公社党委副书记、革委会副主任，西安郊区文化馆副馆长、文化局副局长，1985年后在陕西省作协任专业作家、副主席、主席，中国作协副主席。

陈祖德

（1944—2012）

围棋大师

　　1958年底，在造船厂当油漆工的陈祖德接到了上海市体委的通知，要他去市体育宫参加围棋集训，这时已爱上油漆工工作的陈祖德犹豫难决，是爱好围棋的父亲亲自来到工厂，拉

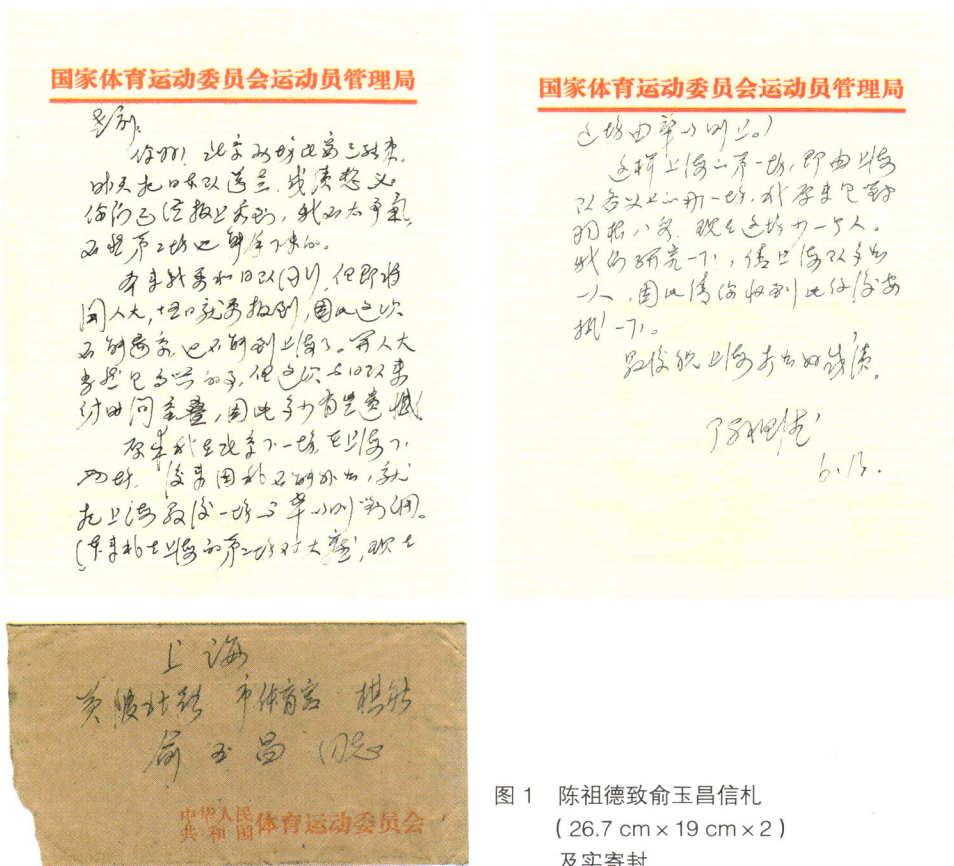

图1　陈祖德致俞玉昌信札
　　　（26.7 cm × 19 cm × 2）
　　　及实寄封

着陈祖德离开造船厂。1959年初，陈祖德走进设在位于黄陂北路的上海体育宫内的上海棋社，并于当年获得了上海市围棋冠军，从此他与上海体育宫、上海棋社结下了不解之缘。图1是陈祖德写给上海棋社社长俞玉昌的信札：

老俞：

你好！北京两场比赛已结束，昨天把日本队送走。成绩想必你们已经报上看到，我不太争气，不然第二场也能拿下来的。

本来我要和日队同行，但即将开人大，十五日就要报到，因此这次不能离京，也不能到上海了。开人大当然是高兴的事，但这次与日队来访时间重叠，因此多少有些遗憾。

原来我在北京下一场，在上海下两场，后来因我不能外出，就把上海最后一场与华以刚对调。（本来我在上海的第二场对大雍，现在这场由华以刚上。）

这样上海的第一场，即由上海队名义上的那一场，我原来是对羽根八段，现在这场少一个人。我们研究一下，请上海队多出一人，因此请你收到此信后安排一下。

最后祝上海打出好成绩。

陈祖德
6.13

陈祖德的信札钢笔横书在2页"国家体育委员会运动员管理局"信笺上，从信札的落款"6.13"和信札实寄封邮戳"1979.6.15"推断，该信札写于1979年6月13日，距今已有38年。信札主要谈的是，中国围棋队与日本围棋队在北京的两场比赛结束后要去上海，因陈祖德要在京参加人代会不能去上海比赛，故经研究，告知棋社社长俞玉昌，请上海队多出一人参赛，并祝上海队打出好成绩。信札中提到的华以刚（1949—　）是我国的著名围棋八段，曾任中国棋院院长；羽根，即日本著名围棋手羽根泰正（1944—　）九段，当时他还是八段棋手。

陈祖德出身于上海一个文人世家，祖父陈济成（1896—？）是私立上海中学校长，父亲陈一冰（1914—1975）是毕业于美国哥伦比亚大学的上海师范大学教授，姐姐陈祖芬是著名的报告文学《祖国啊，母亲》、《世界上什么事最开心》的作者，弟弟陈祖言是复旦大学著名的唐宋文学专家。陈祖德自幼跟父亲学棋，后成为老一辈围棋名手顾如水、刘棣怀的爱徒。10岁时与时任上海市市长的陈毅元帅对弈，陈毅鼓励他说，围棋是我国的国粹，现在落后于日本了，应当赶上去，不这样就对不起我们的老祖宗。赶日本就要靠陈祖德这样的下一代。1961年，陈祖德进入全国围棋集训队，并于1962年获得全国个人赛冠军。也是在这一年，陈祖德作为中国围棋代表团的成员出访日本，7战4胜，击败了有日本"业余棋界天王"之称的菊池康郎。他的布局方式后来被日本棋界称为"中国流"。次年，在北京，陈祖德又击败了来华访问的日本围棋代表团团长、有"棋仙"之称的杉内雅男九段，中国人首次打破了日本九段不可战胜的神话。这一年，陈祖德只有19岁。而后，陈祖德于1964年和1974年再获全国个人赛冠军，从而确立了他在同时代棋手中的领军地位。

也许天妒英才，陈祖德多次患病，但他每次都与病魔抗争。1980年，他第一次患胃癌，并动了大手术，他自感来日无多，受日本哲学家中江兆民（也是一位癌症患者）的启发，便拿起笔来，每天写几百字，于1984年完成了自传《超越自我》。《北京晚报》、《新民晚报》、《羊城晚报》等报刊进行了转载，中央人民广播电台的小说连播节目连播，在社会上引起了强烈反响。人民文学出版社、中华书局先后出版发行，并于1994年获得了"人民文学奖"，而与他同时获奖的都是大作家，如王蒙、宗璞、陈忠实等。在养病期间，陈祖德还在写另一本书——《当湖十局细解》。"当湖十局"是清代围棋国手范西平、施襄夏于乾隆四年（1739）在浙江当湖的十盘对局，体现了当时围棋的最高水平，也将中国围棋的高远意境体现得淋漓尽致，是我国古谱中的典范。该书1987年初出版，2005年、2006年再版，在围棋界引起极大反响。图2就是这部棋谱2006年版的签名本，在书的扉页上，陈祖德钢笔直书：

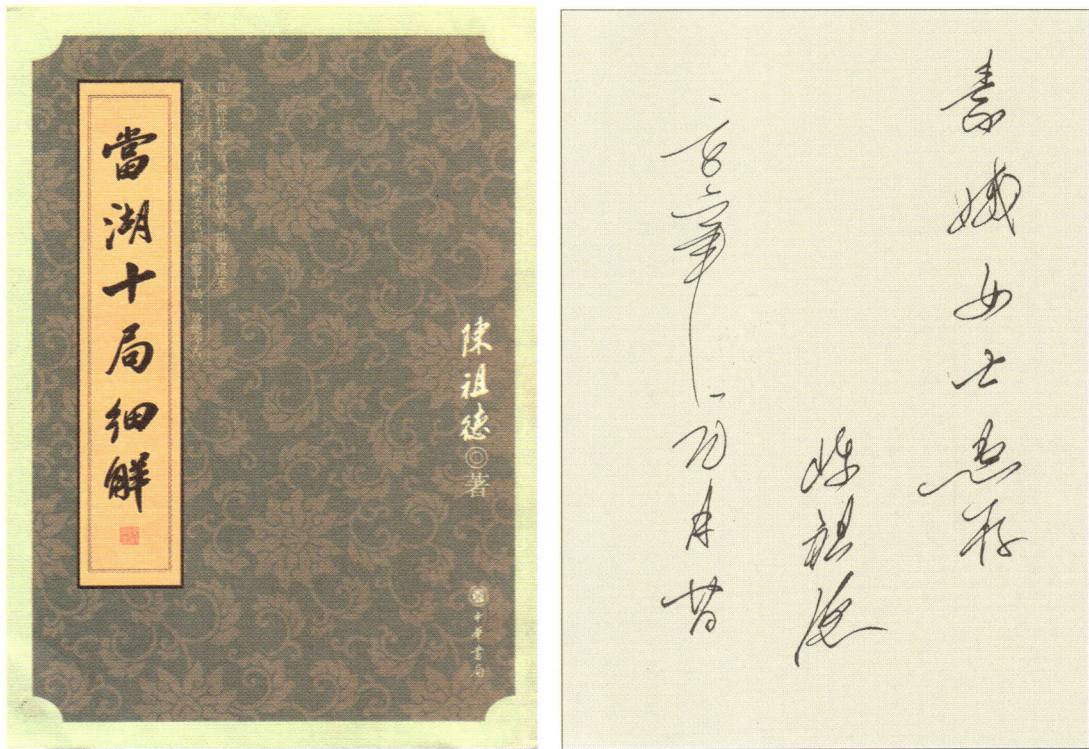

图2　陈祖德《当湖十局细解》签名本

素娥女士惠存

陈祖德

二〇〇六年元月廿日

　　1992年，中国棋院成立，陈祖德被委以首任院长，他首创了中国围棋等级分制度，建立了中国围棋甲级联赛体系，创办了中国大陆首个围棋大赛"春兰杯"。陈祖德先后获得"中华人民共和国建国三十五周年来杰出运动员"、"新中国棋坛十大杰出人物"，以及首届中国围棋终身成就奖。

　　陈祖德（1944—2012），上海人，1961年进入全国围棋集训队，1962年、1964年、1974年三次获全国个人赛冠军，先后任国家体育总局棋类运动管理中心主任、中国棋院院长、中国围棋协会主席、国际围棋联盟副会长，是第五、第六届全国人大代表。

史铁生

干净、圣洁的作家

著名作家苏童在追思史铁生时说，在作家圈中他的形象是非常干净的，甚至是有点圣洁的。

图 1 是史铁生的信札：

陈晓敏：您好！

　　上次给您的那篇稿子（《角度》，作者周忠陵），《人民文学》又改了主意，又决定用了。记得当时跟您说过，此稿曾先后给过《人民文学》和《北京文学》，一度两刊都想用，后来又都说不用了，现在《人民文学》又决定用。对作者来说总之是好消息。只是无端地给您添了麻烦，非常抱歉。稿子先放您那儿，有机会还给我吧。

　　专此禀报，余容再叙。

祝好！

史铁生

八六．九．二

史铁生的信札是写给北京出版社《十月》杂志社编辑陈晓敏的，钢笔横书在一页"北京出版社稿纸"的背面，楷书字体，自然、流畅、干净、漂亮。史铁生是为重庆籍作家周忠陵的小说《角度》发表一事写信给陈晓敏的，语气谦恭、宽容："此稿曾先后给过《人民文学》和《北京文学》，一度两刊都想用，后来又都说不用了，现在《人民文学》又决定用。对作者来说总之是好消息。只是无端地给您添了麻烦，非常抱歉。"从信札的落款"八六．九．二"可知，该信札写于 1986 年 9 月 2 日，距今已有 31 年，当时史铁生 35 岁。

史铁生出生在北京，1967 年在清华大学附属中学初中毕业后到陕西省延川县关庄公社

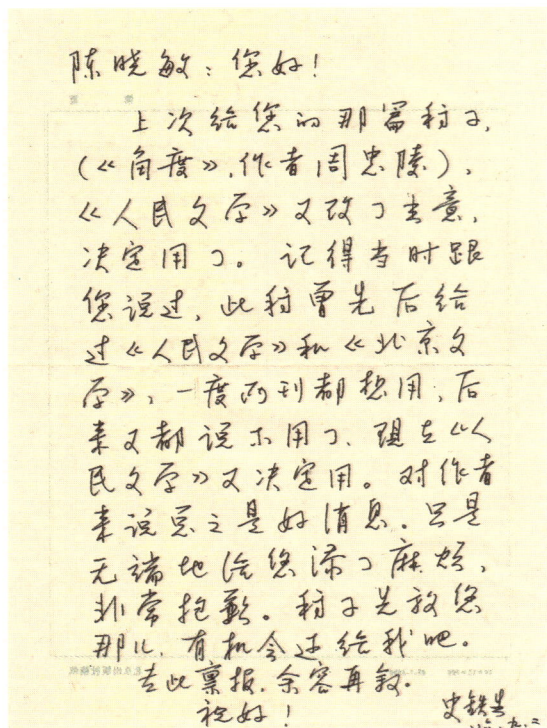

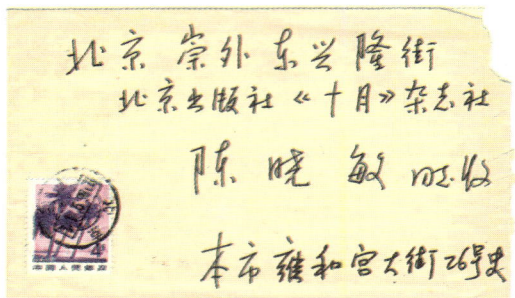

图 1　史铁生致陈晓敏信札
（26.8 cm×19 cm）及实寄封

关庄大队（村）插队落户，成为一名知青。延川是革命圣地，他在这里一边喂牛，一边读马克思的《资本论》、鲁迅的杂文，所以后来史铁生常说，他的作品，文字来自鲁迅，而思辨源于马克思。史铁生喜爱辛弃疾、陆游的诗词，而奥斯托洛夫斯基的《钢铁是怎样炼成的》、吴运铎的《把一切献给党》、邓普的《军队的女儿》和艾捷尔·丽莲·伏尼契的《牛虻》是他读得最认真的小说。然而，严重的腰病彻底击垮了他要在"广阔天地大有作为"的梦想。1969—1971 年间，他不得不多次回北京治病。期间他拒绝一切物质性的援助，甚至撕毁了母亲为他搞到的因病返京的证明，而且三度自杀未遂，最后高位截瘫，那一年他只有 21 岁。史铁生在养病的过程中，开始写作。为了生存，1974 年，史铁生到北京新桥街道工厂做工。1979 年发表了第一篇小说《法学教授及其夫人》，而后陆续发表中、短篇小说多篇。1983 年，他的成名作《我的遥远的清平湾》获全国优秀短篇小说奖，这一年他成为中国作家协会会员。1984 年，他的小说《奶奶的星星》再获全国优秀短篇小说奖。同年，他成为北京作家协会合同制作家，1986 年，成为北京作家协会驻会作家。

　　史铁生的作品风格清新、温馨，富有哲理和幽默感，其现实主义和象征表现手法深深地打动了无数读者，小说《插队故事》拥有广大的"老插"读者，《多梦时节》令无数青少年读者充满人生的憧憬，散文《我与地坛》更是鼓舞了无数人。史铁生的所有作品都是他拖着残疾的身体，在病榻上艰辛完成的，他自称："职业是生病，业余是写作"。1996 年，史铁生的短篇小说《老屋小记》获得首届鲁迅文学奖。他的多部作品被译为日、英、法、德等文字

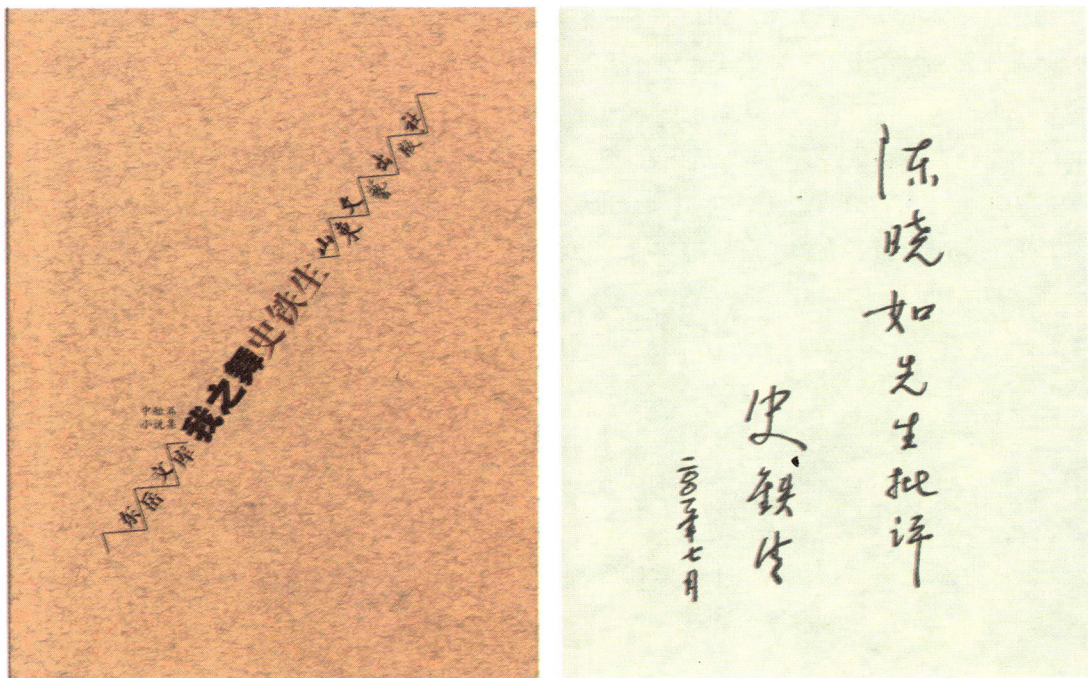

图 2　史铁生《我之舞》签名本

在海外出版，还被国内出版社多次再版发行。图 2 是山东文艺出版社再版的史铁生《我之舞》的签名本，在书的扉页上史铁生钢笔直书：

> 陈晓如先生批评
> 　　史铁生
> 二〇〇一年七月

2002 年，史铁生的长篇小说《病隙碎笔》再次打动了众多读者，他写道：

> 生病也是生活体验之一种，甚或算得一项别开生面的游历。生病的经验是一步步懂得满足，发烧了，才知道不发烧的日子多么清爽。咳嗽了，才体会不咳嗽的嗓子多么安详。

此时史铁生已在轮椅上坐了 30 年，而且双肾功能衰竭又使病体雪上加霜，尿毒症迫使他每三天要去医院透析一次。正是在与重疾抗争的间隙，史铁生写下了《病隙碎笔》，留下了许多他对信仰的思考、对生死的态度、对爱情的理解和对艺术的探究。《病隙碎笔》是史铁生文学写作和哲学思考的升华，《病隙碎笔》（之六）获得了首届老舍散文奖，史铁生也因此获得首届"华语文学传媒大奖"年度杰出成就奖。2003年4月，该奖颁奖，当时正值"非典"时期，人人都害怕南下，评委会跟史铁生商量请他太太代领即可，不必到场，但他坚决要到现场致谢，虽然这一远行对他来说异常困难。当史铁生上台领奖时，许多双手不约而同地抬起他的轮椅，当他在台上艰难地进出答谢词时，全场掌声雷动，场面感人至极。

2010年12月30日，史铁生不幸病逝，根据其生前遗愿，史铁生刚去世就被推入手术室，捐献了眼角膜、大脑、肝脏等器官。12月31日凌晨，史铁生的肝脏捐给了天津一名需要肝移植的病人。

史铁生（1951—2010），原籍河北涿县，生于北京，清华大学附属中学毕业后去陕北插队，后回到北京治病，1974年到北京新桥街道工厂做工，同时开始文学创作。是中国作家协会全国委员会委员，北京市作家协会副主席，中国残疾人联合会副主席。

汪国真

（1956—2015）

现代诗人

20 世纪 90 年代，复苏的中国大地掀起了一股"汪国真热"，汪国真在《辽宁青年》、《中国青年》、《女友》等热销杂志专栏上发表的诗作广为传诵，是在青年学生中知名度最高的诗人，更是轰动中国诗坛的王子。图 1 是汪国真的词稿：

> 如梦令
>
>   北京   汪国真
>
> 自古青春难驻，
>
> 年少正好射虎。
>
> 妙手挽风华，
>
> 功就与君共祝。
>
> 起舞，起舞，
>
> 更有憧憬无数。

汪国真的《如梦令》，圆珠笔横书在一页"文化艺术出版社稿纸"上，自然、流畅、唯美，如同从诗人笔端流淌出的一溪泉水，清澈、激情，充满美妙的幻想。"如梦令"又名"忆仙姿"、"宴桃源"，五代时后唐庄宗李存勖创作，后以宋代女词人李清照的《如梦令·暮春》、《如梦令·常记溪亭日暮》等最为有名。汪国真曾说，他的诗词创作得益于四个人：李商隐、李清照、普希金、狄金森，特别是李清照，也许这首"如梦令"也是受李清照的影响之作，尤其是最后两句"起舞，起舞，更有憧憬无数"，如承李清照两首名词的结尾："知否？知否？应是绿肥红瘦。""争渡、争渡，惊起一滩鸥鹭"的词韵。

汪国真，祖籍福建厦门，生于北京，父亲汪振世毕业于厦门大学教育系。汪国真自幼便在父亲的教导下背诵唐诗宋词，中学毕业后进入北京第三光学仪器厂当工人，后考入暨南大学语言文学系。在大学读书时，汪国真每天能将《唐诗三百首》中的十首背下来。1982 年，汪国真大学毕业后进入中国艺术研究院。1984 年，他首次在湖南《年轻人》杂志上发表《我微笑着走向生活》：

我微笑着走向生活，

无论生活以什么方式回敬我。

报我以平坦吗？

我是一条欢乐奔流的小河。

报我以崎岖吗？

我是一座大山庄严的思索。

报我以幸福吗？

我是一只凌空飞翔的燕子。

报我以不幸吗？

我是一根劲竹经得起千击万磨。

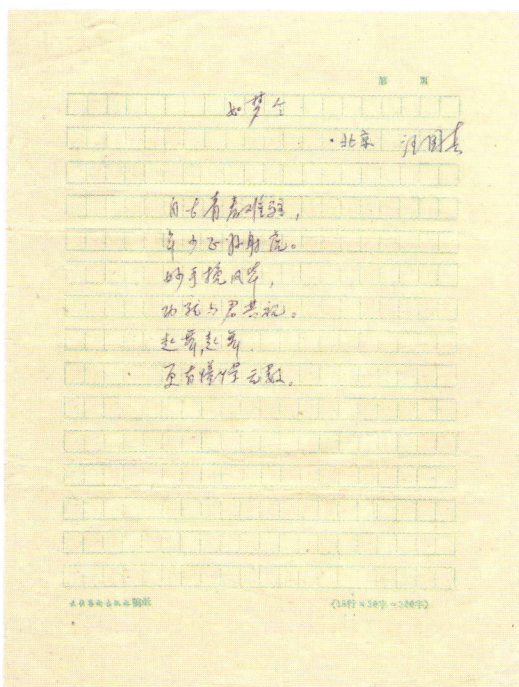

图 1   汪国真词稿（26.2 cm × 19 cm）

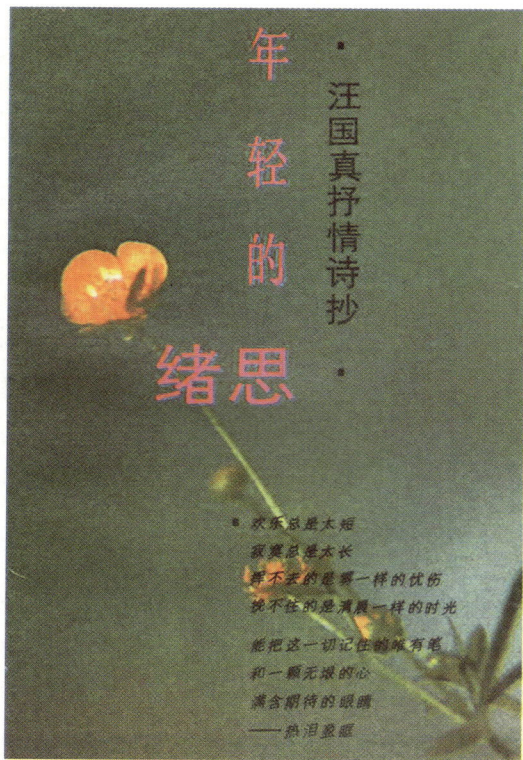

图 2   汪国真《年轻的思绪》签名本照片

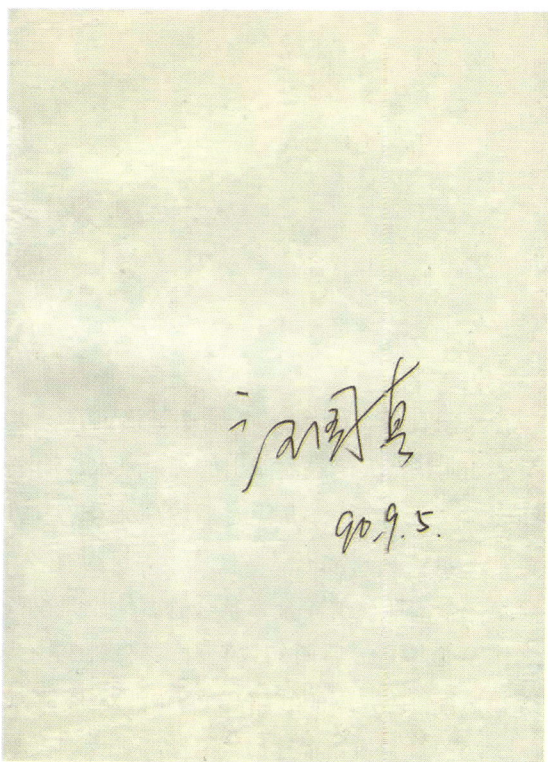

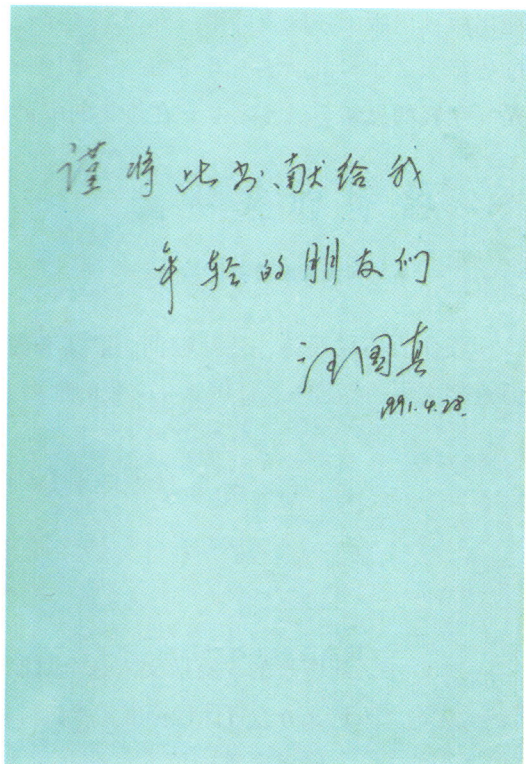

图 3　《汪国真自选最新诗文集》签名本

生活里不能没有笑声，

没有笑声的世界该是多么寂寞。

什么也改变不了我对生活的热爱，

我微笑着走向火热的生活！

该诗一经发表，其短小、凝重、清丽、
隽永的风格便在青年读者中引起了共鸣，《青
年博览》《青年文摘》等杂志纷纷转载。从
1985 年起，汪国真业余时间集中于诗歌创作，
其诗集的手抄本开始在"70 后"学生中广为
流传，期间他的一首打油诗《学校一天》被
《中国青年报》刊发。1989 年 12 月，《北京日
报》记者彭俐在"广场"副刊上发表了介绍
汪国真的文章《一支红蔷薇——读汪国真的
诗》，成为最早发现、报道汪国真的记者。同
时，出版社开始关注汪国真，1990 年北京学

图 4　汪国真在刊登其作品联展宣传栏的《大众阅读
报》上的签名

苑出版社出版了汪国真的第一部诗集《年轻的潮》。从此，一发不可收，《年轻的风》、《年轻的思绪》、《年轻的潇洒》等诗集，一本比一本畅销，一股"汪国真热"席卷全中国。图2就是《年轻的思绪》的签名本，在诗集的扉页上汪国真钢笔横书：

汪国真

90.9.5

汪国真不仅写诗，还写歌词、散文和随笔，出版有《汪国真自选最新诗文集》等，图3是这部文集的签名本，汪国真在文集的扉页上钢笔横书：

谨将此书献给我年轻的朋友们

汪国真

1991.4.28

2000年，汪国真的5篇散文入选全日制普通高中语文读本第一册。2003年，汪国真的诗《热爱生命》入选义务教育课程标准实验教科书（语文）七年级上册，《旅程》入选九年级下册。

汪国真是个追求完美的诗人，在北京大学演讲时，一位求签名的听众的一句话："你的诗写得好，字却怎么没诗好呢？"刺激了汪国真，从此他开始练字，后又从1993年起研习书法，画国画，进而又研究音乐，艺术造诣不断加深，上海、河南、山东、福建等地还建立了"汪国真艺术中心"、"汪国真艺术工作室"，其诗书画音乐作品联展也在多地举办。图4是河北《大众阅读报》头版刊登的在石家庄市举办"著名诗人汪国真诗书画音乐作品联展"的宣传栏，汪国真在其上钢笔横书：

汪　国　真

然而，人的精力是有限的，盛名之下，汪国真严重透支了健康，以致59岁英年便因病早逝，留下了许多遗憾。

汪国真（1956—2015），祖籍福建厦门，生于北京，中学毕业后当工人，1982年暨南大学毕业后，分配到中国艺术研究院，曾任《中国文艺年鉴》编辑部副主任、艺术创作院文学创作中心主任。

徐善循

（1960—　）

画家　教授

冬雨除霾，十二月的上海阳光和煦。

在距沪江大学旧址不远的一栋闹中取静的小弄堂里，徐善循教授正在他的画室"草石蚕房"创作一套新的水墨系列——百合。这是一个以百合花为题材的花卉水墨演绎，徐善循用创新的笔墨将香水百合的清新与纯美的典雅之气展现在宣纸上。也许李可染用天然朱砂创作《万山红遍》的佳话对徐善循有所启示，他在创作百合系列时大胆使用了台湾朱砂，用以表现百合的艳丽之美；在绘画工具的使用上，独出心裁地使用了羽毛，以羽毛代替毛笔在宣纸上涂抹，这不仅使人想起东北农村在初冬时节用鹅的羽毛蘸上植物油在新裱糊的窗户纸上"油窗棂"的情景。蘸着植物油的羽毛在窗户纸上滑过，留下不规则、却自然美丽的油脂纹络，油过的窗棂十分神奇，既透亮、美观，又挡风防雨。徐善循是地道的北方人，北方这一民俗早已映在他的脑海里，如今他以羽毛当笔，运用在水墨画创作上，将百合花若有若无的清香，淡淡的浪漫和百年好合之美表达得淋漓尽致。诗人刘家魁这样描写徐善循的《百合系列》：

把所有新鲜的花朵

全都画下来

画完它的容颜

再画它的香味……

慢一点儿花儿就凋谢了

芬芳不再

慢一点儿蝴蝶就飞走了

一去不回……

图1　徐善循水墨系列——百合（之一）（125 cm×120 cm）

图2　徐善循人物画（99 cm×49 cm）

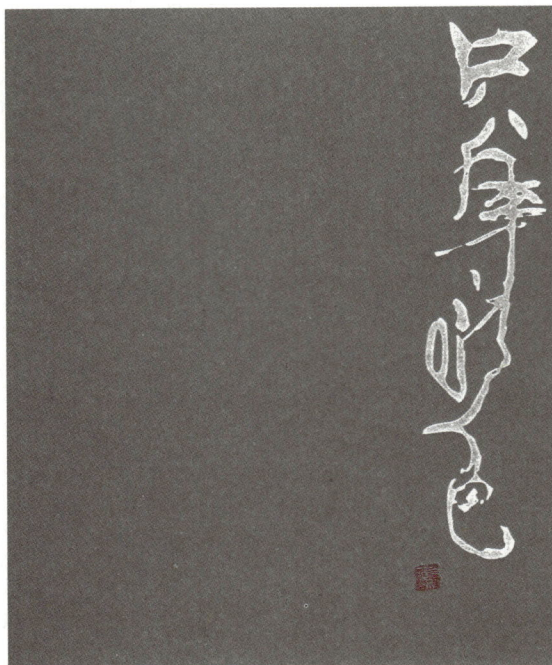

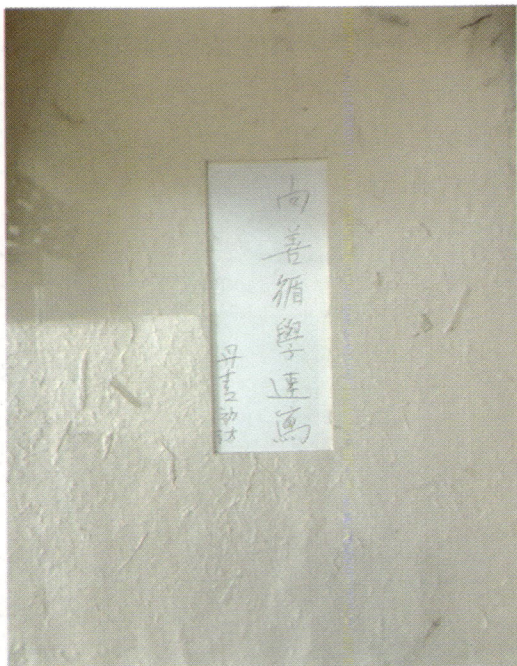

图3　陈丹青在徐善循《只身水色》画册扉页留言

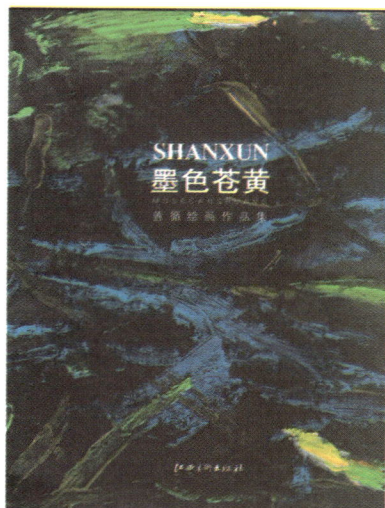

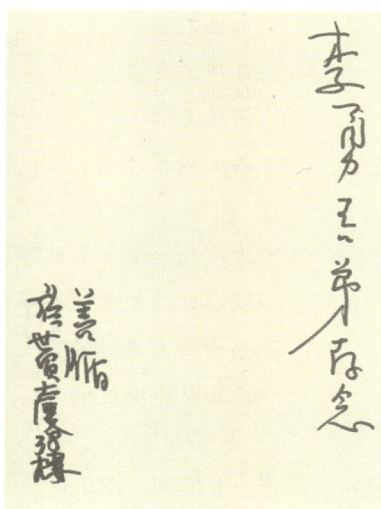

图4 《墨色苍黄——善循绘画作品集》签名本

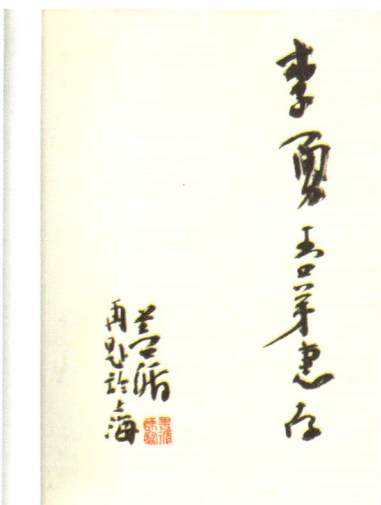

图5　徐善循《美术赏析》钤印本

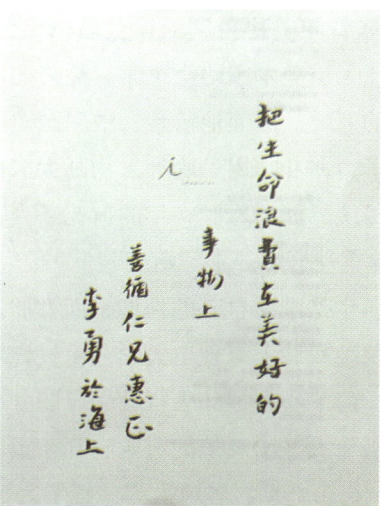

图6 《温故——木心逝世两周年纪念专号》

血色太浓
就用泪水勾兑
泪水不够
再加滴滴汗水

没有比这更重要的事情了
没有比这更紧迫的事情了
画出所有见过的美
画出从未有过的美

也许这也正是人们偏爱的卡萨布兰卡情调（图1）。

其实，徐善循早年的人物画，已受到注目，在那个以参加全国美展来定位画家的年代，1982年，刚刚从东北师范大学美术系毕业的徐善循，就以一幅现实主义题材的工笔人物画《心潮》入选第六届全国美展。那一年，他只有22岁。尔后，在不到一年的时间里，他又有水墨人物画《詹天佑》参加全国画展，《竞赛者》入选首届全国体育美展。直至20世纪90年代初，他依旧以写实的人物画功底创作出了《乌江》、《壮士》等大幅人物画参加美术展览，作品在画坛颇受好评。图2是徐善循的人物画"身世浮名，余以梦蝶视之"，这幅画的主题，取自明代文学家、书画家陈继儒（1558—1639）名著《小窗幽记》中的"身世浮名余以梦蝶视之，断不受肉眼相看"一句。山水之间草地之上，一位高士席地仰卧，进入梦乡，仿佛世上的一切与己无关，功名利禄不过是梦中的蝴蝶。不禁使人想到"庄周梦蝶"的故事。

落款：善循制　钤朱文印章：徐。

后来，作为吉林市青联青年美协主席的徐善循以出色的组织能力，优秀的个人艺术才华，众望所归，被推举担任了市美术家协会主席。徐善循本来可以继续在人物画创作之路上走下去，并达到画家理想的巅峰。然而他清楚，中国画"笔墨"发挥很难在人物创作上有大的拓展，尽管近现代产生了蒋兆和、周思聪等人物画大家和领军人物，但是，最终有些人仍然回归花鸟、山水写意的传统，如周思聪晚年的荷花系列，使她的绘画艺术达到了一个新的境界。于是，人到中年的徐善循开始寻求"嬗变"。

艺术是艺术家的生命，也是画家自己的信仰，而教职才是徐善循解惑传道的职业。曾先后担任过北华大学艺术学院院长和上海理工大学艺术设计学院院长的徐善循在深入研究了中外美术理论和美术史之后，静下心来，辞去行政领导职务，开始寻求艺术创作的突破。他深受黄宾虹、吴冠中、赵无极等人艺术思想的影响，开始重归绘画的基本——速写。他带着一支笔上路，走近名山大川、街市老屋、各色人等，画了大量的速写，出版了《只身水色》（图

3）等速写集，以至著名画家陈丹青在看了徐善循的速写后，欣然在画册的扉页上留言：

向善循学速写

丹青初访

陈丹青的这段留言可能是画家相惜，也可能是彼此自幼钟情于绘画艺术，曲曲折折地走到今天，而对所付出的艰辛和所获得的愉悦的分享。徐善循 1960 年出生在古扶余国的都城（吉林）农安，这里也曾是大金国的首都黄龙府。古城的历史和文化滋养了他，做教师的父母影响了他，他很小便拿出画笔画家乡的山水、画家乡的父老乡亲，15 岁时，其速写《大干苦干加快干尽快普及大寨县》被收入天津美术出版社出版的《速写选集》，这在当时，是个不小的成就。速写被称为另一种作品"记录"的素材，而在徐善循看来速写即是作品，速写是他的作品，也是孕育艺术的过程，上千张速写记录了他追求和探索艺术道路的足迹。几十年走过来，画家有了《墨色苍黄——善循绘画作品集》（图 4），还有了引起不小轰动的在上海半岛美术馆举行的"纸上清音——徐善循作品展览"。著名画家张桂铭看了徐善循的画后说："善循，你走的可是吴冠中的路子！"。徐善循是敬佩吴冠中的，不仅敬佩吴的画，而且喜欢吴的文章，他不仅对《笔墨等于零》、《风筝不断线》、《内容决定形式？》等经典文论推崇备至，而且，吴冠中那句振聋发聩的话"一百个齐白石也抵不上一个鲁迅"更为他所高度认知。徐善循常常为绘画不能像文学作品那样容易被社会公众接受，且具有广泛的社会性而深感遗憾，正因为此，多年来他怀着对艺术、生活、友情、人性的真实感受和切身体验，撰写了大量具有真知灼见的评论，其专著《美术赏析》（图 5）在 1999 年即被列入高师素质教育读本。近年来，他又撰写了许多优美的散文和艺术随笔，散见于《美术报》等报刊。

徐善循读了许多书，中外绘画史论自不用说，哲学和文学是他的偏爱，他关注文化思潮，尤其是有独立之思想、自由之精神的文人作品最为他所钟爱。近年来，他迷恋上了木心，几乎读了木心的全部作品，以至于为《流淌的文人情怀——近现代名人墨记》（四）作序，也没离开他钟爱的木心，他在序文中写道：

这倒是应了木心的那几句诗话：从前的日色变得慢，车、马、邮件都慢。单说从前信封的样子和邮票的精美，肯定比木心说的那把从前的锁、钥匙的样子还要好看。

前不久，我带了本《温故——木心逝世两周年纪念专号》去看望他，他爱不释手。我信手用他的画笔在书的扉页上涂鸦"把生命浪费在美好的事物上"送他（图 6），他则以刚刚画就的《百合》馈我（图 7），并在画上题款：

图 7　徐善循水墨《百合》（136 cm×37 cm）

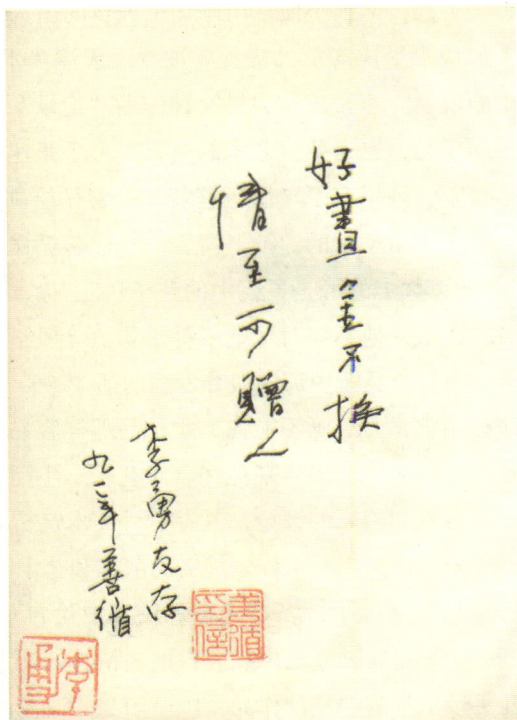

图 8　徐善循在《三希堂法帖》上的题签

　　善循作于上海为李勇老弟存念

　　钤朱文印章："善循速写"，白文印章："善循之章"。

　　我深知，这是极不公平的"交换"，但徐善循的为人就是这样：慷慨、义气。这使我想起 20 多年前我们都蜗居在国营工厂职工住宅时，我到他家闲聊书法，他把自己珍藏的中国书店影印的一套 4 册《三希堂法帖》题签（图 8）送我：

　　好书金不换　情至可赠人

李勇友存　九二年善循

钤朱文印章："善循印信"。

　　徐善循在寻求绘画艺术的嬗变与创新过程中是痛苦和孤独的，以至于他辞去艺术设计学院院长之后的几年里几乎在人们的视野中消失，甚至在通讯发达的今天也很难联系上他，他远离尘世，开始潜心于清、奇、古、怪、力、乱、神绘画风格的探索。

　　在徐善循不愿见人、最无助也最为迷茫的时候，遇见了一位忘年交，是这位长者给了他精神和物质上的资助，使他抵挡住了世俗名利疯狂的诱惑，免除了他心灵上的寒冷和生活上的窘迫，使他能从容、坚定地走在寂寞的前行路上。善循从心底里感恩这位忘年交，视他为恩师。恩师喜欢古诗词，平日喜欢与友人同道吟诗作赋，有的还发到博客上，徐善循就将这些诗词搜集起来，每年的元旦放下手中所有的事情，一字一字地抄录整理恩师一年来的诗稿，每年一册，目前已抄录整理了好几册。恩师说，别浪费画画的时间了。可徐善循说，我甘愿浪费，生命本该就是用来浪费给你值得浪费的人的，我要报答他对我无欲无求的关爱……

图9　徐善循画作《竹子节节高》
（96 cm×34 cm）

　　徐善循历尽崎岖的探索之路终于开出奇花、结出异果，获得灿烂的收获。随着微澜系列、心书系列、招魂系列的应运而生，徐善循的作品令美术界注目。然而，徐善循并非不食

图10　徐善循题写的斋号（100 cm×33 cm）

人间烟火，他在专攻绘画艺术的时候并没有忘却昔日的老友，这是他的人文情怀。当他得知我换了一个谋生的工作岗位后，便托亲友给我带来一幅新作《竹子节节高》（图9），他在画上题跋：

李勇老友新春节节高 虎年正月 善循于上海
钤白文印章："善循之章"。

这幅颇有吴冠中风格的水墨画在向我传递着他的画风正在嬗变的信息和对友人的关注，这使我激动不已，也令我充满了期待。

更令人惊叹的是他书法的进步，他的书法原本是画家书法，而经过数年的研习，而今自然洒脱、随性舒展、朴拙唯美。图10是他为陋室题写的斋号：

躬 行 斋
落款："善循"，钤白文印章："善循之章"。

如今的徐善循开始回归，开始以他日臻成熟的绘画风格创作百合系列。在他的画案上，一束盛开的香水百合插在洁白的花瓶里，含苞的花蕾静静地开放，他的画笔在铺开的宣纸上游走，留下如春蚕食叶的声音。在这个喧嚣的尘世，唯有这个声音，纯粹得令人感动，仿佛在雾之晨、月之夕花开的声音。

徐善循（1960— ）吉林农安伏龙泉镇人，1982年毕业于东北师范大学，曾任北华大学艺术学院院长，上海理工大学艺术设计学院院长。中国美术家协会会员，曾任吉林市美术家协会主席。1976年，速写首次发表于《速写选集》（天津人民美术出版社）；1984年，国画首次入选全国第六届美术作品展览；2002年，参加中国画赴欧洲巡回展；2003年，参加德国e时代水墨元素展；2006年，首次于上海半岛美术馆举办个人画展。现已出版《善循画线》《美术赏析》《设计＆速写》《徐善循画集》《墨色苍黄》《只身水色》《纸上清音》《万物一体》等。

后记

不要走得太快　等一等灵魂

李　勇　闫　巍

"不要走得太快，等一等灵魂。"是印第安人的谚语。这个谚语来自古老非洲原始森林中的一个故事，几名土著人为了挣得丰厚的薪水，而为一个西方考察队当向导。他们手持砍刀在密林里砍伐藤条树枝，为考察队开路，一连3天，十分辛苦。第4天，几名向导提出原地休息一天。而日程安排缜密的西方人为了赶路仍想继续前行。然而，土著人严肃地说：一定要休息，因为匆匆忙忙地赶了3天的路，我们的灵魂一定赶不上我们的脚步，所以必须停下来，等待我们的灵魂赶上来。

今天，面对这个故事，不同的人会有不同的理解，但是，殊途同归，或许我们在这个日新月异的时代，都需要停一停，等待一下自己的灵魂。正如纪伯伦所说，我们已经走得太远，以至于忘记了为什么而出发。

从2011年到2016的6年间，我们在师友的鞭策下出版了4本"人文随笔"——《流淌的人文情怀——近现代名人墨记》。6年4本书，通过解读200多位名人的墨迹，去追寻他们的人生轨迹，管窥他们的人文情怀。与信札对话，用文学述说，经受洗礼，受益匪浅。

然而，我们真的读懂了这200多位饱经风霜的贤人了吗？显然没有，我们只是拜读了他们的墨迹，而没有走进他们的心灵，我们真应该像在丛林中披荆斩棘的印第安人一样，停下来，反省、调整一下自己，等一等灵魂。

感谢中国出版集团东方出版中心的理解、宽容、鼓励和支持，于是，我们从2015年开始有大约2年多的学研、写作时间来完成第5本书。我们翻捡出一批民国人物的信札，曹锟、世续、齐耀琳、齐耀珊、李纯、徐树铮、叶恭绰、张志潭……尽管在今天看来，他们身上有抹不去的封建疤痕，但他们秀才、举人甚至状元的出身、文人的笔墨根基，虽不以书法扬名，但笔底蕴藉、弥散出来的或清雅或含蓄或旷达的气息，是那个时代特有的，令今天的我们遥不可及；我们还找出当代学人信札、手稿，钟敬文、陈白尘、李味青、唐瑜、彭燕郊、许良英、许觉民、爱新觉罗·毓嶦等文人、学者，他们无论经历了怎样的挫折、面临怎样的局势，都会平静如故，心若止水，或专心于学术，或沉迷于写作，或陶醉于书画，令今天的我们自叹弗如。其实，这正是流淌在民族历史长河中最为宝贵的东西，厚重的人文情怀，如同静水流深。

在研读名人手札的过程中，常令我们感动的是作家史铁生，在他生命的许多时间里，受到死亡的压迫最为深重，可他却在命运最悲怆的时候用最悲怆的行为抗衡或抵御死亡，并且以一种绝对的平静活下来。他为文友周忠陵的稿子能否发表操劳："此稿曾先后给过《人民文学》和《北京文学》，一度两刊都想用，后来又都说不用了，现在《人民文学》又决定用。对作者来说总之是好消息，只是无端地给您添了麻烦，非常抱歉。"史铁生真诚、亲切的文字，令我们重捧起他的《我与地坛》，他讲述的"长跑家"李燕琨的故事，使我们真的有点相信中国人是印第安人祖先的传说。

有一个最有天赋的长跑家，但是却被埋没了。他因为在"文革"中出言不慎而坐过几年牢，出来后好不容易找到一个拉板车的工作，样样待遇都不能与别人平等，苦闷极了便练长跑。那时他总来这园子里跑，我用手表为他计时。他每跑一圈向我招下手，我就记下一个时间。每次他要环绕这园子跑二十圈，大约两万米，他盼望以他的长跑成绩来获得政治上的真正解放，他以为记者的采访和镜头可以帮他做到这一点。第一年他在春节环城赛上跑了第十五名，他看见前十名的照片都挂在长安街的新闻橱窗里，于是有了信心。第二年他跑了第四名，可是新闻橱窗里只挂了前三名的照片，他没有灰心。第三年他跑了第七名，橱窗里挂前六名的照片，他有点怨自己。第四年他跑了第三名，橱窗里却只挂了第一名的照片。第五年他跑了第一名——他几乎绝望了，橱窗里却只有一幅环城跑群众场面的照片。那些年，我们俩常一起在这园子里待到天黑，开怀痛骂，骂完沉默着回家，分手时再互相叮嘱：先别去死，再试着活一活看。现在他已经不跑了，年岁太大了，跑不了那么快了。最后一次参加环城赛，他以 38 岁之龄又得了第一名并破了纪录，有一位专业队的教练对他说："我要是十年前发现你就好了。"他苦笑一下什么也没说，只在傍晚又来这园中找到我，把这事平静地向我叙说了一遍。

重读史铁生的这部散文集，使我们再次感到，现实很难追上理想的脚步。然而，史铁生却总是在灵魂的追寻上飞升，不以物喜，不以己悲，宠辱皆忘。所以，我们把写史铁生信札的那篇墨记题名为《干净、圣洁的作家》。

2016 年秋，笔者有机会去美国芝加哥大学，这所由石油大王约翰·洛克菲勒捐建的有着百年历史的世界一流大学是 92 位诺贝尔奖获得者曾经学习工作过的地方；也是著名的"芝加哥经济学派"的诞生地，这里走出了世界上超过 30% 的诺贝尔经济学奖得主，当时的美国第 44 任总统奥巴马也曾是芝大法学院的教授。在古老的校园里有一个由芝大校友大卫·布斯捐建的现代建筑，是布斯商学院的教研楼，教研楼里开放式会议中心、圆形教室、明净的教师和博士后办公室、图书馆、餐厅应有尽有，这里还免费提供在中国市场卖近 30 元人民币一杯的星巴克咖啡，其顶尖的设备，世界上知名度最高的教学人员，令无数学子向往。然而，就在该教研楼走廊的高处悬挂着用霓虹灯管做成的汉字牌匾："处处都是外人"。我们向周边人请教，想搞清这句话的含义，可是每一个人都有一个解释，甚至有人说这句话只可意会，不可言传。而我们想得更多的是美国人为什么在世界排名第三的商学院里悬挂中国的文字、哲语？是融合？大度？敬畏？还是对哲思、感悟和启示的认同？我们不得而知。但是，有一点是可以肯定的，世界神秘莫测，要处处质疑；面对挑战，头脑要开放。通过质疑和挑战受到启发，获得灵感，打开思路，正所谓智者事事反求诸己，愚者处处求之于人；聪明的人什么事都靠自己解决，愚蠢的人在哪里都求于外人。令我们更为惊奇的是，芝加哥大学布斯商学院这座堪称现代艺术精品的建筑，其水平饰面用的材料是印第安纳石灰石。

感谢拙作的编辑戎礼平老师，6 年的共同坚持，成就了这套丛书。

感谢中国作家协会副主席、著名诗人高洪波先生为拙作作序，感谢他对我们的鼓励。

感谢中国书法家协会理事、著名书法家丛文俊博士，感谢中央文史研究馆馆员、著名书画家侯德昌教授为拙作题签，感谢他们为拙作增色。

感谢同事卢家乐帮助我们整理书稿的电子文本。

感谢挚友耿识博博士、张瑞田先生、余镇先生、王德庆先生等对我们的厚爱和支持。

拙作引用或转述前辈和时贤的成就很多，在此深表谢忱。

张瑞田兄曾在《"字响调圆：龙榆生藏现代文化名人手札展"策展手记》中写道：面对先贤书文一体的手札，我们的智慧都能够得到锤炼、我们的审美都可以得到提升。手札，对我们的考量具有双重性。……以手札为载体，以诗笺为纽带，维系着中国传统知识分子的精神信念和文化趣味。

手札承载着对传统文化的深情记忆，当下流行的 Email、脸书、推特、短信、微信，不断颠覆着人与人之间的联系方式，便捷的信息平台和工具虽然加快了人们的沟通速度，却拉开了人们的心灵距离。

不要走得太快，等一等灵魂。

2017 年春日
于躬行斋

图书在版编目(CIP)数据

流淌的人文情怀：近现代名人墨记.五／李勇，闫
巍著.—上海：东方出版中心，2017.8
ISBN 978-7-5473-1137-0

Ⅰ.①流⋯ Ⅱ.①李⋯ ②闫⋯ Ⅲ.①名人—生平事
迹—中国—近现代 Ⅳ.①K820.5

中国版本图书馆CIP数据核字（2017）第 148112 号

流淌的人文情怀：近现代名人墨记（五）

出版发行：东方出版中心
地　　址：上海市仙霞路345号
电　　话：021-62417400
邮政编码：200336
经　　销：全国新华书店
印　　刷：昆山亭林印刷有限责任公司
开　　本：787×1092毫米　1/16
字　　数：315千
印　　张：14.5
版　　次：2017年8月第1版第1次印刷
ISBN 978-7-5473-1137-0
定　　价：42.00元

东方出版中心邮购部　电话：52069798